Jörg-Dieter Kogel

Im Land der Träume

aufbau

Sigmund Freud mit Tochter Anna, 1920

JÖRG-DIETER KOGEL

IM LAND DER TRÄUME

MIT SIGMUND FREUD IN ITALIEN

aufbau

Mit 10 Schwarzweiß-, 16 Farbabbildungen
und einem Frontispiz

MIX
Papier aus verantwortungsvollen Quellen
FSC
www.fsc.org
FSC® C083411

ISBN 978-3-351-03748-2

Aufbau ist eine Marke der Aufbau Verlag GmbH & Co. KG

1. Auflage 2019

Einbandgestaltung zero-media.net, München
unter Verwendung eines Bildes von Shawshots/Alamy Stock Foto
Satz und Reproduktion LVD GmbH, Berlin
Druck und Binden CPI books GmbH, Leck, Germany
Printed in Germany

www.aufbau-verlag.de

Inhalt

Anhang

Man mag so alt, so gelehrt
und so geschmackvoll sein, als man will –
eine Reise nach Italien gibt immer noch
dem Geist ein neues Gepräge.

Georg Christoph Lichtenberg

Vorwort

Sigmund Freud war verrückt nach Italien. Unter allen Reisenden, die seit Goethe aus dem kalten Norden über die Alpen in den Süden pilgerten, war der große Psychologe und Begründer der Psychoanalyse einer der glühendsten Enthusiasten, ja Liebhaber. Dachte er ans Reisen, kam ihm als erste Assoziation »Italien« in den Sinn. Er mochte den Duft der Zypressen und der Zitronenbäume, den üppig wachsenden Oleander und die »elastische Luft«, von der Goethe angenommen hatte, dass sie die Existenz der Pflanzen vollkommen mache. Ihn entzückten die Hügellandschaften der Toskana mit ihren Olivenhainen und Weinbergen, die prächtigen Barockpaläste und gewaltigen Kathedralen, die unvergleichlichen Museen ebenso wie Sizilien, das er für »das schönste Stück von Italien« hielt. Von der segensreichen Wirkung des Südens auf »Charakter und Tatkraft«, nicht zuletzt auf ihn selbst, war er zutiefst überzeugt. Für seine Leidenschaft fehlten ihm, wie er bekannte, bisweilen die Worte: »Vom Land kann man nicht reden, ohne ein Dichter zu sein.« Thomas Mann, ein großer Bewunderer Freuds und der Psychoanalyse, sollte später im »Zauberberg« von der »tränenschimmernden Herrlichkeit« des Südens schwärmen. Bei Freud klang es so: »Soviel an Farbenglanz, Wolgerüchen, Aussichten – u Wolbefinden habe ich noch nicht beisammen gehabt.«

Der Seelenarzt reiste als Bildungsbürger und sinnenfreudiger Genussmensch zugleich. Bei seinen »Ruinenausflügen«, wie er seine

Exkursionen zwischen Rom, Pompeji, Paestum und Selinunt und anderswohin nannte, tauchte er ab in die Antike, erkundete Tempel und Trümmerlandschaften, die gleichermaßen von der Ewigkeit wie von der Macht der Vergänglichkeit kündeten. Gleichzeitig genoss er das Dolcefarniente, das süße Nichtstun, von dem bereits Plinius der Jüngere gesprochen hatte.

Freud liebte die italienischen Momente, auch den Anblick schöner Frauen im Land seiner Träume, besonders der Römerinnen: »Die sind merkwürdiger Weise auch noch schön, wenn sie häßlich sind und das sind eigentlich nicht viele von ihnen.« Abends ging er gerne unter freiem Himmel ins Theater, wo ihm lediglich die »zur Abschreckung auf Reisen geschickten Engländerinnen« missfielen.

Es machte ihn glücklich, in Florenz früh am Morgen, wenn die sonst so lärmende Stadt allmählich zum Leben erwachte, neben der Kathedrale Santa Maria del Fiore, im Schatten der von Filippo Brunelleschi geschaffenen mächtigen Kuppel, in einer Bar Platz zu nehmen, sich einen Caffè servieren zu lassen und mit Vergnügen in den Gazetten zu lesen, was ihm keinerlei Mühe bereitete, da er die »Landessprache« souverän beherrschte. In Sorrent und im Anblick der mystisch blau leuchtenden Grotte, die Capri als Sehnsuchtsort nordeuropäischer Zivilisationsmüdigkeit fest verankert hatte, wird der Analytiker endgültig zum Schwärmer: »Endlich. Hier ist das Schlaraffen Land.« Alle, die seinen enormen Fleiß und seine legendäre Arbeitswut nur zu gut kannten, werden sich nicht wenig über ein freimütiges Geständnis gewundert haben: »Ich fühle, wie mich das Behagen an der Faulheit umschließt!« Plötzlich erscheint ihm das Leben im heimischen Wien wie in »nordischer Verbannung«, aus der ihn der rettende Süden befreit. So flaniert er heiter beschwingt im brandneuen Seidenanzug durch Palermo, wo dem kenntnisreichen Operngänger zwei Zeilen aus Mozarts »Hochzeit des Figaro« in den Sinn kommen, die er aus dem Kopf zitieren kann: »Wenn des Abends linde Lüfte / Sanft durch unseren Garten gehen – oder so ähnlich«, wie er offenbar in bester Stimmung hinzusetzte.

Was im heimischen Wien niemals auch nur eine Erwähnung wert ist, wird im Süden ausdrücklich vermerkt und hochgestimmt nach Hause gemeldet: »Friseur u neue Crawate haben das ihrige zur Hebung gethan.« Ein neu erworbener Hut, registriert er mit einiger Befriedigung, »macht bereits Aufsehen«.

Im Zentrum seiner Italien-Reisen stand unzweifelhaft Rom. Wie es abergläubische Rom-Liebhaber seit Jahrhunderten zu tun pflegten, warf er gleich am Tag seiner ersten Ankunft im September 1901 eine Münze in den Trevi-Brunnen, um sich auf diese Weise das Wiedersehen mit der Ewigen Stadt zu sichern, eilte sodann in die Kirche Santa Maria in Cosmedin und legte seine Hand in die Bocca della Verità, die antike Marmorscheibe, »mit dem Schwur, daß ich wiederkomme«.

Und so geschah es auch. Bis 1923 besuchte er die Stadt weitere sechsmal und verbrachte insgesamt siebenundfünfzig Tage in der geliebten römischen Kapitale. Am Ende aller seiner Rom-Besuche hatte er wohl fast alles gesehen, was diese Wiege der europäischen Kultur dem Besucher zu bieten hatte. Die Stadt war ihm schließlich so vertraut, dass er wie ein »Eingeborener« durch die Straßen ging und abends »mit der Sicherheit des Römers die nächsten Wege nach Haus fand«, wie er ebenso beiläufig wie stolz den Lieben in Wien mitteilte. Und wenn sich einmal, selten genug, ein Gewitter krachend und donnernd über der Stadt entlud, kam es ihm vor, »als hätte es Michelangelo gemacht«.

Rom war für Freud »die Erfüllung eines lange gehegten Wunsches: ein Höhepunkt des Lebens«, als er am 2. September 1901 erstmals seinen Fuß auf römischen Boden setzte. Was er seit Gymnasialzeiten nur geträumt hatte, war endlich Wirklichkeit geworden. Entsprechend überwältigend fallen die ersten Eindrücke in der siebenhügeligen Stadt aus: »In Rom eingetroffen und Römer geworden. Unbegreiflich, dass wir nicht Jahre früher gekommen sind.« Unter allen Rom-Reisenden war Freud vermutlich einer der besten Kenner der Geschichte und Kultur der Stadt. Von Lessing über Goethe bis zu

Fontane, von Nietzsche bis zu Thomas Mann ist wohl niemand gründlicher vorbereitet nach Italien aufgebrochen, wovon auch Freuds umfangreiche Bibliothek zeugt, die geradezu überquillt von Reisehandbüchern und Spezialabhandlungen über Landschaften und Orte, deren Besuch er plante. Gegenüber seinem Freund Wilhelm Fließ gestand er, in jeder freien Minute die »Topographie von Rom zu studieren«. Gleiches galt für Pompeji, und bisweilen versetzte ihn schon die Lektüre einschlägiger Bücher »in das ersehnte Italien«.

Davon, dass er nicht zuletzt auch deswegen ein vorzüglicher Stadtführer sein konnte, wusste seine Tochter Anna ein Loblied zu singen. Im September 1923, kurz nach der für ihn niederschmetternden Krebsdiagnose, reisten die beiden nach Rom, womit für Freud ein lang gehegter Plan in Erfüllung ging. Ein von Anna begonnenes, aber nicht zu Ende geführtes Reisetagebuch gibt Auskunft über das dicht gedrängte Programm, das der Vater kenntnisreich und liebevoll zusammengestellt hatte und das nichts ausließ, was der gebildete Reisende unbedingt gesehen haben musste, weswegen es diesem Buch zur Nachahmung beigegeben ist (Seite 174/175).

Die überschwänglichen Glücksgefühle stellten sich bei jeder seiner nahezu zwanzig Italien-Reisen stets aufs Neue ein. Das galt insbesondere für Rom, in dem er sich nach eigener Aussage so wohl fühlte wie an keinem anderen Ort der Welt und das ihm den Seufzer entlockte: »Schade, dass man hier nicht dauernd leben kann.« Herbe Enttäuschungen erlebte er auf seinen italienischen Reisen eigentlich nie und wenn doch, so behielt er sie für sich oder erwähnte sie allenfalls am Rande. Einmal, beim Besuch von Neapel, das er anders als Goethe nicht so recht mochte und das ihm vorkam wie ein »Hundenest und Affenkäfig«, scherzte er ausgelassen in römischer Legistenkürze: »Erste Enttäuschung. Vesuv raucht nicht.« Doch wenn es ihm einmal überhaupt nicht gefiel, konnte er auch anders. An Pisa etwa ließ er kein gutes Haar. Zwar absolvierte er tapfer das vom geschätzten Baedeker vorgeschlagene Besichtigungsprogramm, darunter selbstverständlich auch eine Besteigung des schiefen Turms, doch den Rest nahm er als ein einziges Fiasko wahr: »Todte wüste Stadt.« Auf einen Bonus oder italienischen Platzvorteil konnte kein Wirt rechnen, wenn es um Behaglichkeit und sein leibliches Wohl ging. Dann urteilte er mit großer Strenge, so bei einem Abstecher nach Tivoli, wo ihm ein derart miserabler Wein serviert wurde, dass er ihn als »übermangansaures Kali« zurückgehen ließ. An seinem persönlichen Fazit änderte das nichts: Italien war und blieb für ihn zeitlebens eine »unerhörte Schwelgerei«.

Das vorliegende Buch ist kein Reiseführer. Es folgt den Spuren, die Freud bei seinen Erkundungsfahrten nach Italien hinterlassen hat, und begleitet den Vater der Psychoanalyse an jene Orte, die er im Land seiner Träume aufsuchte, wobei zu erfahren ist, wie sehr die Reiseeindrücke Eingang in sein wissenschaftliches Werk fanden. Eine systematische Abhandlung ist dabei nicht vorgesehen. Es handelt sich eher um Reisebilder, die dazu einladen, das Vergnügen nachzuvollziehen, mit dem Freud zwischen Venedig und Palermo, Neapel und immer wieder Rom unterwegs war.

Auch wenn ein Tagebuch, das Freud auf Reisen geführt haben soll, verschollen oder verloren gegangen ist: Seine zahlreichen Briefe, Postkarten und Telegramme, die er täglich an die Familie im heimischen Wien sowie an Freunde und Kollegen in alle Himmelsrichtungen des Kontinents verschickte – und ab 1902 sorgfältig nummerierte –, um sie ebenso minutiös wie innig an seiner Passion teilhaben zu lassen, erlauben einen tiefen Einblick in die Reisegewohnheiten und Gemütszustände dieses großen Italien-Reisenden.

Bremen, im April 2019

KAPITEL EINS

Reiselust und Reiseangst

Von den Herrlichkeiten der Erde naschen

»Dieselben Dinge täglich bringen langsam um. Neu zu begehren, dazu verhilft die Lust der Reise. Ist Reisen erzwungen oder Beruf, so ist es keines. Geschieht es aus Langeweile, weil einem sonst nichts einfällt, so fährt diese mit.« Was der Philosoph Ernst Bloch im US-amerikanischen Exil in seinem Hauptwerk »Das Prinzip Hoffnung« über den »Reiz der Reise« notierte, trifft ziemlich genau, was Sigmund Freud ein halbes Jahrhundert vorher als leidenschaftlichen und lustvollen Vielreisenden umtrieb. Das Glück der Reise bestand für beide im »zeitweiligen Entrinnen ohne Nachforderung von zu Hause«. Auch Freud wollte nichts weiter als das Gewohnte und das Vertraute im heimischen Wien mit all seinen Zwängen und den streng geregelten familiären Ritualen für einige Wochen hinter sich lassen:

»Die Sehnsucht zu reisen war gewiß auch ein Ausdruck des Wunsches, jenem Druck zu entkommen, verwandt dem Drang, der so viele halbwüchsige Kinder dazu antreibt, vom Hause durchzugehen«, schrieb er gegen Ende seines Lebens in einer Festschrift für den Dichter Romain Rolland zu dessen 70. Geburtstag. Die Lust am Reisen wurzelte für Freud in der Erfüllung früher Kindheitswünsche, »also in der Unzufriedenheit mit Haus und Familie«. Beim ersten Anblick des Meeres, dem Besuch fremder Länder und Städte, die so lange ferne und unerreichbare Wunschträume waren, »fühlt man sich wie ein Held, der unwahrscheinlich große Taten vollbracht hat«. Geradezu übermütig schreibt er im März 1900 vor einem geplanten Osterausflug mit seinem Bruder Alexander: »Heute in drei Wochen, wenn nichts dazwischenkommt, wollen wir abdampfen, vier Tage lang leben wie Studenten und Touristen, wie wir es immer tun.« Da war er übrigens vierunddreißig Jahre alt, seit vierzehn Jahren verheiratet und ebenso lange als viel beschäftigter Arzt berufstätig.

Im April 1886 hatte Freud in Wien seine erste Praxis als Nervenarzt eröffnet. Fünf Jahre später, am 12. September 1891, zog die inzwischen fünfköpfige Familie in die Berggasse 19 im 9. Bezirk, wo Freud fortan für die folgenden siebenundvierzig Jahre bis zur Emigration am 4. Juni 1938 leben und arbeiten sollte. Hier befanden sich seine Praxisräume, hier analysierte er fast den ganzen Tag seine Patienten, wobei in den ersten Jahren »Kinderstube und Ordination«, also der Wohn- und der Arbeitsbereich, eng nebeneinanderlagen, ehe Freud im November 1896 im Hochparterre des Hauses zusätzlich eine Drei-Zimmer-Wohnung anmieten konnte, in die er seine Praxisräume verlegte. Alles in allem verfügten der Patriarch und seine Familie auf vierhundert Quadratmetern immerhin über neunzehn Zimmer und Kammern zum Leben und Arbeiten.

Gewöhnlich stand Freud um sieben Uhr auf und begann den Tag mit einer erfrischenden Dusche, wie er es im Übrigen auch auf Reisen hielt. Ein kurzes Frühstück, ein Blick in die Zeitung und eine Rasur, für die eigens ein Barbier ins Haus kam, schlossen sich an. Ab acht, manchmal auch erst ab neun befand er sich im analytischen Gespräch bis zum Mittag, wenn die Hauptmahlzeit im Kreis der komplett versammelten Familie eingenommen wurde, die für den Hausvater, als den Freud sich sah, von geradezu programmatischer Bedeutung war: »In unserer Gesellschaft einigt die Mahlzeit die Mitglieder der Familie.« An das stets streng eingehaltene Ritual erinnerte sich sein ältester Sohn Martin genau: »Punkt ein Uhr saß jeder in unserem Haushalt an dem großen Esstisch. Im gleichen Augenblick öffnete sich die eine Tür, und das Mädchen trat mit der Suppe herein, während der Vater durch die andere Tür aus seinem Arbeitszimmer kam, um an einem Ende des Tisches meiner Mutter gegenüber Platz zu nehmen.« Die Speisenfolge stand fest: Drei- bis viermal die Woche gab es Fleisch und Gemüse, am liebsten italienische Artischocken, anschließend ein Dessert. Huhn und Blumenkohl verabscheute Freud. Eine sogenannte »Herrschaftsköchin«, die der Familie dreiunddreißig Jahre treu blieb, war für die Küche zuständig, es gab ein Hausmädchen, das bei Tisch aufwartete und auch Freuds Patienten empfing, ferner eine Gouvernante für die älteren Kinder sowie ein Kindermädchen für die jüngeren, während eine Aufwartefrau täglich die grobe Arbeit im Haushalt verrichtete.

Dem Essen schloss sich eine Pause an, die Freud zu einem kleinen Spaziergang ausdehnte, der fast immer den vollen Kreis der Wiener Ringstraße umschloss. Mal schaute er bei seinem Buchhändler vorbei oder beim »Trafikanten«, bei dem er sich mit reichlich Rauchwaren eindeckte, vorzugsweise mit kleinen handlichen Trabukos. Sein durchschnittlicher Bedarf lag bei zwanzig Zigarren – täglich. Als ihm sein Freund Wilhelm Fließ, immerhin ein Hals-, Nasen- und Ohrenarzt, einmal nahelegte, seine Nikotinsucht ein wenig zu drosseln, um seine Nasenkatarrhe auszukurieren, reagierte er ungehalten: »Deinem Rauchverbot folge ich nicht.« Unvorstellbar für ihn, »nichts Warmes mehr zwischen den Lippen zu haben«. Abstinenz hielt er jedenfalls für ein Elend von ungeahnter Größe. Im »Unbehagen in der Kultur« wird er prinzipiell: »Das Leben, wie es uns auferlegt ist, ist zu schwer für uns, es bringt uns zu viel Schmerzen, Enttäuschungen, unlösbare Aufgaben. Um es zu ertragen, können wir Linderungsmittel nicht entbehren. Solcher Mittel gibt es vielleicht dreierlei: mächtige Ablenkungen, die uns unser Elend geringschätzen lassen, Ersatzbefriedigungen, die es verringern, Rauschstoffe, die uns für dasselbe unempfindlich machen. Irgend etwas dieser Art ist unerläßlich.« Er bemüht Fontane mit dem Satz, dass es ohne Hilfskonstruktionen im Leben nicht ginge, und fügt hinzu, dass Wilhelm Busch in der »Frommen Helene« »auf erniedrigtem Niveau« dasselbe sagt: »Wer Sorgen hat, hat auch Likör.« Freud rauchte nahezu ohne jede Unterbrechung. Wenn sich Freunde zum Besuch angesagt hatten, erinnerte sich sein Sohn Martin, quoll dicker Tabakqualm aus Freuds Arbeitszimmer, und es erschien dem Knaben wie ein Wunder, »dass darin Menschen stundenlang gelebt, ja gesprochen hatten, ohne zu ersticken«.

Vom Tabakladen zurück zum täglichen Mittagsprogramm. Nur selten verkürzte Freud den Weg, indem er quer durch die Innenstadt ging. »Man darf sich jedoch nicht vorstellen, dass die Ausflüge die Form gemächlicher Spaziergänge hatten, um die Schönheit der Ringstraße oder der blühenden Bäume im Frühling zu genießen. Mein Vater marschierte mit einer enormen Geschwindigkeit«, notierte Sohn Martin. Das Tempo, das Freud senior dabei vorlegte, erinnerte den ältesten der drei Sprösslinge an die für ihre Schnelligkeit bekannten italienischen Bersaglieri, eine Elitetruppe von »äußerst dekorativen Soldaten«, von denen »jeder wie Sigmund Freud marschierte«.

Danach nahm der Analytiker wieder seine Therapiestunden auf und empfing Patienten, darunter gelegentlich auch den einen oder anderen »Quälgeist« sowie einen gut zahlenden »Goldfisch«. Die später so berühmt gewordene »analytische Couch« hatte er vermutlich als Geschenk anlässlich des Umzugs in die Berggasse 19, von Josephine Benvenisti, einer dankbaren Patientin, geschenkt bekommen. Freud behandelte an sechs Tagen in der Woche jeweils bis zu zehn Stunden, vergleichbar dem Pensum von Lou Andreas-Salomé, das er »für einen schlecht verhüllten Selbstmord« hielt, wie er ihr einmal schrieb. Er selbst stand der fleißigen Kollegin, der Nietzsche einst vergeblich in Rom einen Heiratsantrag gemacht hatte und der Rilke als junger Mann leidenschaftlich verfallen war, jedenfalls in nichts nach. Bei einer dermaßen hohen Arbeitsbelastung kam es dann schon mal vor, dass Freud bei einer »Nachmittagsanalyse« tatsächlich in einen kurzen Schlaf versank.

Um einundzwanzig Uhr, wenn der letzte Patient die Praxis verlassen hatte, war noch lange nicht Schluss. Bis weit nach Mitternacht saß Freud am Schreibtisch, erledigte seine Korrespondenz, die am

Ende seines Lebens auf nahezu siebzehntausend Briefe angewachsen war, widmete sich der Wissenschaft und schrieb an Aufsätzen und Büchern. »Es war nicht ungewöhnlich für ihn, bis etwa drei Uhr nachts durchzuarbeiten.« So ging das nach streng eingehaltenem Plan neuneinhalb Monate im Jahr, Tag für Tag, und jeder einzelne dauerte in der Regel sechzehn bis achtzehn Stunden. Seinem Freund und Kollegen Fließ gestand er im Frühjahr 1898, dass er sich als praktizierender Nervenarzt und forschender Wissenschaftler »wie ein Comfortableroß« in doppelte Zwänge eingespannt sähe, und fügte hinzu: »Ich glaube wirklich, meine Lebensweise, die acht Stunden Analyse acht Monate im Jahre verwüsten mich.« Und wenn die Tage und Nächte gelegentlich noch länger wurden, falle er anschließend »wie vom Holzhacken« um.

Regelmäßig hielt Freud im Hörsaal der psychiatrischen Klinik in der Nähe des Wiener »Narrenturms« Vorlesungen. 1784 hatte Kaiser Joseph II. den markanten Rundbau als »Irrenanstalt« errichten lassen, in der »Geisteskranke« noch bis zur Mitte des 19. Jahrhunderts behandelt wurden, nicht selten in Ketten gefesselt. Seine frei gehaltenen Vorträge vor einem meist überschaubaren Kreis von Studenten legte Freud mit Rücksicht auf seine therapeutischen Praxiszeiten auf die Sonnabende, in der Regel von neunzehn bis einundzwanzig Uhr. Anschließend traf er sich im Freundeskreis mal in seiner Wohnung in der Berggasse, mal bei seinem Freund und Kollegen Ludwig Rosenberg, einem Kinderarzt, gelegentlich auch im Café Central oder im Café Landtmann gleich neben dem Burgtheater zur geliebten Kartenrunde beim »großen Tarockexzeß«, an dem zuweilen auch der Chirurg Julius Schnitzler, ein Bruder des Dramatikers Arthur Schnitzler, teilnahm. Gelegentlich legte er sich zum Zeitvertreib eine Patience. Seltener sah man ihm im Theater oder in der Oper und meist dann, wenn Shakespeare oder Mozart gegeben wurden oder »Carmen« auf dem Programm stand.

Jeden zweiten Dienstag verbrachte Freud unter seinen »jüdischen Brüdern« in der Loge des »Israelitischen Humanitätsvereins B'nai

B'rith«, die seit 1895 bestand und der er 1897 beigetreten war, um – befreit von der täglichen Routine – den Abend unbeschwert in einem Zirkel zu verbringen, der sich den Zielen der Aufklärung und der Humanität verpflichtet fühlte und der ihm darüber hinaus ein willkommenes Diskussionsforum bot. In diesem »Kreis von auserlesenen hochgestimmten Männern«, dem er übrigens zeitlebens angehörte, hielt er öfter selbst populärwissenschaftliche Vorträge: »Über Traumdeutung«, »Das Seelenleben des Kindes« und einmal auch über Émile Zola – oft schlecht vorbereitet, wie er einräumte, »eigentlich erst in der Stunde vorher, nach der Art, wie man in der Schule den deutschen Aufsatz macht«. Seine Auftritte vor den Bundesbrüdern des »B'nai B'rith« kamen dennoch gut an, wie er seinem Freund Fließ berichtete: »Mein zweiter und letzter Traumvortrag ist auch unter begeistertem Jubel der Juden vorübergegangen. Nachher fragte mich ein begeisterter Hörer, ob auch die ganz sinnlosen Träume so deutbar sind. Das ist der Wert populärer Vorträge. Ein Arzt und Kollege hätte nicht dümmer fragen können.« Nachdem Freud 1902 die »Psychologische Mittwochs-Gesellschaft« mit einigen befreundeten Ärzten und Kollegen gegründet hatte, die sich regelmäßig im Wartezimmer seiner Wohnung in der Berggasse versammelte, war ein weiterer Abend der Arbeitswoche fest verplant.

Nur am Sonntag gönnte er sich Ruhe und Erholung von den Strapazen: »In den Stunden, die ich übrig habe, sorge ich dafür, nicht zur Reflexion zu kommen. Ich überlasse mich meinen Phantasien, spiele Schach, lese englische Romane; alles Ernsthafte bleibt verbannt.« Oder er widmete sich seinen Kindern, bei denen besonders das große Ratespiel »100 Reisen durch Europa« hoch im Kurs stand. Den Vater mussten sie nicht erst zur Teilnahme drängeln, denn zu ihrer großen Freude war er sofort zum Mitmachen bereit, auch weil die »Lust zur Arbeit nicht immer vorhanden« sei, wie er einmal nach Berlin an Wilhelm Fließ schrieb und den Brief beim Stichwort Reisen mit dem Satz schließt: »Sehr gerne möchte ich heuer wieder in unser schönes Italien.« Wann immer es ging, hielt sich Freud den gesamten Sonntag für die Familie frei. Am Vormittag besuchte er als guter Sohn, meist in Begleitung einiger Kinder, seine Mutter, die dann in aller Regel am Abend zum Nachtmahl in die Berggasse kam, wozu sich oft weitere Familienmitglieder hinzugesellten. Und wenn dann noch Zeit blieb, besuchte er im Laufe des Tages das Kunsthistorische Museum mit seinen archäologischen Sammlungen, von denen ihn besonders die Ausstellungsstücke aus dem alten Ägypten und aus Griechenland interessierten.

Kein Wunder, dass Freud bei der genauesten Taktung seines Alltags nichts mehr verachtete als Leerlauf und ebenso sinnloses wie überflüssiges Warten: »Die ärgste Verschwendung, die ich mir ausdenken kann, ist all die Kohle, die man für das höllische Feuer braucht. Es wäre viel besser, durch den ganzen üblichen Prozeß zu gehen, den Sünder zu so und so vielen hunterttausend Jahren Gebratenwerdens zu verurteilen, ihn dann ins nächste Zimmer zu schicken und dort einfach sitzen zu lassen. Warten zu müssen, würde bald eine ärgere Strafe werden, als wirklich zu brennen.« Im Widerspruch dazu stand lediglich eine Gewohnheit, von der sein Schüler Hanns Sachs berichtete. Lange vor der fahrplanmäßigen Abfahrt eines Zuges fand sich Freud überpünktlich am Bahnhof ein, und es soll vorgekommen sein, dass er eine Stunde im Wartesaal zubrachte.

Abgesehen von einer längeren Sommerpause bestand Freuds Leben fast ausschließlich aus Arbeit. Nach einem anstrengenden Jahr befand sich »der arme Konrad«, wie er seinen Körper in Anlehnung an ein Studentenlied gelegentlich nannte, in einem geradezu »toxischen Zustand: verstimmt, reizbar, müde«. Oft schon im Frühjahr konnte er es nicht mehr abwarten, aus dem »höchst ekelhaften« Wien herauszukommen und etwas anderes zu sehen: »Man trocknet so leicht ein bei der unvermeidlichen Einschränkung seiner Interessen das ganze Jahr.« Spätestens Mitte Juli brach er mit der vielköpfigen Familie samt Personal in die herbeigesehnte Sommerfrische auf, ein Luxus, den er sich ab Mitte der 1890er Jahre leisten konnte, weil seine besser laufende Praxis inzwischen genügend Geld abwarf. »Ich folge seit Jahren einem bestimmten Ferientypus: in den ersten Tagen nach dem Aufhören der Arbeit sehr heiter und wohl, komme ich dann nach etwa zwei Wochen in das richtige Erschöpfungselend, das sich mit Recht an das Arbeitsjahr anschließt«, ließ er seinen Schüler Sándor Ferenczi wissen. »Kegelschieben und Schwämmesuchen«, befand er im August 1895 auf dem Weg nach Venedig, sei »viel gesünder«, als stetig Psychologie zu treiben. So gedachte er seine »volle Elasticität« wiederherzustellen.

Die Ferienfreuden dauerten bis tief in den September, bevor die Praxis im Oktober wieder eröffnet wurde und er mit neuem Schwung an die Arbeit ging. Nur gelegentlich ließ er Patienten in den Urlaub nachkommen. In dieser Zeit hatte die wissenschaftliche Arbeit fast ganz zu ruhen, von einem gelegentlichen Vorwort oder der Durchsicht von Korrekturfahnen abgesehen, denn: »Meine Schreibunlust ist in solchen Zeiten geradezu pathologisch.« Im September 1912 ließ er eine der seltenen Ausnahme gelten, als er mit Sándor Ferenczi einige Tage in Rom verbrachte und die noch unfertige Studie »Zur Einführung in den Narzißmus« zu Ende schrieb. Sein Erholungsprogramm nach anstrengendem Pensum lautete kurz und bündig: »Grund- und bodenlose Faulheit, intellektueller Stillstand, Sommeröde, vegetatives Wohlbefinden.« Folglich blieb seine Lektüre während der Ferienzeit übersichtlich, lediglich seiner Korrespondenz widmete er sich unverdrossen, weshalb er sich die Post aus Wien täglich durch einen Boten gegen Extragebühr nachschicken ließ.

Die sommerlichen Ferienziele blieben stets die gleichen: Von zwei Ausnahmen abgesehen ging es Jahr für Jahr in die Berge, in die Steiermark, nach Bayern oder nach Tirol. Die meisten Quartiere, die Freud mit großer Sorgfalt auswählte und manchmal sogar vorher inspizierte, besuchte die Familie häufiger. Besonders gerne steuerten die Freuds Reichenau am Semmering in Niederösterreich an, später Salzburg und ganz besonders Aussee in der Steiermark, das schon bald zu den liebsten Ferienorten der Familie zählte – eine Vorliebe, die sie mit Berühmtheiten der Zeit wie den Komponisten Johannes

Brahms und Gustav Mahler sowie Schriftstellern wie Hugo von Hofmannsthal und Jakob Wassermann teilte. Mahler sollte Jahre später einmal Freuds Hilfe in Anspruch nehmen, als seine Ehe mit der mannstollen Alma 1910 zu scheitern drohte. Dem Patienten konnte geholfen werden. Nachdem der Komponist seinen Therapeuten an dessen holländischem Urlaubsort aufgesucht hatte und die beiden auf einem Spaziergang in Leiden die offenbar unglückliche Mutterfixierung Mahlers gesprächsweise behandelt hatten, rechnete Freud es sich an, dass Mahlers Ehe bis zu dessen Tod im Jahre 1911 hielt.

Auch Theodor Herzl, dem der vier Jahre ältere Freud 1902 ein Exemplar seiner »Traumdeutung« geschickt hatte, suchte das bekannte Bad auf, in dem seine Majestät der Kaiser regelmäßig seinen Urlaub verbrachte. Begegnet sind sich die beiden dort nicht. Freud interessierte sich nicht sonderlich für Herzls berühmt gewordenes Buch »Der Judenstaat« von 1896 und auch nicht für die Idee des Zionismus, für den er kein tieferes Verständnis aufbrachte und von dem er schon gar nicht die Lösung der jüdischen Frage erwartete. Nach dem Tod Herzls riet Freud dessen Sohn Hans eindringlich davon ab, die Nachfolge des Vaters als Anführer der zionistischen Bewegung anzutreten: »Ihr Vater ist einer jener Männer, die Träume in Wirklichkeit verwandeln. Leute dieser Art, die Garibaldis, die Herzls, sind sehr selten und gefährlich. Ich würde ganz einfach sagen, daß sie sich am Gegenpol meines wissenschaftlichen Werks ansiedeln. Mein Beruf besteht darin, den Träumen ihr Geheimnis zu nehmen, sie durchsichtig und banal zu machen. Sie dagegen machen das Gegenteil, sie befehligen die Welt, während sie auf der anderen Seite des seelischen Spiegels verbleiben.« An den Aufenthalt der Familie Freud in Aussee erinnert in dem unterdessen zum Treffpunkt der Jetsets mutierten Ort lediglich eine Straße, die nach dem berühmt gewordenen Nervenarzt benannt wurde.

Im Spätsommer 1895 reiste die Familie erstmalig ans Meer, begleitet von Bruder Alexander. Martha war zu der Zeit hochschwanger mit Anna, die zwei Monate später zur Welt kam. Das Ziel hieß

Lovrana, ein Fischerdorf in der Nähe des bekannteren Badeortes Abazzia (heute Opatija) an der adriatischen Küste, die heute zu Kroatien gehört. Der damalige Badespaß ging als Bilderbuchurlaub in die Familienannalen ein: gesegnetes Klima, blauer Himmel, üppige Vegetation mit Palmen, Weinreben und Feigenbäumen, die bis zur Frühstücksterrasse des komfortablen Hotels hinunterreichten, weißer Sandstrand, klares, nicht zu tiefes Wasser. So jedenfalls erinnerte sich später Sohn Martin in seiner Autobiographie. Obwohl Freud zeitlebens die Berge dem Meer vorzog, scheint er die Tage an der Adria, von der Sonne tief gebräunt und faulenzend, außerordentlich genossen zu haben. Die meiste Zeit verbrachte er mit seinem Bruder im Meer, und nicht einmal zur Essenszeit soll er aufgetaucht sein. Stattdessen »schwamm ein Kellner hinaus und balancierte dabei ein Tablett mit Erfrischungen, ja sogar Zigarren und Streichhölzern«. Wir können uns den großen Wegweiser ins Unbewusste in diesen Momenten als einen glücklichen Feriengast vorstellen, der sich nichts weiter wünscht, als »von den Herrlichkeiten der Erde [zu] naschen«.

Reisen als Kinderwunsch

Eine geradezu »glühende Sehnsucht, zu reisen und die Welt zu sehen«, war bei Freud seit Kindertagen stark ausgeprägt. Überhaupt einmal auf Reisen gehen zu können erschien ihm angesichts der Enge und Armseligkeit seines Elternhauses in dem kleinen mährischen Städtchen Freiberg, dem heutigen Příbor, außerhalb jeder Möglichkeit zu liegen. Bei seiner Geburt 1856 bewohnten die Eltern in der Schlossergasse 117 ein einziges Zimmer über der Wohnung des Hausbesitzers, eines Schlossers. Vater Jacob, ein mäßig erfolgreicher jüdischer Wollhändler, der in dritter Ehe mit der um zwanzig Jahre jüngeren Amalia, Freuds Mutter, verheiratet war und zwei erwachsene Söhne in diese Ehe mitgebracht hatte, übersiedelte 1859 mit der Familie, als der kleine Sigmund drei Jahre alt war, nach Leipzig – aus

Gründen, die bis heute nicht restlos geklärt sind. Sie reichen vom Bankrott seiner Firma und dem sich ausbreitenden Antisemitismus in Böhmen und Mähren über eine fatale Verstrickung in das Falschgeldunternehmen seines Bruders Josef bis hin zu dem Verdacht, Freuds Mutter habe womöglich mit dem gleichaltrigen Stiefsohn Philipp und damit Freuds Halbbruder ein Liebesverhältnis gehabt, das Jacob durch den Ortswechsel zu unterbinden suchte.

Der Versuch, in Leipzig ein Geschäft aufzubauen, um die Familie einigermaßen durchzubringen, scheiterte kläglich. Schlimmer noch, sämtliche Gesuche von Freuds Vater, im Königreich Sachsen auch nur eine Aufenthaltsgenehmigung zu erhalten, schlugen fehl. Die Familie wurde mit polizeilicher Verfügung des Landes verwiesen und übersiedelte – der Not gehorchend – im Oktober 1859 nach Wien, wo sich die düsteren Aussichten keineswegs aufhellten. Im Gegenteil, einer von Freuds späteren engeren Freunden und Kollegen am Wiener Physiologischen Institut, der Arzt Josef Paneth, berichtete in seinen »Erinnerungen« sogar von Hunger und Entbehrungen, unter denen die Familie offenbar anfänglich zu leiden hatte.

Aus diesen prekären Umständen hat Freud übrigens nie einen Hehl gemacht. Die prägende Erfahrung seiner Kindheit und Jugend begründete maßgeblich seinen Ehrgeiz, den kümmerlichen häuslichen Verhältnissen durch beruflichen Aufstieg und Erfolg zu entkommen: »Von dem Erwerb [aus Patientenhonoraren]«, schrieb er an Fließ, »hängt meine Stimmung auch sehr ab. Geld ist Lachgas für mich. Aus meiner Jugend weiß ich, daß die wilden Pferde in den Pampas, die einmal mit dem Lasso gefangen worden sind, ihr Leben über etwas Ängstliches behalten. So habe ich die hilflose Armut kennengelernt und fürchte mich beständig vor ihr.«

Zeitlebens widmete er sich dem »Jagen nach Geld«, was er keinesfalls für einen peinlichen Makel hielt, sondern ihm geradezu Programm war. Er war fest davon überzeugt, »daß Geld ein Werkzeug ist, dem Sklaven die Fesseln zu lösen, daß man Freiheit für Geld bekommt«. Freiheit auch für das Reisen, das neben der Archäologie und der Sammlung antiker Kunst zu seinem größten Hobby werden sollte. Karriere und damit auch Wohlstand schienen ihm das Unterpfand dafür zu sein – übrigens ohne Illusionen über den mitunter steinigen Weg dorthin: »Reichwerden muß sehr schwer sein.« Doch selbst als seine Finanzen um 1900 als konsolidiert gelten konnten und er sich um seinen bürgerlichen Lebensstil auf hohem Niveau keinerlei Sorgen mehr machen musste, äußerte er gelegentlich die bange Frage, ob er sich speziell seine italienischen Exkursionen überhaupt leisten könne, und schrieb: »Ich weiß nicht, ob ich das Geld für eine Septemberreise haben werde.« Und bei der Planung einer auf fünf Wochen veranschlagten Tour mit Wilhelm Fließ, deren Ziel am Ende Rom sein sollte, kam ihm der zu diesem Zeitpunkt seiner Karriere etwas abwegige Gedanke, dass sein »Budget auf eine harte Belastungsprobe« gestellt werden würde. Was nicht zutraf und ihn im Übrigen nicht daran hinderte, nur wenige Tage später zu einer ausgedehnten Toskana-Reise aufzubrechen – allerdings ohne den Berliner Kollegen.

Freud attestierte sich selbst »viel Talent zum Lebensgenuß«. Diesen Satz schrieb er, als er 1908 mit seiner Schwägerin Minna den Gardasee bereiste. Seit der Jahrhundertwende galt dieses Urlaubsziel dank der grandiosen Alpenkulisse und seines milden Klimas selbst im Winter als Attraktion der mondänen Welt und wurde entsprechend frequentiert, auch von Größen der Literatur wie Ibsen, Kafka, Rilke, Nietzsche, Thomas und Heinrich Mann, der allein zwanzigmal anreiste. Paul Heyse, Literaturnobelpreisträger von 1910, schrieb hier sein Gedicht »Letzter Wille«, eine Ode als Liebeserklärung an den Lago, dessen Nordspitze damals noch Teil der k. u. k. Monarchie war und den auch der reisende Freud sehr schätzte. In Salò hatte er Quartier bezogen und war gerade von einem Bootsausflug zur Punta San Vigilio, einem kleinen Landvorsprung wenige Kilometer von Garda entfernt, rundum zufrieden ins Hotel zurückgekehrt, wo er sich einen Granatapfel servieren ließ und bei einer guten Zigarre neue Patiencen legte – »mit dem gewöhnlichen Effekt des unverhohlensten Neids, nicht der Fürst Borghese zu sein«, wie er im Bericht an die Familie in Wien meldete. Am Rande sei vermerkt, dass zum Neid nicht der geringste Anlass bestand, denn der Spross des berühmten Adelsgeschlechts hatte sein gesamtes Vermögen eingebüßt.

Freud ging es in diesen Tagen ausgesprochen gut. Der ausdrückliche Hinweis im Brief vom Gardasee, dass seine hedonistischen Neigungen erst in späteren Lebensjahren zum Vorschein gekommen seien, dürfen wir getrost als charmante Flunkerei abbuchen. Eher ist das Gegenteil zutreffend. Seit Mitte der 1890er Jahre belegen vor allem die zahlreichen Italien-Reisen und die einzige, allerdings nur kurze Griechenland-Fahrt das Programm seiner Reiselust: viel sehen, viel staunen und viel genießen! Dass dabei für ihn nicht in Frage kam, die schöne Fremde in einen kleinbürgerlichen Ferienschmaus umzufälschen, versteht sich von selbst. Im Alter von zweiundsiebzig Jahren schreibt er in einem Brief an Sándor Ferenczi von noch nicht »gesättigten Reisewünschen«, und etwas später, nachdem Arnold Zweig ihm das Manuskript eines Gedichts über einen bezaubernden Frühlingsanfang in Palästina in die Wiener Wohnung geschickt hatte, antwortet er im Februar 1935 in ziemlich trüber Stimmung: »Die Frühlingsschilderung machte mich traurig, neidisch. Es steckt noch so viel Genußfähigkeit in mir.«

Ein Erlebnis auf der Akropolis

Über seine pure Lust zum Reisen hat Freud zeitlebens viel nachgedacht und sich sowohl in seiner Korrespondenz als auch in verschiedenen Schriften immer wieder dazu geäußert. Einer etwas gründlicheren Analyse unterzog er seinen Reisedrang in der eingangs erwähnten Festschrift für Romain Rolland, die 1936 erschien und den Titel trug »Eine Erinnerungsstörung auf der Akropolis«. Freud bewunderte den zehn Jahre jüngeren französischen Schriftsteller, Pazifisten und Nobelpreisträger von 1915, mit dem er seit 1923 in

Korrespondenz stand und den er in seiner Schrift »Das Unbehagen in der Kultur« einen Freund nannte. Ausgangspunkt seiner Überlegungen ist eine Kurzreise, zu der er sich 1904, nach einem sechswöchigen Erholungsurlaub mit der Familie in der »Villa Sonnenfels« in Königsee bei Berchtesgaden, spontan entschlossen hatte. In seinem Ferienquartier hatte er gerade die »Drei Abhandlungen zur Sexualtheorie« fertiggestellt und wollte anschließend mit Alexander »an der Adria herumreisen« – Ziel einstweilen unbekannt. Korfu war im Gespräch. In Triest trafen sie einen dort ansässigen Geschäftspartner seines Bruders, der von der Ionischen Insel, die Odysseus laut Homer einst als letzte Station auf seiner Irrfahrt vor der Heimkehr nach Ithaka ansteuerte, heftig abriet: »In Corfu soll nicht viel los sein«, notiert Freud in dem Briefessay. Außerdem sei es dort um diese Zeit zu heiß, habe der Geschäftsfreund gesagt: »Gehen Sie doch lieber nach Athen. Der Lloyddampfer geht heute nachmittags ab, läßt Ihnen drei Tage Zeit, um die Stadt zu sehen und holt Sie auf seiner Rückfahrt ab.« Kurz entschlossen buchten die beiden eine Schiffspassage, die sie über Brindisi, Saranda, Korfu und Patras nach Athen brachte.

Am 30. August 1904 stachen sie an Bord der »Urano« in See und kehrten am 9. September zurück an ihren Ausgangspunkt in Triest. Dass sich die Abfahrt um reichlich vier Stunden verzögerte, behagte dem Freund von Pünktlichkeit und guter Planung überhaupt nicht: »österreichische Schlampigkeit«, so schimpfte Freud, »gepaart mit italienischer Gewissenlosigkeit«. Doch das blieb nur Episode. Der in die Jahre gekommene Dampfer bot zwar nur wenig Komfort, und die Kabinen waren eng, doch dafür entschädigte die Bordküche reichlich mit glänzender Kost. Diese Seereise sollte sich jedenfalls noch zu einer der denkwürdigsten Urlaubserfahrungen in Freuds Leben überhaupt entwickeln, was sich auch an seiner ausgesprochen munteren Korrespondenz ablesen lässt. So amüsiert er sich über mitreisende Damen, überwiegend Amerikanerinnen, »Löwinnen aus Vanilleeis«, die viermal täglich die Toilette wechseln und »sich sehr

1 »Unvergeßlich, höchst merkwürdig.« Im September 1904 besuchte Freud auf der Agora in Athen den Tempel des Hephaistos, den am besten erhaltenen griechischen Tempel.

fröhlich u ungenirt benehmen u wie Alex behauptet, als Eccentrias für Affen engagiert sind«. Es begegnen ihm »echte Türken, Albanesen mit weißem Spitzhut, wie ihn antike Statuen tragen, Barkenführer, die aussahen wie der Jason mit dem Argonautenzug, eine verschleierte türkische Dame in Begleitung einer unverschleierten, märchenhaft häßlichen Dienerin«. Eine wohlbeleibte griechische Mutter, die er auf hundert Kilogramm taxiert, bleibt ihm in Erinnerung ebenso wie ein Haufen Engländer, die sich als Amerikaner entpuppen, ein akademischer Windbeutel aus Straßburg und eine allein reisende Millionärin aus den USA mit ihrem französischen Leibarzt. Am Golf von Korinth fällt ihm beim Blick auf das wogende Meer heiter gestimmt Goethes Ballade »Der Fischer« ein: »Das Wasser rauscht', das Wasser schwoll, / Ein Fischer saß daran, / Sah nach dem Angel ruhevoll, / Kühl bis ans Herz hinan.«

Es ist mit Händen greifbar: Hier ist ein lustvoll Reisender unterwegs, der nicht genug kriegen kann von Landschaft, Menschen und Eindrücken. Es ist, als ob sich der antike Götterhimmel über ihm weit geöffnet hätte. Das Glück der Reise, von dem Bloch gesprochen hatte: Hier stellt es sich ein. Und Athen ist noch nicht einmal in Sichtweite. Der Zufall will es, dass in der bunt zusammengewürfelten Bordgesellschaft auch ein Passagier mitreist, den Freud bewundert: »Prof. Dörpfeld, der Gehilfe Schliemann's u Leiter aller deutschen Ausgrabungen«, wie er sofort erkennt. Seit seinen Gymnasialzeiten schwärmte Freud für Heinrich Schliemann, der das sagenhafte Troja ausgegraben hatte in der Überzeugung, dass die Epen Homers die historischen Stätten des Altertums beschrieben hätten. Die Berichte über dessen spektakuläre Funde kannte er ausnahmslos, weswegen ihm auch der Name Wilhelm Dörpfeld geläufig war. Aus Gründen der Diskretion sah er jedoch davon ab, an Bord der Fähre die Bekanntschaft mit ihm zu suchen. Die Sprache der alten Griechen beherrschte Freud übrigens so gut, dass er als Schüler sogar ein Tagebuch auf Altgriechisch geführt hatte. Sophokles und die anderen Klassiker las er spielend im Original. Als Freud mit zehn

Jahren das Gymnasium bezog, lag der Schwerpunkt des Unterrichts auf Latein, Griechisch und Alter Geschichte, was der Klassenprimus im Unterschied zu vielen Mitschülern keineswegs als Zumutung empfand. Dem Gymnasium verdanke er, so schrieb er im Alter von achtundfünfzig Jahren, die ersten Einblicke in eine untergegangene Kulturwelt, die ihm »ein unübertroffener Trost in den Kämpfen des Lebens werden sollte«. Zeitlebens, heißt es in einem Brief an Arnold Zweig, war er stolz »auf den reichlichen Niederschlag des Griechischen in meinem Gedächtnis«. In der Literatur und den Mythen des antiken Griechenlands, seiner Kunst und Kultur war er jedenfalls bestens bewandert. Auf dem Feld der Archäologie brachte er es im Laufe seines Lebens zu großer Kennerschaft, und er konnte es locker mit jedem Fachspezialisten aufnehmen. Das lag auch daran, dass er nach eigener Auskunft »mehr Archäologie als Psychologie gelesen« hatte. Mit einer Koryphäe des Fachs, dem Archäologen Emanuel Loewy, der in Rom den ersten Lehrstuhl für Klassische Archäologie überhaupt inne hatte, war er seit seiner Schulzeit als einem der wenigen Duzfreunde eng verbunden, »der mich jährlich einmal zu besuchen und bis 3 h morgens wachzuhalten pflegt«, wobei sie sich weniger über die Psychoanalyse als über die Archäologie unterhalten haben dürften.

In seinem Bücherschrank stand Jacob Burckhardts vierbändige »Griechische Kulturgeschichte«, die er eifrig studiert hatte und die ihn, wie Historiker der Psychoanalyse annehmen, zu Vergleichen zwischen Traum und Mythos anregten. Während seiner Burckhardt-Lektüre arbeitete Freud nämlich intensiv an der »Traumdeutung«, in der er entsprechende Überlegungen anstellte. 1899 hatte er sich Schliemanns »Ilios« gekauft, gelesen und sogleich seinem Freund Fließ nach Berlin geschrieben, wie sehr er sich an der Kindheitsgeschichte des großen Pioniers der Archäologie erfreue: »Der Mann war glücklich, als er den Schatz des Priamos fand, denn Glück gibt es nur als Erfüllung eines Kinderwunsches.« So wie bei Schliemann verhielt es sich auch bei ihm selbst. Und in Athen, das er neben Rom als

Inbegriff einer vollkommenen Zivilisation schätzte, wird für ihn ein Kinderwunsch nun Wirklichkeit. Jedenfalls steht er am Sonntagnachmittag des 4. September 1904 »im schönsten Hemd« und tadellos gekleidet auf der Akropolis, schaut ein wenig ungläubig in die Landschaft und denkt darüber nach, wie seltsam es doch sei, mit eigenen Augen zu sehen, was er bis dahin nur aus Büchern kannte. Er steigt zwei Stunden auf dem Felsentempel herum, und während Bruder Alex auf einem Marmorthron Platz nimmt, lässt er sich neben einem Pferd aus dem Festzug des Phidias nieder, um an seine Martha in Wien zu schreiben, dass die Akropolis noch überträfe, was er bisher gesehen habe. Im erwähnten Briefessay an Romain Rolland fragt er sich: »Also existiert das alles wirklich so, wie wir es auf der Schule gelernt haben?!«, und konstatiert einen Fall von »too good to be true«. In diesem Moment, nach immerhin zahlreichen Italien- und zwei Rom-Reisen, konnte er kaum glauben, das Land der Griechen nicht länger nur mit der Seele suchen zu müssen. In dem dreißig Jahre später verfassten Brief zu Ehren seines Freundes Romain Rolland erklärt Freud aus der Rückschau das Unwirklichkeitsgefühl auf der Akropolis mit dem Schuldgefühl, es weitergebracht zu haben als sein Vater Jacob. Das hätte er damals, so schreibt er weiter, auch seinem kleinen Bruder gerne auf der Akropolis gesagt, am liebsten in den Worten, mit denen sich Napoleon bei den Krönungsfeierlichkeiten in Notre-Dame an einen seiner Brüder, vermutlich Joseph, gewandt habe: »Was würde Monsieur notre Père dazu sagen, wenn er jetzt dabei sein könnte?« Das zielte auf den eigenen Vater, der ein erfolgloser Kaufmann mit ständigen Geldsorgen war und, anders als der Sohn, keine Gymnasialbildung genossen hatte, weswegen ihm Athen und das ganze klassische Griechenland nicht viel bedeuten konnten. Die frühkindliche Überschätzung des Vaters, so Freud weiter, sei einer Geringschätzung gewichen: »Es sieht aus, als wäre es das Wesentliche am Erfolg, es weiter zu bringen als der Vater, und als wäre es noch immer unerlaubt, den Vater übertreffen zu wollen.« Die Besichtigung der Akropolis wird so zum Symbol der späten Loslösung vom Vater, der im Oktober 1896 gestorben war und dem Freud alle Schuld für die armselige Situation in seinem Elternhaus gegeben hatte, unter dem er litt und dem er daher auch als Vielreisender zu entkommen suchte.

Für seine lebenslang unbändige Reiselust als die Erfüllung eines Kinderwunsches hatte Freud schon etliche Jahre vor der Griechenland-Reise eine hübsche Formel geprägt, die er dem Gedicht »Die Unterwelt« von Heinrich Heine, einem *compagnon de route*, entlehnte: »Ich suche, wie Du weißt«, schrieb er aus Siena nach Berlin an seinen Freund Wilhelm Fließ, »›Punsch mit Lethe‹ in Italien.« Und fügte hinzu: »Bekomme hie und da einen Schluck.« Wir dürfen hinzusetzen: und zwar reichlich!

Nicht nur Freud analysierte seine Reiselust. Sie war auch ein Thema in einer frühen Phase der Psychoanalyse selbst – mit bisweilen skurrilen Resultaten. So führte der Wiener Psychologe Alfred Freiherr von Winterstein in seinem Vortrag »Zur Psychoanalyse des Reisens« vor der Wiener Psychoanalytischen Vereinigung im März 1912 den »in scheinbar unerklärlicher Weise auftretenden Trieb zum Reisen [...] auf seine psychosexuelle Wurzel« zurück. Zur Erklärung bot der nichtmedizinische Analytiker wahlweise den vermeintlichen Wunsch der Reisenden nach Befriedigung der Libido, die Verwirklichung infantiler Phantasien aus den Pubertätsjahren, eine missglückte Ablösung von den Eltern und sogar einen unausgesprochenen Todeswunsch als treibende Faktoren an. Aspekte dieser Sichtweise hatte auch Freud in den »Drei Abhandlungen zur Sexualtheorie« behandelt. In dieser 1905 erschienenen Schrift, in der er seine Auffassung zu sexuellen Abweichungen formulierte, konstatiert er einen Zusammenhang zwischen lustvollen Gefühlen, ja sogar sexuellen Erregungen und der jedenfalls damals noch machtvollen mechanischen Bewegung von Zügen: »Die Erschütterungen der Wagenfahrt und später der Eisenbahnfahrt üben eine so faszinierende Wirkung auf ältere Kinder aus, daß wenigstens alle Knaben irgend einmal im Leben Kondukteure und Kutscher werde wollen. Den Vorgängen auf der Eisenbahn pflegen sie ein rätselhaftes Interesse von außerordentlicher Höhe zuzuwenden und dieselben im Alter der Phantasietätigkeit (kurz vor der Pubertät) zum Kern einer exquisit sexuellen Symbolik zu machen. Der Zwang zu solcher Verknüpfung des Eisenbahnfahrens mit der Sexualität geht offenbar von dem Lustcharakter der Bewegungsempfindungen aus.« Und wenn dann die Lust an Eisenbahnfahrten auch noch verdrängt werde, so Freud, »werden dieselben Personen als Heranwachsende oder Erwachsene auf Wiegen und Schaukeln mit Übelkeit reagieren, durch eine Eisenbahnfahrt furchtbar erschöpft werden oder zu Angstanfällen auf der Fahrt neigen und sich durch Eisenbahnangst vor der Wiederholung der peinlichen Erfahrung schützen«. Freuds Berliner psychoanalytischer Kollege Karl Abraham konnte diesen Befund mit dem Beispiel eines Patienten erhärten, der zu langen Eisenbahnreisen neigte und sich künstlich wach hielt, um nichts von der Lust am Fahren zu verpassen. Er reiste eigentlich nur wegen »der Lust des Fahrens«.

In Bezug auf sich selbst wollte Freud von einer sexuellen Deutung des Reisens allerdings nichts wissen, und er blieb dabei, wie es im erwähnten Brief an Romain Rolland steht, seinen Reisedrang mit der Flucht vor der Auseinandersetzung mit dem Vater einerseits und dem Entkommen aus der Enge und der Tristesse des Elternhauses andererseits zu erklären. Mindestens eine Episode, die er in der 1919 erschienenen Schrift »Das Unheimliche« schildert, lässt in Nuancen auch eine andere Deutung zu. In einer italienischen Kleinstadt geriet Freud einmal an einem heißen Sommernachmittag offenbar in das Gassengewirr des örtlichen Rotlichtviertels: »Es waren nur geschminkte Frauen an den Fenstern der kleinen Häuser zu sehen, und ich beeilte mich, die enge Straße durch die nächste Einbiegung zu verlassen. Aber nachdem ich eine Weile führerlos herumgewandert war, fand ich mich plötzlich in derselben Straße wieder, in der ich nun Aufsehen zu erregen begann, und meine eilige Entfernung hatte nur die Folge, daß ich auf einem neuen Umwege zum drittenmal dahingeriet.« Denkbar wäre, dass seine Abwehrmechanismen gegen sexuelle Phantasien, die zu Hause einwandfrei funktionierten, auf Reisen nicht die gewünschte Wirkung erzielten, was Christfried Tögel, einer seiner Biographen, nicht ausschließen möchte: »Das von Freud geschilderte Erlebnis in der italienischen Kleinstadt ist die Umkehrung der Agoraphobie: Die Aufhebung der räumlichen Gebundenheit führt auch zur Aufhebung der sexuellen Einschränkung.«

Narrentanz

Freuds Reiselust korrespondierte lange Zeit mit einer ausgeprägten Reisephobie, der er sich bewusst war und die er deswegen einer eigenen Analyse unterzog. In einem Brief an Wilhelm Fließ erinnert er sich im Dezember 1897 präzise an ein Erlebnis aus früher Kindheit, das sich in Breslau zugetragen hatte, als die Familie von Freiberg nach Leipzig übersiedelte: »Im Alter von drei Jahren habe ich den Bahnhof dort passiert […], und die Gasflammen, die ich zum ersten Mal sah, haben mich an brennende Geister in der Hölle gemahnt. Ich weiß ein wenig den Zusammenhang.«

Die lange Fahrt, erst in der Pferdekutsche und dann mit der Bahn über Breslau nach Leipzig, war gleichbedeutend mit dem Verlust seiner Heimat und verbunden mit einer panischen Angst des Dreijährigen vor dem Verhungern. Freuds Abneigung besonders gegen Eisenbahnfahrten führt er jedenfalls auf diese Reise zurück. Sein Arzt und enger Vertrauter Max Schur sah es ähnlich und bringt eine Erinnerung Freuds ins Spiel, der zufolge der Knabe auf selbiger Reise seine Mutter bei einer gemeinsamen Übernachtung »nudam« gesehen haben muss, als seine Libido gegenüber seiner Mutter erwacht sei. Eine Rekonstruktion, wie Schur schreibt, doch eine, mit der Freud selbst seine Reiseangst in Verbindung brachte.

Freuds Reisephobie im engeren Sinn, die ihn seit Kindertagen quälte, bestand vor allem in einer Angst vor Eisenbahnfahrten. Das neue Verkehrsmittel, wohl die wichtigste technische Innovation des

19. Jahrhunderts und Symbol des Aufbruchs, hatte nicht nur die industrielle Revolution beschleunigt, sondern auch das Raum- und Zeitgefühl der bis dahin in beschaulichen Postkutschen Reisenden revolutionär verändert, was der Kulturhistoriker Wolfgang Schivelbusch in einer grandiosen »Geschichte der Eisenbahnreise« ausführlich beschrieben hat. Die Dampfmaschinen auf Rädern erzeugten von Beginn an Faszination und Abwehr zugleich: Während der Vormärzdichter und Bahn-Enthusiast Georg Herwegh die ersten Dampfzüge als Vorreiter der Freiheit in Deutschland und ganz Europa besang, gaben furchtsame Gegner der Bahnreise noch ein halbes Jahrhundert nach der legendären ersten Fahrt des »Adler« im Dezember 1835 zwischen Nürnberg und Fürth zu bedenken, dass es im Taumel der ungeheuerlichen Geschwindigkeit zu Entgleisungen und Kollisionen kommen könne – mit womöglich verheerenden Folgen für Leib und Seele. Schon bei Normalfahrten sei eine Zerrüttung des Rückenmarks nicht ausgeschlossen; mit traumatischen Neurosen sei zu rechnen. Auch Freud plagte sich viele Jahre mit einer Bahnphobie, die er – nebenbei bemerkt – sorgsam vor seiner Familie zu verbergen suchte. Vermutlich aus diesem Grund schreibt er im August 1897 von seinem Urlaubsort Aussee an Wilhelm Fließ, dass er sich zwar außerordentlich auf eine bevorstehende Venedig-Reise mit seiner Frau Martha freue, ihm jedoch auch ein bisschen bange sei, weil »die täglich berichteten Eisenbahnunfälle einem Familienvater- und -mutterpaar nicht gerade viel Lust dazu machen können«. Und setzt hinzu: »Das bleibt aber strenge unter uns.« Dem Freund gegenüber macht er aus seinen Ängstlichkeiten keinen Hehl: sie kämen und gingen wieder, aber dazwischen hätten sie bei ihm halbe Tage Bestand. Was ihm hilft, ist Selbstsuggestion: »Aus der Furcht vor dem nächsten Eisenbahnunfall hat mich vor einer halben Stunde die Erwägung gerissen: Wilhelm und Ida [Fließ' Frau] sind ja auch unterwegs.«

Vermutlich hätte Freud ein tragisches Familienunglück als Bestätigung all seiner Ängste gedeutet, wenn der »Narrentanz«, wie er seine Phobie einmal bezeichnete, zu diesem Zeitpunkt nicht schon ein glückliches Ende gefunden hätte. Im Oktober 1914 starb nämlich sein Halbbruder Emanuel, als er während einer Bahnfahrt aus dem Waggon stürzte. Noch aus der Blütezeit seiner Reiseangst hat Freud selbst einen Zwischenfall vom August 1890 überliefert, der eindrucksvoll seine Eisenbahnfurcht belegt. Mit Wilhelm Fließ hatte er eine anstrengende fünfstündige Wanderung von Salzburg über den Hirschbühel nach Berchtesgaden unternommen. Von dort wollten die beiden wie geplant mit dem Zug zurückreisen, was sich jedoch als heikles Unternehmen herausstellte, denn am Bahnhof, so erinnert sich Freud zehn Jahre später sehr lebhaft, habe der Freund einen seiner »schönsten Anfälle von Reiseangst mitangesehen«. Noch gegen Ende des Jahrhunderts schimmert seine Besorgnis in einigen Briefen durch, wenn er etwa von »sehr mangelhaftem und nicht unbedenklichem Bahnverkehr« schreibt. Es sind jedoch nicht nur diffuse Ängste, die sich jedes Mal aufs Neue bei einer Bahnfahrt einstellen, selbst in Italien, das ihn beim Blick aus dem Abteilfenster reichlich mit prächtig vorüberziehenden Landschaften entschädigt. Seine Abneigung hier wie dort hat ganz handfeste Gründe. Sie reichen von übel rauchenden Lokomotiven über nicht enden wollende Fahrten durch dunkle Tunnel bis zu mangelndem Komfort im Coupé und einer Verköstigung, die bloß den Magen verdirbt. Am ausgiebigen, bisweilen sogar beschwerlichen Reisen hat ihn das freilich nie gehindert. Auch nicht mit der Eisenbahn.

Auf die Überwindung speziell seiner Eisenbahnangst kommt Freud kurz vor Weihnachten 1899 in einem Brief an Wilhelm Fließ zu sprechen: »Es ist, als hätte Schliemann wieder einmal das für sagenhaft gehaltene Troja aufgegraben.« Konkret habe ihn ein Patient auf die Spur gesetzt, der ihm die Realität seiner eigenen Lehren am eigenen Leib gezeigt habe und ihn auf die bis dahin übersehene Lösung seiner einstigen Phobie gebracht habe, woraufhin er dem Analysanden aus Dankbarkeit sogar das Bild »Ödipus und die Sphinx« zum Geschenk gemacht habe: »Meine Phobie war eine Verarmungsphantasie, oder besser eine Hungerphobie, von meiner infantilen Gefräßigkeit abhängig.« Der Befund als Ergebnis seiner Selbstanalyse spielt an auf die bereits geschilderte traumatische Bahnfahrt der Familie von Freiberg über Breslau nach Leipzig, die verbunden war mit der Aufgabe der Heimat und der Aussicht auf eine ungewisse Zukunft in der Fremde. Neuen Reisefreuden, wenn auch nicht gänzlich angstfrei, stand danach jedenfalls nichts mehr im Wege.

KAPITEL ZWEI

Reisegefährten

Alleinsein ist sehr komisch

Allein reisen war nichts für Freud, und so vermied er es, ohne Begleitung in die Fremde zu fahren. Zur Begründung heißt es kurz und knapp: »Alleinsein ist sehr komisch.« Außerdem hebe es das Vergnügen unterwegs auf. Auch bei seinen italienischen Rundreisen jeweils nach der Sommerfrische im Familienstandquartier bevorzugte er das Reisen in Gesellschaft: mal mit seinem zehn Jahre jüngeren Bruder Alexander, mal mit seiner Schwägerin Minna Bernays oder mit Kollegen, unter denen ihm sein Schüler und späterer Kollege Sándor Ferenczi der Liebste war. Auf zwei Reisen begleitete ihn seine Tochter Anna: im März 1913 nach Venedig und im September 1923 nach Rom. Wer mit ihm reisen wollte, musste vor allem mit seinem Tempo mithalten und bis zu einem gewissen Grad auch seine Interessen teilen – und ihm vor allem nicht zur Last fallen. Unter diesen Aspekten schied seine Frau bald aus dem Kreis seiner Gefährten aus. Zwar schrieb Freud 1885 an seine damalige Verlobte Martha Bernays, dass Reisen ohne »sein teures Liebchen« überhaupt nicht schön sei. Das war ein Jahr vor der Eheschließung. Doch die Gemahlin konnte der Vorliebe des Ehegatten für ausgedehnte Bildungsreisen im Anschluss an den sommerlichen Ferienspaß nie wirklich etwas abgewinnen.

Ausnahmen bestätigten die Regel: Ohne die Kinder reisen die beiden 1894 für zwei Wochen nach Lovrana in Istrien, aber auch nur weil Martha darauf bestand, während er selbst offenbar nur wenig Lust dazu verspürte: »Ich gehe gar nicht bereitwillig nach Lovrana.«

Die Reise endet als Beinahe-Fiasko. Martha begibt sich anschließend zur Kur nach Meran, um sich »von den Anstrengungen« dieser Fahrt zu erholen. Drei Jahre später heißt das Reiseziel Venedig. Doch schon die Reiseplanung erweist sich als verzwickt: »Eine Frau fügt sich so schwer in die allgemeine Zeitrechnung«, mokiert er sich gegenüber Wilhelm Fließ. Insbesondere seiner Vorliebe, auf Reisen nach Möglichkeit »jede Nacht in einem anderen Bett zu schlafen«, konnte Martha nie etwas abgewinnen. Hinzu kommt ihre Abneigungen gegen anstrengende, bisweilen atemlose Besichtigungstouren, wie Freud sie liebte. Darauf reagiert sie empfindlich: mit Unpässlichkeit und allgemeinem Unwohlsein. Notorisch waren ihre Menstruationsbeschwerden, die ihr ständig zu schaffen machten und die ihr, so wird von Freud-Biographen vermutet, den willkommenen Vorwand boten, sich ganz auf den Sommerlaub zu konzentrieren und ihren Mann nach den gemeinsamen Ferientagen mit anderen weiterreisen zu lassen. Darüber ist Freud nicht wirklich unglücklich, muss er doch bei seiner Planung nicht länger »jener Zeit ausweichen, in der sie nicht genußfähig ist«.

Alexander Freud

Ganz anders liegen die Dinge bei seinem Bruder Alexander. Er ist ihm »der nächste und billigste Reisegefährte«, wie er schreibt. Und einer, der erfreulicherweise seine Sehnsucht nach dem Süden uneingeschränkt teilt. Alexander war 1866 in Wien geboren, zehn Jahre nach Sigmund, der ihm als ältester Bruder traditionell den Namen geben durfte. Freud schlug den Eltern vor, den »kleinen Erzschelm« nach Alexander dem Großen zu nennen, von dessen imponierenden Heldentaten der Zehnjährige in der Schule gehört hatte: »Der mazedonische Alexander war gewiß einer der ehrgeizigsten Männer, die je gelebt. Er klagt ja, daß er keinen Homer finden werde, der seine Taten besinge«, schrieb er 1901 in der »Psychopathologie des Alltagslebens«. Dem solchermaßen begründeten Wunsch entsprach die Familie. Auf-

2 »Mit entzückendster Morgenaussicht auf Santa Maria della Salute.« Gemeinsam mit seinem Bruder Alexander nahm Freud bei seinen ersten beiden Venedig-Besuchen Quartier in der »Casa Kirsch«, dem heutigen »Hotel Metropole«.

grund der finanziell prekären Lage im Elternhaus reichte das Geld allerdings nicht aus, um nach Sigmund auch Alexander ein Universitätsstudium zu ermöglichen, weswegen er bereits früh die Schule verlassen musste, um seinen Lebensunterhalt zu verdienen. Am innigen Verhältnis der Brüder änderte das zeitlebens nichts. Nachdem Sigmund seine Wohnung und seine Praxis in die Berggasse 19 verlegt hatte, war Alex dort ein gern gesehener Gast, und er verbrachte manchen Sonntag mit seinen drei Neffen. Einer von ihnen, Martin Freud, erinnerte sich später in seiner Autobiographie: »Kein Bruderpaar konnte in seiner Lebenseinstellung unterschiedlicher sein als mein Vater und Onkel Alexander. Im großen Unterschied zu Sigmund war Alexander äußerst musikalisch. Er konnte tatsächlich eine ganze Oper exakt nachpfeifen. Darüber hinaus war er ein ausgezeichneter Geschichtenerzähler, der die verschiedenen Dialekte seiner Charaktere in seinen Geschichten nachahmen konnte.«

Dieses Talent als Alleinunterhalter schätzte auch Sigmund außerordentlich. Es steigerte sein Vergnügen auf Reisen beträchtlich; wichtiger jedoch war, dass Alexander ihm eine Aufgabe abnahm, die er allein vermutlich gar nicht hätte schultern können. Alexander Freud, Redakteur und später zudem Alleininhaber des wöchentlich erscheinenden »Tarif-Anzeigers«, war nämlich einer der führenden Verkehrs- und Eisenbahnexperten der Donaumonarchie, Dozent an der 1898 gegründeten Exportakademie und auch der Orientalischen Gesellschaft. Er legte 1897 ein »Eisenbahn-Stationsverzeichnis« zu »Artaria's Eisenbahn- und Post-Communications-Karte von Oesterreich-Ungarn« vor, das sämtliche Bahnstationen für den Personen- und Güterverkehr in der k. u. k. Monarchie enthielt – wie gemacht für die Reiseplanung der beiden Brüder. Alexander galt zu dieser Zeit längst als anerkannt erste Autorität auf dem Gebiet des Transport- und Tarifwesens, »dessen Stellung als Fachmann immer mehr wächst und der zu allen Enquêten usw. als Vertrauensmann der Regierung zugezogen wird«, wie Sigmund sichtlich stolz bemerkt. Er sorgt sich allerdings um ihn und seine Zukunft, denn er befürchtet, der kleine

Bruder überarbeite sich, würde aufgrund seiner Gutgläubigkeit von den Vorgesetzten ausgenutzt und werde voraussichtlich auch nicht in den Staatsdienst übernommen: »Er wird nicht einmal den Titel Professor bekommen, den er sich als Vortragender an der Exportakademie verdient hat [...]. Es ist eben alles österreichisch in Österreich.« Was die Nichterhebung in den Professorenstand anging, täuschte er sich jedoch. 1905 wurde Alexander zum Professor ernannt, drei Jahre nachdem Freud selbst im titelsüchtigen Österreich nobilitiert worden war. Gelegentlich konnte man den Eindruck gewinnen, Sigmund sei auf Alexander ein wenig eifersüchtig gewesen. Diesen »anstößigen und der Verdrängung bedürftigen Gedanken« machte er 1901 in der »Psychopathologie des Alltagslebens« sogar öffentlich und legte gleichsam eine Beichte ab. Er selbst sei lange vor seinem Bruder, schreibt er dort, zur Beförderung als Professor an der Universität vorgeschlagen worden, ohne sie erlangt zu haben. Was ihn insbesondere zu bedrücken schien: »Unsere Mutter äußerte damals ihr Befremden darüber, daß ihr kleiner Sohn eher Professor werden sollte als ihr großer«, was Sigmund offenbar als nicht geringe Kränkung empfunden haben muss. Den Anflug von Eifersucht verbucht er an besagter Stelle in der »Psychopathologie des Alltagslebens« unter seinem ausgeprägten Ehrgeiz. Kein abwegiger Befund, wie man hinzufügen darf.

Bruder Alexander erwies sich für den reisenden Sigmund Freud als wahrer Glücksfall – jedenfalls für eine knappe Dekade, von der ersten gemeinsamen Reise im Sommer 1895 nach Venedig bis zu einem Osterausflug 1905 nach Südtirol. Als ausgewiesener Experte erkundete Alexander in dieser Zeit kenntnisreich und exakt die schnellsten Verbindungen und schönsten Routen, buchte die Tickets für alle Passagen und sorgte, kurz gesagt, für die technische Abwicklung der meist südwärts gehenden Reisen. Sigmund hingegen konzentrierte sich auf seine Domäne. Die bestand in der nicht weniger sorgfältigen Festlegung der Besuchsprogramme, gegründet auf seine umfangreichen Kenntnisse in allen Bereichen von Kunst und Kultur. Welches Museum und welche Kathedrale sie ansteuerten, welches Gräberfeld und welche Tempelanlage auf gar keinen Fall fehlen durften, hatte Sigmund zuvor festgelegt. Diese Form der harmonischen brüderlichen Arbeitsteilung bewährte sich, und beide fanden erkennbar Gefallen daran. Misstöne auf Reisen sind nicht überliefert. Dass Sigmund, der lange unter seiner Eisenbahnphobie litt, seine Ängste schließlich überwand, war gewiss nicht nur seiner Selbstanalyse geschuldet. Der Anteil seines Bruders mit dessen sachorientierter Betrachtungsweise dürfte nicht zu gering veranschlagt werden, auch wenn Sigmund nie ein Wort darüber verlor. Ihre Reisepartnerschaft hielt bis 1905. Da gründete Alexander selbst eine Familie, und sein Bruder musste sich andere Begleiter suchen. Die Leidenschaft der beiden übertrug sich auf Alexanders einzigen Sohn Harry, der 1909 zur Welt kam und 1933 in Wien zum Doktor der Jurisprudenz promoviert wurde. Denn bevor der Anwalt und leidenschaftliche Hobbyfotograf 1939 sein Leben ins amerikanische Exil rettete, bereiste er zwischen 1932 und seiner Flucht aus Nazideutschland all jene europäischen Metropolen und Orte, die sein Onkel gemeinsam mit dem Vater ein halbes Menschenalter zuvor aufgesucht hatte – und lichtete sie gewissenhaft ab.

Minna Bernays

Nach dem familienbedingten Rückzug Alexanders übernahm Minna Bernays die Rolle der willkommenen Reisebegleiterin. 1895, kurz nach der Geburt von Freuds Tochter Anna, war seine Schwägerin im Alter von 30 Jahren zur Familie in die Berggasse 19 gezogen, bei der sie bis zu ihrem Tod 1941 blieb. Als sie siebzehn war, war bei ihr eine Tuberkulose, die damalige Volkskrankheit Nummer eins, diagnostiziert worden, weshalb die Ärzte den Eltern rieten, sie aus Hamburg zur Heilung nach Sizilien zu schicken – mit Erfolg. Gemäß den Gepflogenheiten für Mädchen aus kultivierten jüdischen Familien hatte sie – wie ihre fünf Jahre ältere Schwester Martha – keine öffentliche Schule besucht, sondern Privatunterricht erhalten. Ihr Großvater, Isaak Bernays, war in den vierziger Jahren des 19. Jahrhunderts angesehener Oberrabbiner in Hamburg gewesen, den Heinrich Heine als weitläufiger Verwandter in seinen Briefen wiederholt einen »geistreichen Mann« nannte. Karl Ludwig Bernays, ein Cousin zweiten Grades des Vaters, war neben Friedrich Engels und Karl Marx Mitarbeiter der von Giacomo Meyerbeer finanzierten Zeitschrift »Vorwärts«. In diesem kämpferisch eingestellten demokratischen Oppositionsblatt wurde im Juli 1844 das »Weberlied« von Heinrich Heine erstmals publiziert und das »Wintermärchen« in Fortsetzung gedruckt.

Für die beiden Schwestern mit bildungsgesättigtem Familienhintergrund war eine Berufsausbildung nicht vorgesehen, wohl aber eine standesgemäße Eheschließung. Minna hatte sich 1882 ein wenig überstürzt, doch zu Freuds Wohlgefallen mit seinem Studienfreund und angehenden Indologen Ignaz Schönberg verlobt, der nach seiner Promotion mit Bestnote erst in Wien und dann eine Weile in Oxford als Assistent des Sanskrit-Forschers Monier Williams mit glänzenden Karriereaussichten den Sprung in die akademische Welt anpeilte. Nach Ausbruch einer Tuberkulose war ihm dringend geraten worden, sich wie seine Verlobte in ein Sanatorium zu begeben, vorzugsweise nach Italien, was er jedoch verweigerte, um seine Berufsaussichten nicht zu gefährden. Nach dem plötzlichen Tod ihres Verlobten, mit dem sich Freud regelmäßig im Caféhaus zum Schachspiel und zu gelehrten Plaudereien getroffen hatte, fand sich Minna damit ab, unverheiratet zu bleiben. Gelegentlich ließ sie sich als Gesellschafterin und Gouvernante in Wien, in Böhmen und für wenige Monate auch in Frankfurt am Main bei wohlhabenden Familien anstellen – jeweils nur für kurze Dauer. Anders bei den Freuds in der Berggasse. Minna verstand sich mit ihrem Schwager auf Anhieb glänzend. Wie sein Biograph Ernest Jones vermerkte, fand Freud in ihr »eine unterhaltende und interessante Begleiterin«, auch auf Reisen. Bis die beiden erstmals gemeinsam aufbrachen, sollten jedoch noch drei Jahre ins Land gehen. Da galt sie ihm längst als »nächste Vertraute«. Freud lobte ihren Ordnungssinn und ihre fundierten Kenntnisse in der Literatur. Da sie wie ihr Schwager über ein offenbar glänzendes Gedächtnis verfügte und ihre Lektüren stets präsent hatte, war sie für jede Unterhaltung in Gesellschaft eine Bereicherung, was ihrem Schwager ausgesprochen imponierte. Minna war sprachbegabt, las französische Romane im Original und parlierte fließend Englisch.

Bisweilen sendete ihr Freud kleine Präsente und auf ihren Wunsch hin einmal sogar ein Fotoporträt von sich, das er mit dem Zusatz »eines depossedierten (besitzlosen) großen Herrn« versah. Dass Minna ein freundschaftliches Verhältnis zu seiner ältesten Schwester Anna unterhielt, gefiel ihm ebenfalls. Freud und seine Schwägerin verband jedenfalls eine große Nähe. Man könnte es auch eine geistige Wahlverwandtschaft nennen. Anders als ihre Schwester interessierte sie sich für alles, was ihr Schwager beruflich trieb. Die Psychoanalyse für eine Art von Pornographie zu halten, wie Martha sich einmal gegenüber René Laforgue äußerte, einem der französischen Mitstreiter Freuds und 1925 Gründungsmitglied der »Société Psychanalytique de Paris«, wäre Minna nie in den Sinn gekommen.

Im Juli 1898 schrieb Freud an Wilhelm Fließ, dass ihm eine »kleine Reise« mit Minna »dämmere«, die sich dann immerhin über den gesamten August durch Südtirol, Oberitalien sowie die Schweiz hinzog und die beiden von Innsbruck über Bormio, den Berninapass, Pontresina und St. Moritz bis Maloja führte, bevor die beiden wieder zum Ausgangspunkt ihrer Reise nach Aussee im steirischen Salzkammergut zurückkehrten, wo Freuds Familie mit Martha und den Kindern die Sommerferien verbrachte. Insbesondere ein Brief, den Minna während dieser Tour am 6. August 1898 an Martha schrieb, wurde gedeutet als Beleg für ein Liebesverhältnis zwischen dem reisenden Sigmund Freud und seiner Schwägerin Minna Bernays. In der Tat lassen sich einige Zeilen auch als Brief einer glücklichen jungen Frau auf Hochzeitsreise lesen: »Liebstes Herz! Wir wären also glücklich so weit, jede Nacht in einem anderen Bett zu schlafen, was ja Sigis Ideal ist. Er sieht unberufen *großartig* aus und ist kreuzfidel, natürlich ganz ruhelos. [...] Die Gegend ist unbeschreiblich schön und das Hotel bezaubernd, schon ganz internationales Publicum, das sich nicht um einen kümmert. Gestern habe ich an Dich gedacht, liebstes Mütterchen.« Wenige Tage später übernachteten die beiden in Maloja in einem Doppelzimmer, und Freud trug in das Gästebuch ein: »Dr. Sigm. Freud u Frau.«

Vier Tage später trifft das Reisepaar im schweizerischen Le Prese ein und quartiert sich im »Hotel Posta« mit Blick auf den Lago di Poschiavo ein, wo bereits Italienisch gesprochen wird. Angenehme Tage am Seeufer verheißt das Viersternehotel noch heute seinen Gästen. Dass sie überhaupt dort landeten, verdankte sich einem übel gelaunten Gastwirt im italienischen Tirano, der die beiden vergrault hatte. Jedenfalls nahm das Reisepaar den beschwerlichen und steil ansteigenden Fußweg in die Schweiz in Kauf. Das Gepäck ließen sie nachkommen. Freud schimpft ausführlich über den Marsch bei »furchtbarem Staubwind«. Erschöpft, doch glücklich treffen sie in besagtem Badeort ein, »glänzend gelegen zwischen dem Engadin u der Addaebene«. Freud fühlt sich pudelwohl. Der Maître d'Hôtel offeriert die Kaiserzimmer des Hauses mit Aussicht auf den See, das eine davon mit Balkon. Der Wiener Nervenarzt macht die Bekanntschaft mit dem örtlichen Kurarzt, einem Florentiner, den es hierher in die Berge verschlagen hat. Auch Wein und Braten sagen ihm zu. Ausdrücklich vermerkt er zufrieden: »Gespräche auf französisch u italienisch.« Daran knüpft Minna in dem Fortsetzungsbrief an Martha an: »Dein Mann hat an der Table d'hôte gegessen, es hat ihm sehr gefallen. Er ist überhaupt wie ausgetauscht, spricht mit allen Leuten und hat von Noblesse und Comfort noch mehr Vergnügen wie ich. Die drei letzten Nachtlager [...] wären für Dich, liebes Herz, nichts gewesen, es ist alles überfüllt und man muß noch todtfroh sein, überhaupt aufgenommen zu werden, umso mehr schwelgen wir hier. Hat Mama nicht schon mehrmals gesagt: Minna bricht bestimmt unterwegs zusammen? Ich kann sie aber versichern, daß es nicht so ist und ich mich seit Jahren nicht so wohl gefühlt habe [...]. Ich paradiere endlich im Flanellkleid und sämtlichen Schmückern, und Sigi findet mich natürlich immer hochelegant, ob auch die andern, weiß ich nicht.«

Dass die beiden ein intimes Verhältnis miteinander gehabt hätten, ist vor allem von Freuds Gegnern und Kritikern immer wieder behauptet worden. C. G. Jung etwa, bis zum Bruch im Jahr 1913 kollegial und freundschaftlich mit Freud verbunden, behauptete, Minna selbst habe ihm bei seinem Antrittsbesuch in der Berggasse im Frühjahr 1907 anvertraut, dass sie »in Freud verliebt sei«. Minna, vermutete ein anderer, sei von Freud schwanger gewesen und habe das Kind in Meran abtreiben lassen. Dergleichen »Freud-Bashing« zielte nicht nur auf die Diskreditierung der Persönlichkeit Freuds, sondern auch seiner wissenschaftlichen Glaubwürdigkeit. Bedeutungsvoll wurde in diesem Zusammenhang immer wieder auf den Umstand hingewiesen, dass in der Berggasse 19 der Zugang zu Minnas Schlafzimmer durch das von Sigmund und Martha ging und die beiden Räume nur durch eine Tapetentür getrennt waren. Freud kannte die Gerüchte, auch die, die sich an ihre gemeinsamen Reisen knüpften; doch schwieg er dazu zeitlebens beharrlich. Die Phantasien blühten nochmals kräftig auf, als sein Briefwechsel mit Minna veröffentlicht wurde. Wer ihn durchsieht, wird diesbezüglich allerdings schwer enttäuscht: Der Ton und die Themen sind zwar vertraut und bisweilen sehr persönlich, doch Hinweise auf ein trickreiches Versteckspiel oder den Austausch verliebter Heimlichkeiten sucht man auf den knapp vierhundert Seiten vergebens. Gelegentlich nährte Freud unfreiwillig Spekulationen, die ihm ein Liebesverhältnis mit Minna andichteten, wie etwa 1915, als er einen Brief an seinen amerikanischen Kollegen James J. Putnam verfasste, in dem es heißt: »Die sexuelle Moralität, wie die Gesellschaft, am extremsten die amerikanische, sie definiert, scheint mir sehr verächtlich. Ich vertrete ein ungleich freieres Sexualleben, wenngleich ich selbst sehr wenig von solcher Freiheit geübt habe. Gerade nur soweit, daß ich mir selbst bei der Begrenzung des auf diesem Gebiet Erlaubten geglaubt habe.« Freud, der Vater des Libidobegriffs, war alles andere als ein Lebemann, wenngleich er nicht unempfänglich für die Reize verführerischer Frauen war. Noch vor seiner Hochzeit mit Martha, als die ersten Patienten in seine Praxis kamen, schrieb er seiner Braut, dass ihre Fotografie durch die Anwesenheit einer schönen Frau in seinem Behandlungszimmer zweimal hintereinander vom Schreibtisch gefallen sei. Auch daraus lassen sich keine Rückschlüsse ziehen. Ob er und seine Schwägerin sich erotisch anziehend fanden oder ihr Verhältnis auf intellektuellen Austausch begrenzt blieb, wird vermutlich ungeklärt bleiben.

Nach der Reise durch Südtirol, Oberitalien und die Schweiz im Jahr 1898 brachen Freud und seine Schwägerin noch weitere fünfmal gemeinsam auf, wobei das Ziel 1907 und 1913 Rom hieß, worüber später noch zu reden sein wird.

Sándor Ferenczi

»Ferenczi [...] ist ein anregender verständnisvoller Gesellschafter geworden.« Das schreibt Sigmund Freud im September 1912 aus Rom an seine Frau in Wien, nachdem er mit dem jungen Budapester Schüler und Kollegen schon die Ostertage in Dalmatien auf der Insel Arbe verbracht hatte, die heute unter dem Namen Rab zu Kroatien gehört. Im Sommer dieses Jahres war Freud mit Martha zunächst nach Karlsbad ins Hotel »Goldener Schlüssel« zu einer sechswöchigen Kur aufgebrochen und hatte anschließend einige Tage mit der Familie in Bozen im »Post-Hotel Erzherzog Heinrich« verbracht, wo er sich mit Sándor Ferenczi traf. Von dort wollten die beiden für zwei Wochen nach Rom weiterreisen. Dazu kam es freilich erst nach einer kleinen Verzögerung, denn Freud wollte seine älteste Tochter Mathilde, die während einer Schwangerschaft erkrankt war, unter keinen Umständen allein lassen. Also unterbrach er seinen Urlaub, fuhr mit Ferenczi zurück nach Wien, wo sie bis zu Mathildes Gesundung blieben, bevor sie dann die verabredete Reise in die Ewige Stadt antraten. Auf dem Weg über Neapel nach Sizilien hatten sie dort bereits zwei Jahre zuvor Station gemacht, was ihnen – wie der Rest der dreiwöchigen Reise – offenbar so gut gefiel, dass sie bis 1912 eine Reisegemeinschaft bildeten und zu insgesamt vier Touren aufbrachen. In dieser Zeit ist Ferenczi sogar Freuds einziger Gefährte. Mit einem Kurzurlaub im April 1914 finden die gemeinsamen Expeditionen ein ziemlich abruptes Ende, doch nicht etwa aufgrund von Misstönen oder weil es Streit gegeben hätte, sondern weil mit der Kriegserklärung Österreich-Ungarns an Serbien am 28. Juli der Erste Weltkrieg begann, der Reisen auf Jahre hinaus mehr oder weniger unmöglich machte. Zwischen dem längst berühmten Wiener Nervenarzt und Ferenczi, der seinen Lehrmeister glühend bewunderte, hatte sich – auch unter dem Einfluss der gemeinsamen Reisen – eine enge freundschaftliche Beziehung entwickelt, die Freud in einem seiner letzten Briefe an den Schüler kurz vor dessen frühen Tod im Januar 1933 »eine innige Lebens-, Gefühls- und Interessengemeinschaft« nannte.

Ferenczi, 1873 als achtes von zwölf Kindern geboren, entstammte einer polnisch-jüdischen Einwandererfamilie, die in Miskolc, einer Kleinstadt im Nordosten Ungarns, eine Buchhandlung betrieb, in der Samuel Fischer seine Lehre absolviert haben soll, bevor er 1886 in Berlin den S. Fischer Verlag gründete und einer der bedeutendsten deutschen Verleger wurde. In Budapest, wohin die Familie inzwischen übergesiedelt war, begann Sándors Vater Baruch als begeisterter Anhänger der Revolution von 1848 Schriften der ungarischen Widerstandsbewegung zu verlegen, die sich im Unabhängigkeitskrieg gegen Österreich gebildet hatte. Er trat der aufständischen Armee bei und ließ 1879 seinen Namen Fraenkel in Ferenczi »magyarisieren« – zum Zeichen einer geglückten Assimilation. Der kleine Sándor wuchs in einem politisch wie literarisch inspirierten Haus voller Bücher auf und verfasste auf dem Gymnasium Gedichte im Stil von Heinrich Heine, den er zeitlebens verehrte. Dem kosmopolitischen

3 1871 schlugen die Truppen des italienischen Königs Viktor Emanuel II. eine Bresche durch die Porta Pia und besetzten Rom als neue Hauptstadt. Am Jahrestag im September 1912 inspizierte Freud die Nationalfeierlichkeiten an dieser Stelle.

Geist des Elternhauses entsprach es, dass dort deutsch und ungarisch gesprochen wurde, wie es in der jüdisch-ungarischen Intelligenzija üblich war.

Als Ferenczi fünfzehn ist, stirbt der Vater, dessen Liebe zu ihm seine Mutter nicht ersetzen kann. Sie erweist sich jedoch als tüchtige Geschäftsfrau, die ihren sieben Söhnen eine ordentliche Ausbildung ermöglicht. Sándor wird zum Medizinstudium nach Wien geschickt, das der talentierte junge Mann bravourös absolviert. Nach seiner Promotion 1894 arbeitet er zunächst in der Prostituierten-Abteilung am Budapester St. Rochus Spital, bevor er in die Neurologie- und Psychiatrie-Abteilung eines Armenhauses wechselt. Schließlich eröffnet er eine Praxis als Allgemeinmediziner und Psychiater, der auch bei Gericht tätig ist. Schon in Wien hatte Ferenczi von Sigmund Freud gehört. Doch erst zurück in Budapest, beginnt er sich eingehender mit der Psychoanalyse zu beschäftigen, liest die »Traumdeutung« und entschließt sich, die Bekanntschaft mit dem bekannten Nervenarzt zu suchen, was unter tätiger Mithilfe von Kollegen und vor allem des Züricher Analytikers und damaligen Freud-Vertrauten C. G. Jung auch gelingt. Nachdem ein Treffen für den 2. Februar 1908 in Wien verabredet ist, dankt Ferenczi eilfertig im allerersten Brief ihrer Korrespondenz für die Einladung in die Berggasse, von der er sich »viel Nützliches und Lehrreiches« verspreche. Er sei begierig, dem Herrn Professor, »dessen Lehren mich nun seit einem Jahre unausgesetzt beschäftigen, persönlich nahezutreten«. Offenbar mit Erfolg. Freud gefällt der junge Mann, der gleich »in medias res« geht. Und schon zwei Tage später meldet sich die psychoanalytische Nachwuchskraft aus Budapest erneut bei ihm, bedankt sich für die liebenswürdige Gesellschaft an jenem Sonntagnachmittag und steigt sogleich in die Erörterung eines Falls von »Paranoia mit Bevorzugung des Eifersuchtswahns« ein, den er bei einer Patientin diagnostiziert habe, was Freud beeindruckt. Von da an tauschen die beiden regelmäßig ihre Ideen und Auffassungen aus – Konflikte und Kontroversen, Beleidigungen und Missverständnisse eingeschlossen, was ihrer Zusammenarbeit jedoch keinen Abbruch tut. Eine Weile gibt sich Freud sogar der Hoffnung hin, sein junger ungarischer Adept könnte eine Verbindung mit seiner Tochter Mathilde eingehen, spätere Heirat nicht ausgeschlossen. Doch diese ehelicht im Februar 1909 den Kaufmann Robert Hollitscher. Zur Hochzeitsfeier schickt Ferenzci »ein prunkvoll schönes Geschenk«, wie Freud nachdenklich zur Kenntnis nimmt, und noch in der Nacht schreibt er dem verpassten Schwiegersohn: »Jetzt kann ich es ja gestehen, dass ich im Sommer gerne Sie an der Stelle des jungen Mannes gesehen hätte, der, mir seitdem lieb geworden, nun mit meiner Tochter abgereist ist.« Als ihm Ferenczi im Juli 1912 eröffnet, dass er sich in die Tochter Elma seiner verheirateten Freundin Gizella, noch dazu während ihrer Psychoanalyse, verliebt habe, und er Freud inständig bittet, die junge Dame als Patientin zu übernehmen, willigt Freud, wenn auch widerstrebend, ein. Ein heikler Fall, denn es liegt auf der Hand, dass bei der Analyse auch Intimitäten der Verliebten zwangsläufig zur Sprache kommen. Die problematische Episode gerät fast außer Kontrolle, weil die Trennung zwischen beruflichem und privatem Leben mehr als einmal missachtet wird. Freud plaudert Einzelheiten der Behandlung aus, Ferenczi begeht Indiskretionen, Kassiber werden heimlich ausgetauscht. Schließlich beendet Ferenczi kurz entschlossen Affäre und Analyse der jungen Geliebten, die inzwischen wieder bei ihm gelandet war, und kehrt reumütig zur Mutter der Beinahe-Braut zurück. Bei Georg Groddeck, einem analytischen Kollegen, beschwert er sich über Freud, der verhindert habe, dass Elma »siegreich« in sein Herz eingezogen sei.

Der delikate Vorgang findet seinen Niederschlag auch in ihrer Korrespondenz, belastet jedoch die Beziehung nicht ernsthaft. Überhaupt tauschen sie sich nicht nur über analytische Detailfragen aus, auch andere Privatheiten werden ausführlich behandelt: vom Ausfall der Morgendusche bis zur Sorge um die Kinder und später die Enkelkinder. Sie thematisieren bizarr anmutende Fälle aus ihrem Patientenkreis, über die sie sich nicht selten amüsieren. Einmal berichtet Ferenczi von einer Analysandin, die er »im Stadium der Übertragung« rausgeworfen habe, weil sie seine Nerven zu sehr strapaziert habe. Sie befürchtete nämlich, dass der nahende Halleysche Komet, dessen Aufschlag auf die Erde für den 19. Mai 1910 vorausgesagt worden war, sie samt ihrem Analytiker auslöschen werde. Davon unbeeindruckt, legte sich Ferenczi schlafen, wie er an Freud schreibt, weil »ein so großartiger Umsturz« während seiner Lebenszeit gewiss nicht eintreffen werde, woraufhin der umgehend antwortet: »Auch hier ist die Welt noch nicht untergegangen.« Zu diesem Zeitpunkt nennt Freud seinen Schüler längst »lieber Sohn« und gesteht, dass ihm zwar ein »selbstständiger Freund lieber« wäre, aber bei Lage der Dinge müsse er ihn wohl »als Sohn annehmen«. Ferenczi, der unter dem frühen Verlust seines Vaters litt, dankt die Zuneigung reichlich und antwortet mit Schmeicheleien. Wenn er abends nach der Ordination erschöpft sei und keine rechte Lust mehr zur Arbeit verspüre, greife er »zwischen Pflicht und Lust zu dem Kompromiß, daß ich Ihre Werke zur Lektüre nehme«.

Dass Ferenczi bei dieser Lage der Dinge »ein angenehmer Reisegenosse« ist, versteht sich fast von selbst, wie auch einem Urlaubsgruß aus Florenz zu entnehmen ist. Im September 1910 schreibt Freud an Martha, sein Begleiter sei »sehr fidel, genußfähig u viel weniger bequem als ich«. Genervt reagiert er nur dann, wenn sein Schüler es mit verehrender Hochachtung und devotionaler Unterwerfung übertreibt. In einem pointenreichen Brief an C. G. Jung, den er im ausnahmsweise mal verregneten Rom verfasste, aber erst in Wien in den Postkasten warf, wird er sehr deutlich: »Mein Reisebegleiter ist ein sehr lieber Mensch, aber etwas ungeschickt verträumt und infantil gegen mich eingestellt. Er bewundert mich unausgesetzt, was ich nicht mag, und kritisiert mich wahrscheinlich scharf im Unbewußten, wenn ich mich gehenlasse. Er hat sich zu sehr passiv und rezeptiv verhalten, alles für sich tun lassen wie eine Frau, und meine Homosexualität reicht doch nicht so weit, ihn dafür anzunehmen. Die Sehnsucht nach einer wirklichen Frau steigt sehr auf solchen Reisen.«

Jung wird den Wink verstanden haben. Ziemlich genau ein Jahr zuvor, im August 1909, waren er und Ferenczi als Teil von Freuds Entourage zu einer sechswöchigen Vortragsreise an die Clark University in Worcester bei Boston aufgebrochen. Da Alexander als Reiseorganisator und Quartiermeister ausgefallen war, wünschte sich Freud von Ferenczi, dass er ihm aufgrund hoher Arbeitsbelastung die »Besorgung der Fahrt nach Amerika« abnehmen möge. Ferenczi versteht das als Befehl, begibt sich umgehend ins »Fahrkarten-Zentralbüro« seiner Heimatstadt, erkundet die preiswerteste und zugleich bequemste Schiffspassage: ob es über Hamburg oder doch Bremen und Bremerhaven gehen soll, ob die »Cunard Linie« dem »Norddeutschen Lloyd« vorzuziehen sei, und gibt sich alle erdenkliche Mühe, dem verehrten Lehrer die Reise so angenehm wie möglich zu machen. Da er seine Englischkenntnisse für mangelhaft hält, belegt er noch rasch einen Sprachkurs, um neben dem englischen Baedeker auch einschlägige Fachliteratur zu studieren, weil er weiß, wie sehr der »Herr Professor« solche Kenntnisse schätzt. Der überlässt auch diesen Teil der Vorbereitung Ferenczi – aus explizitem Grund: »Ich mache mir gar nichts aus Amerika.« Handschriftlich setzt er anspielungsreich einen Satz aus der »Zauberflöte« über den Briefkopf: »Zur Liebe kann ich dich nicht zwingen.« Dem jungen Kollegen empfiehlt er noch die passende Garderobe und rät, für das amerikanische Reiseabenteuer Frack und Salonrock nicht zu vergessen: »Zylinder soll man sich des schwierigen Transports wegen dort ankaufen und dann vor der Abreise in den Ozean werfen.« Der aufstrebende Psychoanalytiker besteht die Probe als Reisemanager glänzend, was auch der Grund dafür ist, dass Freud ihn in den nächsten Jahren zum Begleiter bestimmt, »als liebenswerte, menschenfreundliche, allem Bedeutenden aufgetane Persönlichkeit«.

Der Tod des jüngeren Kollegen, der sein liebenswerter Schüler und aufmerksamer Vertrauter war, mit dem er eine umfangreiche Korrespondenz wie mit keinem Zweiten geführt hatte, erschütterte den alten Freud schwer. In einem mitfühlenden Nachruf vom Mai 1933, der die mitunter heftigen Krisen in ihrer Beziehung nicht ausspart, kommen ihm die gemeinsamen Reisen »im Gefühl der sicheren Zusammengehörigkeit« wehmütig in den Sinn: »In den Herbstferien mehrerer aufeinanderfolgender Jahre verweilten wir zusammen in Italien und mancher Aufsatz, der später unter seinem oder meinem Namen in die Literatur einging, erhielt dort in unseren Gespräche seine erste Gestalt«, wovon noch in den Berichten von der Rom- und der Sizilien-Reise zu sprechen sein wird.

KAPITEL DREI

Reisevorbereitungen und Reisegewohnheiten

Vorbereitende Studien

1875 erwarb Freud ein Buch, dessen Titel bereits andeutet, dass Reisen, wie er es verstand, nicht bloß dem Zeitvertreib oder der gesundheitlichen Wiederherstellung diente. Dieses Traktat trug den Titel »Anleitung zu wissenschaftlichen Beobachtungen auf Reisen«. Verfasst hatte es der später berühmt gewordene Polarforscher und Namensgeber der heutigen deutschen Forschungsstationen in der Antarktis, Georg von Neumayer. Seine Empfehlungen richteten sich ausdrücklich nicht an den reinen »Vergnügungsreisenden«, mit dem auch Freud unter gar keinen Umständen in einen Topf geworfen werden wollte, sondern an das interessiert reisende Publikum. Dort findet sich neben allerlei nützlichen Hinweisen im Umgang mit fotografischen Apparaten und einer Anleitung zum fachgerechten Sammeln von Reptilien ein grundsätzlicher Hinweis: Der Reisende werde gut daran tun, bereits zu Hause, »wo er mit Leichtigkeit volle Belehrung finden kann«, sich auf das Reiseziel gründlich vorzubereiten. Unabdingbar sei die »Bekanntschaft mit Werken über verschiedene Gegenstände der Landeskunde, des socialen Daseins von Volk und Staat sowie der Geistesbildung«. Ohne solche Kenntnisse seien neue Einsichten nicht zu gewinnen. Damit stellte sich Neumayer ganz in die aufklärerische Tradition des 18. Jahrhunderts, als das Reisen aufhörte, ein Privileg der höheren Stände zu sein, und die Bürger in fremde Gegenden aufbrachen. Dabei wäre es niemandem in den Sinn gekommen, sich bloß der Gunst der Gelegenheit zu überlassen. Die Reise des aufgeklärten Menschen musste mithin gut vorbereitet sein. Am besten, man besuchte eines der zahlreich an Universitäten angebotenen Kollegs. Als unabdingbar galt: »Reise vorher in Büchern, ehe du eine Reise in auswärtige Länder antrittst!« Unvorbereitet zu reisen, so warnte etwa die Hamburger Wochenschrift »Der Patriot«, hieße, sich als »Reisedümmgen« aufzuführen. In einem umfangreichen Katalog fand sich auch der Hinweis: »Lerne vorher die Sprache des Landes, wo du dich aufzuhalten gedenkst, gründlich. Denn ohne selbige zu wissen, wirst du von deinen Reisen kein Vergnügen, und noch viel weniger Nutzen haben.«

In dieser Hinsicht war Freud bestens gerüstet. Abgesehen davon, dass der ewige Klassenprimus Latein und Altgriechisch glänzend beherrschte und die Texte der Klassiker problemlos im Original lesen konnte, sprach und schrieb er fließend Englisch und Französisch und erwarb noch weitere Fremdsprachenkenntnisse. Andernfalls hätte er kaum die Forschungsaufenthalte 1885 in Paris an der psychiatrischen Klinik Hôpital de la Salpêtrière bei Professor Charcot und 1876, neun Jahre früher, im vielsprachigen Triest an der zoologischen Versuchsstation bewältigen können, wo neben Deutsch auch Italienisch gesprochen wurde. Das hatte er sich scheinbar ohne große Mühe im Alleingang beigebracht. Gemeinsam mit seinem vertrauten Jugendfreund Eduard Silberstein, der wie er das Leopoldstädter Communal-Real- und Obergymnasium besuchte, erlernte er Spanisch – »ohne Lehrer«, ohne Grammatik, ohne Lexikon, einzig mit Hilfe eines Lesebuches, in dem sich auch Texte von Cervantes befanden, die den Pennälern als Lerngrundlage dienten. Ihre rasch erworbenen Kenntnisse nutzten die beiden auch sprachlich Hochbegabten für einen umfangreichen Briefwechsel – anfänglich noch etwas holprig, aber nahezu durchgängig auf Spanisch. Wenn der sprachtalentierte Gymnasiast nicht weiterwusste, hispanisierte er einfach ihm wohl vertraute lateinische Wörter und machte aus »desiderium« ein »desiderio«, wo es richtig »deseo« hätte heißen müssen. Noch häufiger nutzte er französische Wörter und ließ aus »vacances« ein »vacancias«

werden. Ob seine Sprachkenntnisse auch noch Jahrzehnte später ausreichten und er im Mai 1923 tatsächlich einen »Brief an seinen Übersetzer« Luis López-Ballesteros y de Torres auf Spanisch verfasste, lässt sich nicht mit Bestimmtheit sagen. Gerne hätte er wohl noch über weitere Sprachen verfügt. In der »Traumdeutung« schreibt er fast im Unterton des Bedauerns, nicht auch noch die Sprache der Kindheit zu beherrschen: »Die tschechische Sprache muß ich übrigens in meinen ersten Kinderjahren verstanden haben, da ich in einem kleinen Orte Mährens mit slawischer Bevölkerung geboren bin.«

Anleitungen zum Genuss Italiens

Um die »Elemente des Culturlebens« angemessen würdigen zu können, hatte es bei Neumayer geheißen, sei vor jedem Antritt einer Reise die Lektüre von einschlägigen Handbüchern, periodischen Schriften und Spezialliteratur unerlässlich. Einer solchen Maxime folgte Freud aus Überzeugung. Undenkbar, dass er sich unvorbereitet oder gar ahnungslos auf den Weg gemacht hätte. Er betrieb einen erheblichen Aufwand, bevor er zwischen 1895 und 1913 zu seinen italienischen Kulturreisen aufbrach, wobei er bereits über vorzügliche Vorkenntnisse aus der Schulzeit verfügte, der er nach eigenen Worten »die ersten Einblicke in eine untergegangene Kulturwelt« verdankte, womit er die griechische und römische Antike meinte. Neben Goethes »Italienischer Reise«, die er – wie im Übrigen den ganzen Goethe – gut kannte, diente Freud insbesondere Jacob Burckhardts »Anleitung zum Genuss der Kunstwerke Italiens« als Reisebegleiter, der ihn wie ganze Generationen bürgerlicher Reisender in die Lage versetzte, nahezu lückenlos alle für wichtig erachteten Kunstwerke, Kirchen und Orte des Landes aufzusuchen. Freud reiste gleichsam auf der Folie dieses 1853 erschienenen »Cicerone«, dessen Autor sich vorgesetzt hatte, »dem flüchtig Reisenden rasche und bequeme Auskunft über das Vorhandene, dem länger Verweilenden die notwendigen Stilparallelen und die Grundlagen zur jedesmaligen Lokal-Kunstgeschichte, dem in Italien Gewesenen aber eine angenehme Erinnerung gewähren sollte«. Nietzsche, der sich das Buch zum Geburtstag gewünscht hatte, bemerkte nach der Lektüre in einem Brief an seine Schwester, der »Cicerone« sei »wirklich eins der besitzwürdigsten Bücher und beinahe belehrender als ein Aufenthalt in Rom«. Ähnlich enthusiastisch schätzte Freud den Schweizer Professor, der »mit den Augen zu denken verstand« und als Agnostiker für seine Expertisen eine fast religiöse Sprache fand, die fesseln konnte. Jedenfalls verließ er sich auf dessen Urteil und hatte das Buch auf Reisen stets zur Hand.

Freud verfügte über eine umfangreiche Sammlung von Reisehandbüchern sowie einschlägiger Literatur über jene Städte und Landschaften, die auf seinen italienischen Besuchsprogrammen standen. Sein Biograph Christfried Tögel hat eine imposante »Liste« seiner vorbereitenden Lektüre zusammengetragen, mit der er sich, oft Jahre vorauseilend, beschäftigte, bevor er das Reiseziel konkret ansteuerte. So schreibt er am 18. April 1887 an den Freund und Mitstreiter Wilhelm Fließ, dass er in seinen freien Stunden nichts getan habe »als Bücher aufgeschnitten, Patiencen gelegt, die Straßen von Pompeji studiert«. Von da an vergingen noch fünf Jahre, ehe er im September 1902 die vor zweitausend Jahren im Ascheregen des Vesuv untergegangene Stadt besuchte. Wenig später schildert er in einem Brief an Fließ und später in der »Traumdeutung« noch ausführlicher einen Traum, der vordergründig für den Ärger über seinen Freund steht. Es fällt ihm sogar der Wortlaut an besagter Stelle im Traum ein. Das Signalwort heißt »Via«, das er in seiner Auslegung des Geträumten den »Straßen von Pompeji, die ich studiere«, zuordnet. Wozu man wissen muss, dass einer der sehnlichsten Wünsche Freuds darin be-

4 In bedrohlicher Schieflage: Die Türme von Bologna (»Le Due Torri«) kündeten einst vom Stolz der mächtigen Adelsgeschlechter der Stadt. Freud erwarb während seines Besuchs im September 1896 ein Foto der beiden Geschlechtertürme.

stand, mit dem verehrten Kollegen Fließ einen psychoanalytischen Kongress auf italienischem Boden abzuhalten, der immer wieder Thema in den von Freud sogenannten »Reisegesprächen« mit dem Freund war. Sein Herzenswunsch blieb zu seinem großen Kummer zeitlebens unerfüllt.

Manchmal reicht auch ein Geburtstagspräsent aus, im vorliegenden Fall ein »Orchideenkorb«, den ihm Fließ nach Wien schicken ließ, und schon werden die schönsten Phantasien freigesetzt. Die Gabe zum Wiegenfest spiegelt ihm »Pracht und Sonnenglut vor, ein Stück Mauer aus Pompeji mit Zentaur und Faun« – und schon sieht er sich auf einen Schlag »in das ersehnte Italien« versetzt.

Am 24. Oktober 1898 feiert Wilhelm Fließ in Berlin seinen vierzigsten Geburtstag, zu dem ihm Freud herzlich gratuliert und ihm »die Fernhaltung von jeder Spur mehr an Leid und Krankheit, als der Mensch dringend zur Anspannung seiner Kräfte und zur Vergleichung mit dem Guten bedarf«, wünscht. In Wien stehen die Dinge anders: Martha kränkelt schon den ganzen Sommer; ihn selbst beeinträchtigt eine verstopfte Nase infolge einer hartnäckigen Infektion. In dieser Verfassung sieht er sich außerstande, »etwas anderes zu tun, außer etwa Topographie von Rom zu studieren, da [diese] Sehnsucht immer quälender wird«. Dass seine schlechte Stimmung sich dabei aufhellte, dürfen wir getrost unterstellen. Bis seine Rom-Sehnsucht gestillt wird, sollten noch drei Jahre vergehen, die er intensiv zur Vertiefung seiner Rom-Kenntnisse zu nutzen wusste – nicht nur zur Topographie der Stadt. Dazu haben nicht weniger als dreißig weitere »Monographien« über die Stadt, ihre Geschichte und die dort versammelten Kunstwerke beigetragen. Am Montag, den 2. September 1901, betritt Sigmund Freud um vierzehn Uhr zum ersten Mal römischen Boden. Selten zuvor dürfte jemand die Ewige Stadt besser vorbereitet besucht haben.

»Ich bin überhaupt nicht für die Fabrikation von Weltanschauungen. Die überlasse man den Philosophen, die eingestandenermaßen die Lebensreise ohne einen solchen Baedeker, der über alles Auskunft gibt, nicht ausführbar finden.« Dass Freud den berühmten Reiseführer mit dem gängigen roten Einband in seiner kleinen Schrift über »Hemmung, Symptom und Angst« in also durchaus gewichtigem Zusammenhang erwähnt, deutet bereits an, welchen Stellenwert er diesem praktischen Reisehandbuch im handlichen Taschenformat beimaß. Auf Reisen war »der Baedeker« für ihn als portable Reisebibliothek geradezu unentbehrlich. Was 1828 mit der »Rheinreise von Mainz bis Cöln – Handbuch für Schnellreisende« begonnen hatte, galt zu Freuds Zeiten bereits als Synonym für Reiseführer: ohne anschauliche Optik oder Emphase, unbestechlich, nüchtern und genau, enthielt er alles, was dem reisenden Bildungsbürger wichtig war und worauf er sich verlassen konnte. »Könige und Regierungen mögen irren, aber niemals Mr. Baedeker«, hieß es in der englischen Version von Jacques Offenbachs Operette »Pariser Leben«. Am Wahrheitsgehalt sämtlicher Angaben, von den historischen Einordnungen über Namen und Jahreszahlen bis zu Öffnungszeiten und Verkehrsmitteln, hätte kein Reisender jemals ernsthaft gezweifelt. Auch Freud tat das nicht. Aus Rapallo schreibt er am 17. September 1905 in ausgelassener Urlaubsstimmung an Bruder Alex, der diesmal nicht mit von der Partie ist: »Ich merke, was uns sonst noch aufrecht erhalten, war das bißchen ernste Pflicht, mit dem Baedeker in der Hand neue Gegenden, Museen, Paläste zu verificiren.« Baedekers Idee, herausragende Sehenswürdigkeiten und besondere Gasthöfe mit einem oder zwei Sternen zu versehen, wurde schnell populär und dient der Hotellerie noch heute als Orientierung, wobei er allerdings mit seiner Sterne-Vergabe äußerst sparsam umging. Nur Spitzenleistungen der Baukunst wie etwa der Kölner Dom konnten mit zwei Sternen rechnen. Auch in dieser Hinsicht war der Baedeker für Freud eine gültige Instanz. Schade nur, dass sich in seiner Bibliothek kein einziges Exemplar erhalten hat, mit dem er in Italien und anderswo unterwegs war. Zu gerne wüsste man, was er dort am Rand angestrichen hat.

Am 14. September 1900 schreibt Freud aus Wien einen ausführlichen Brief nach Berlin an Wilhelm Fließ, um ihn nach sechswöchiger Urlaubsreise, die ihn über Trient und Lavarone nach Riva geführt hatte, auf den Stand der Dinge zu bringen. Er berichtet von schönen, ja sogar paradiesisch schönen Tagen am Gardasee, die er mit seiner Schwägerin Minna dort verbracht hatte: »In Riva saßen wir endlich fünf Tage, göttlich untergebracht und gefüttert, eine Schwelgerei ohne Reue und Trübung.« Das entsprach ziemlich genau Freuds Wunschvorstellungen und seinem Programm auf Reisen. In Riva – mit unvermeidlichem Abstecher nach Sirmione zu den antiken Ruinen der Villa Catulls, Dampferfahrten nach Baveno und Arco sowie einigen Landpartien – war es Wirklichkeit geworden. Alle Signalwörter, die sein Wohlbefinden verbürgen, sind in diesem einen Satz versammelt, was auch sein erster und einflussreichster Biograph, Ernest Jones, nicht dementiert hätte. Dieser bescheinigte ihm zutreffend »eine mitreißende Lebenslust und Heiterkeit«, die ihn sogar jünger hätte aussehen lassen, nicht nur auf Reisen.

Mit seinem Befund allerdings, dass Freud »zweifellos auf recht bescheidene Weise« gereist sei, lag er, der zugleich dessen wichtigster englischer Schüler war und sich nach Jahren in Toronto 1913 in London als Analytiker niedergelassen hatte, gründlich daneben: »Er begnügte sich im Wesentlichen mit einfachen Gasthöfen und Postkutschen.« Das glatte Gegenteil dürfte richtig sein, von Ausnahmen abgesehen, die freilich die Regel bestätigten. In Riva etwa, das bis 1919 zu Österreich-Ungarn gehörte, logierte Freud im »Hotel du Lac«, damals wie heute ein erstes Haus mit unverändert atemberaubendem Ausblick auf das hellblau leuchtende Wasser und die Berge rings um den Lago.

Spätestens seitdem seine Praxis um die Jahrhundertwende hinreichend viel Geld abwarf, leistete er sich durchgängig anspruchsvolle Unterkünfte, nicht selten Luxusherbergen und Grandhotels, um die er früher, aus Gründen der Sparsamkeit oder weil ihm einfach das Geld fehlte, einen großen Bogen gemacht hätte. In Venedig stieg er lediglich bei seinen ersten beiden Besuchen gemeinsam mit seinem Bruder in einer Pension ab, der »Casa Kirsch« an der Riva degli Schiavoni, später dann in dem vom Baedeker als »anspruchsvoll und vornehm« eingestuften Hotel »Bristol-Britannia« direkt am Canal Grande. Es war – wie auch das damals noch berühmtere »Hotel Royal Danieli« – in einem ehemaligen Adelspalast untergebracht, verfügte über einen Aufzug, Zentralheizung und einen kleinen Garten, was Freud in dieser Kombination ganz besonders schätzte. In Genua, das er erstmals im September 1905 und erneut 1910 besuchte, stieg er im »Continental des Etrangers« ab, in Florenz wählte er das »Grand Hotel« am rechten Arno-Ufer an der Piazza Manin »in schönster und wärmster Lage«, eine allererste Empfehlung des Baedeker. Auf seiner Sizilien-Reise 1910 buchte er für sich und seinen Begleiter Sándor Ferenczi in Palermo das »Hotel de France« an der Piazza Marina, das 1808 als das luxuriöseste Haus am Platze eröffnet worden war und es bis zu seiner Schließung Ende der 1970er Jahre blieb. Seither wird es als Gästehaus der Universität genutzt. In Syrakus, dem Hauptziel der sizilianischen Rundreise, stiegen sie im »Hotel des Etrangers« ab, einem Prachtbau, der inzwischen ein Fünf-Sterne-Grandhotel beherbergt, in bester Lage an der weltberühmten »Quelle der Arethusa«, die auf dem Programm noch aller großen Sizilien-Reisenden stand – von Johann Gottfried Seume bis Hugo von Hofmannsthal. Direkt an der Stelle gelegen, an der Artemis die Nymphe Arethusa der griechischen Sage nach in eine Quelle verwandelte, war es sicherlich die mit Abstand luxuriöseste Unterkunft, die Freud hier bezog: »Großartig schön, aber meine Genußfähigkeit ist befriedigt.« Im September 1913, vom IV. Kongress der Internationalen Psychoanalytischen Vereinigung kommend, der im »Bayerischen Hof« stattfand und bei dem es zum endgültigen Bruch mit C. G. Jung kam, machte er auf dem Weg nach Rom Station in San Martino di Castrozza im »Hotel des Alpes«, damals wie heute ein wahrer Luxustempel in den

Trentiner Dolomiten. Das gilt auch für Freuds römische Unterkünfte, vielleicht etwas weniger für das »Hotel Milano« mitten im Zentrum der Stadt, aber ganz gewiss für das »Hotel Eden« am Park der Villa Borghese, eine der Nobelherbergen im heutigen Rom. Von beiden Häusern wird noch im Zusammenhang mit seinen Rom-Aufenthalten ausführlicher die Rede sein.

Auch in kulinarischer Hinsicht pflegte Freud es sich auf Reisen jenseits der Alpen besser gehen zu lassen als zu Hause, wo er sich – wie auch auf Dienstreisen – nur wenig gönnte, von seiner Nikotinsucht abgesehen. Er trank Mineralwasser und so gut wie keinen Alkohol, der sein immenses Arbeitspensum bis tief in die Nacht hinein unmöglich gemacht hätte. Sich dem »tröstenden Trunk« hinzugeben, wenn die Manuskriptarbeiten nach anstrengendem Analysetag mal ins Stocken gerieten, kam nicht in Frage. Gleichwohl hegte er eine heftige Abneigung gegen alle Propheten und Propagandisten der Abstinenz, die weder für die Dauer seiner Ferien noch auf den Bildungsreisen galt. Im heimischen Wien hingegen sah man ihn nur selten an den Stätten der gehobenen Gastronomie, gelegentlich mit seiner Frau Martha im ersten italienischen Restaurant Wiens, dem »Ancora Verde« in der Domgasse, bei welcher Gelegenheit auch schon mal eine Flasche Barolo auf den Tisch kam. Das alles hielt aus seiner Sicht nie einem Vergleich mit italienischen Speisen und Weinen stand, nach denen er sich das ganze Jahr über so sehr sehnte. Kaum je ein Feriengruß oder ein Reisebrief aus dem Süden, in dem er nicht die Vorzüge der italienischen Küche überbordend gepriesen hätte – nach einem mehrgängigen exquisiten Menü, erlesenen Weinen und einer leckeren Süßspeise, noch dazu in angenehmer Umgebung. Um das Reiseglück vollständig zu machen, durfte beim Finale des Abends mit einem vortrefflichen Espresso eine »kleine Holzpfeife« nicht fehlen, die er mit bestem englischem Tabak seiner bevorzugten Marke »Birds Eye« stopfte. Das Rauchen, das ihm in Wien als Voraussetzung für die Steigerung seiner Leistungsfähigkeit galt – hier dient es der Entspannung und dem puren Genuss. Danach mangelt es ihm sogar, wie er einmal in Neapel nach einem opulenten Essen mit Blick auf den fernen Vesuv festhielt, »an der Energie, den Baedeker« umzublättern. Spätestens in solchen Momenten ist das asketische Lebens- und Arbeitsprogramm, das er sich im heimischen Wien streng auferlegte, vollends verflogen.

Ich sehne mich nach Land

Während der Ferien im Standquartier mit der Familie, die den Kulturreisen durch Italien vorausgingen, tauschte er den Wiener Stadtanzug gegen Lederhosen und Janker, einen »Tiroleranzug mit sichtbaren Hosenträgern, kurzen Hosen und einen grünen Hut mit einem kleinen Gamsbart auf der Seite«. Zur Ausrüstung gehörten ferner ein kräftiger Wanderstock, eine Lodenpelerine bei Regenwetter und in späteren Jahren weite Kniehosen, dazu einige Ausgehanzüge. Regenschirme, gegen die er eine ausgeprägte Aversion pflegte, waren nicht im Gepäck. Solchermaßen ausgestattet, ging es dann in die Sommerfrische. »In dieser Zeit«, schrieb er einmal in spöttischem Unterton an Oskar Pfister, einen Schweizer Pfarrer und Religionspsychologen, »acquiriere ich eine auffällige Ähnlichkeit mit Kolumbus. Ich sehne mich wie er nach – Land«, in diesem Fall nach den Bergen, ob nun in Bayern, der Steiermark oder Tirol. Dort standen dann lange Bergwanderungen auf dem Programm, meist in Begleitung, zuerst der Kinder und später wechselnder Freunde.

Das Wandern, vorzugsweise in einsamen Wäldern oder anmutigen Landschaften, galt ihm geradezu als eine Existenzform an sich, die schon Nietzsche gepriesen hatte. Freud war zwar kein ausgesprochener Bergsteiger und schon gar kein Sportsmann, doch verfügte er über eine hinreichend rüstige Konstitution, um ohne große Mühe Strecken von zwanzig Kilometern und mehr in einem beträchtlichen Tempo zurücklegen zu können. Sein Sohn Martin erinnert sich an eine echte Gewalttour mit dem Vater in Lavarone im Sommer 1906: »Wir blieben dreizehn Stunden fort, machten nur eine Pause und fanden eine Menge Edelweiß, ein Beweis dafür, dass wir ziemlich hoch in den Bergen gewesen sein müssen.« Zum Urlaubsprogramm zählte nach Möglichkeit ein tägliches Bad in einem See. Freud war, wie Martin in seiner Autobiographie schreibt, »ein ganz ordentlicher, wenn auch etwas orthodoxer Schwimmer«, stets darum bemüht, »seinen Bart aus dem Wasser herauszuhalten«. Fahrradfahren schied als Urlaubsspaß aus. Zweiräder konnte Freud ebenso wenig ausstehen wie die um die Jahrhundertwende aufkommenden Motorräder. Als er einmal zur Vorbereitung des Sommerurlaubs die Gegend um den Mondsee im Salzkammergut erkundete, um eine geeignete Ferienunterkunft ausfindig zu machen, kam der Ort nicht in Frage, wie Martin in seinen Erinnerungen festhielt: »Als Grund führte er die vielen Fahrradfahrer an, die die Hauptstraßen für Kinder unsicher machten.« Freuds mit Abstand liebste Ferienbeschäftigung bestand im Pilzesammeln, einer Kunst, in der er auch seine Kinder im Urlaub leidenschaftlich unterwies. Mit viel Instinkt und guter Nase auf der Suche nach Pilzen, so berichtet es Ernest Jones, entfernte er sich manchmal von dem Suchtrupp, stürzte sich – zur Gaudi der Kinder – mit einem triumphalen Schrei auf einen Pilz und warf seinen Hut über den Fund, so als habe er gerade einen Vogel oder Schmetterling gefangen. Mit dem gleichen Spaß lehrte er sie, wilde Blumen und Beeren zu bestimmen, was ebenfalls zum erklärten Urlaubsprogramm zählte. Zur Erweiterung seiner Kenntnisse und auch um die Kinder für dieses Hobby zu begeistern, hatte er jahrelang ein Fachorgan abonniert, den »Kosmos«, die Zeitschrift für Naturfreunde.

Vom Sammeln und Geschenkemachen

Am 29. August 1895, dem dritten Tag auf seiner allerersten Venedig-Reise, notiert Freud: »Die Zeit der Einkäufe naht.« Ein Jahr später meldet er aus Florenz: »Einkäufe sind schwerer als man meint, man könnte sehr viel Geld ausgeben«, und 1898 aus Ragusa: »Einkäufe = null.« Bekanntlich schickte Freud seiner Frau von unterwegs buchstäblich jeden Tag eine Karte oder ein Telegramm und alle zwei oder drei Tage einen längeren Reisebrief. Und noch in jedem zweiten ist die Rede von Einkäufen, »zu denen die Anlässe verwirrend groß sind«, ganz gleich, wo er sich gerade aufhielt. Er berichtet von günstigen Schnäppchen und veritablen Pleiten, wie etwa in Faenza, wo er vergeblich nach »Fayencen« Ausschau hielt, die bereits im 15. und 16. Jahrhundert als Exportschlager der Stadt galten und deren Fabrikation im 19. Jahrhundert wiederbelebt worden war. Für dergleichen Tonwaren mit gefärbten Blei- oder Zinnglasuren, deren Herstellung bereits die Ägypter viertausend Jahre v. Chr. beherrschten, hatte er ein ganz besonderes Faible. Bei seiner ersten Venedig-Visite im September 1895 stand selbstverständlich Murano, »wo die Glasfabriken sind«, auf dem Programm. Offenbar verhinderte sein Bruder einen kostspieligen Kauf, woraufhin Freud einen Tag später seiner Frau schreibt: »Dank es Alex, wenn ich Dir *nicht* die schönsten Sachen mitbringe, wie seit 250 Jahren nicht, seit dem 30jährigen Krieg mindestens.« Ein Jahr später, beim nächsten Besuch der Laguneninsel, die auch Goethe im September 1786 inspiziert hatte und ihm wie »Venedig im kleinen« vorgekommen war, holt Freud das Versäumte nach und erwirbt einen hübschen Venezianerspiegel als Präsent für Martha. In Palermo zieht er »Schwefel, Papyrus und Antiquitäten« in Betracht, wovon er jedoch wieder Abstand nimmt und mit schlechtem Gewissen auf einer Postkarte vorauseilend ankündigt: »Es wird in Wien eine Entschädigung geben.« Auch Freunde wurden bedacht. Ida Fließ etwa durfte sich über eine »gläserne Kleinigkeit« aus Murano freuen. Für den Kinderarzt Oskar Rie, einen seiner ältesten Freunde und Partner beim Tarockspiel, der in der »Traumdeutung« als »Otto« erscheint und 1908 Mitglied der Wiener Psychoanalytischen Vereinigung wurde, bringt er aus Florenz »einen Marmor« mit. Nur zu gerne erfüllte Freud auch die Mitbringselwünsche seiner Kinder. Wenn sie den Wunschzettel mal zu spät abgegeben hatten, bekamen sie eben »etwas ganz anderes, wenigstens die

Mädchen. Was ich für die faulen Buben habe, kommt eine Woche später mit der Post.« Dass sie jemals leer ausgingen, war unvorstellbar und kam nie vor. Als besonders schwieriges Pflaster erwies sich bei seinen Streifzügen auf der Suche nach Geschenken ausgerechnet die römische Kapitale. 1907 ist Freud bereits zum dritten Mal in der Stadt und konstatiert: »Das Schwerste in Rom, wo nichts leicht ist, bleibt das Einkaufen«, woran sich im Übrigen ablesen lässt, welche Bedeutung er diesem festen Programmteil seiner Reisen beimaß.

»Geschenkemachen« war, wie es der Biograph Ernest Jones aus eigener Anschauung wusste, »eins von Freuds Hauptvergnügen«, dem er mit Leidenschaft und zugleich einer großen Ungeduld nachging, weil er befürchtete, den richtigen Augenblick zu verpassen. Bisweilen verbrachte er halbe Tage damit zu, bevor er etwas Geeignetes aufspürte. Im Reisebudget war dafür stets ein eigener Posten vorgesehen. Nur selten beschenkte er sich selbst und erwarb bei passender Gelegenheit mal ein Paar elegante Handschuhe, mal eine kostbare Seidenkrawatte oder einen »ganz dünnen Reisemantel zur Kleiderschonung«.

Quelle außerordentlicher Erquickung

Diese Zurückhaltung galt nicht für seine größte Liebhaberei, der er auf Reisen ausgiebig frönte: das Sammeln von Antiquitäten. Wo immer Freud ein geeignetes Objekt seiner Begierde entdeckte, ob in Rom oder Pompeji, Neapel oder Palermo, London, Paris oder New York: er griff zu – sofern es seine Reisekasse zuließ. Wenn ihn sein römischer Antiquitätenlieferant, Ettore Sandolo, »bereits auf der Straße« vertraut grüßt, ist ihm das in heiterer Stimmung sogleich eine Meldung an seine Tochter Sophie wert. Als Stammkunde war er bei seinen Händlern ein stets gern gesehener Gast, wobei ein hübscher Zufall es wollte, dass drei von ihnen die sprechenden Namen Glückselig, Fröhlich und Lustig trugen, wie Michael Molnar ermittelt hat. In seinen Reisebriefen finden sich immer wieder Hinweise auf Neuerwerbungen, denen er nicht widerstehen konnte: »Es gibt noch alte Götter, denn ich habe unlängst einige bekommen, darunter Janus aus Stein, der mit seinen zwei Gesichtern mich sehr überlegen anschaut.« Gelegentlich klagt er auch, dass es nichts zu kaufen gibt oder wenn doch, es leider zu teuer ist. Und wenn er, wie im September 1901 in Rom, eine »ganze Sammlung von billigen Thongefäßen« erworben hat, fürchtet er Komplikationen beim Transport der mitunter kostbaren Stücke. Aus Athen, wohin er mit Bruder Alexander gereist war, bereits auf gepackten Koffern sitzend, kündigt er noch kurz vor der Abreise die »Fortsetzung des Handels mit Antiquitäten« an. Missmutig notiert er in Rom, dass seine »großartigen Antiquitäteneinkäufe« leider erst in reichlich einem Monat in Wien eintreffen werden.

Die Sammelpassion hat Freud einmal in einem Brief an Wilhelm Fließ lapidar mit seiner »Vorliebe für das Prähistorische« erklärt, die sich in der Tat wie ein roter Faden durch sein Leben und auch seine psychoanalytischen Schriften zieht. Anders als das Rauchen, das er erklärtermaßen für eine Ersatzbefriedigung hielt, die ihm bei der Steigerung seiner Arbeitsfähigkeit half und ihn zur Selbstbeherrschung zwang, unterzog er seine Sammelleidenschaft jedoch keiner eigenen Analyse. Gegenüber seinem Hausarzt, Max Schur, nannte er sie einmal eine Sucht, die »an Stärke nur von seiner Nikotinsucht übertroffen« werde. In der »Psychopathologie des Alltagslebens« machte er sie sogar öffentlich und bekannte: »Ärgerlich und lächerlich ist mir ein Verlesen, dem ich sehr häufig unterliege, wenn ich in den Ferien in den Straßen einer fremden Stadt spaziere. Ich lese dann jede Ladentafel, die dem irgendwie entgegenkommt, als *Antiquitäten*. Hierin äußert sich die Abenteuerlust des Sammlers.« Davon, dass er eine Antikensammlung anlegen wolle, war erstmals 1896 die Rede, kurz nach der Geburt seiner Tochter Anna im Dezember 1895. Einen ersten kräftigen Aufschwung erfuhr sein Sammeldrang ein Jahr später, unmittelbar nach dem Tod des Vaters, weswegen einige Biographen annehmen, dass Freud seine Ankäufe als Kompensation und

Schutz gegen den »Schock der Sterblichkeit« verstanden haben könnte und daher enorm forcierte.

Was mit sporadischen Käufen begann, entwickelte sich rasch zu einer kenntnisreich zusammengetragenen Sammlung mit Artefakten aus untergegangenen Kulturen. In seinem archäologischen Kabinett stapelten sich Statuetten, Bronzegefäße, Terrakotten und antike Überreste – aus Rom und Pompeji, Griechenland, Babylonien, Assyrien und Phönizien sowie später auch aus China und Indien. Sein besonderes Interesse galt dem altertümlichen Ägypten, von dem er schon als Junge geträumt hatte und das er später so gerne bereist hätte, was sich trotz mehrerer Anläufe zu seinem großen Kummer nicht erfüllte. Bei Führungen durch sein antikes Privatmuseum durfte daher nie eine »ägyptische Statuette direkt vom Grabe Tutanch-Amons« fehlen, Blickfang und zugleich eine der Preziosen seiner Sammlung. Eine großformatige Ansicht des Felsentempels von Abu Simbel, einst zum Ruhme des Pharaos Ramses II. und seiner königlichen Gemahlin Nefertari errichtet, schmückte die Wand über der berühmten Behandlungscouch. Gegenüber hatte er ein Bild der Sphinx von Gizeh angebracht sowie die Reproduktion eines Bildes von Jean-August-Dominique Ingres, »Ödipus und die Sphinx«. Am Ende eines langen Sammlerlebens umfasste sein Schatzhaus nahezu dreitausend Objekte. Schade nur, dass ein von ihm angelegtes Inventar verschollen ist; sonst hätte man aufschlussreich bestimmte Käufe konkreten Reisen zuordnen können.

Seine Neuerwerbungen bezeichnete er einmal, wenn auch scherzhaft, als »Nationalgeschenk«: Alles, was er aus Einzelkonsultationen verdiente, so hat es Ernest Jones überliefert, habe er als Prämie betrachtet, die er für den Ankauf geeigneter Sammlerstücke verwenden dürfe. Für seine Sammlung griechischer, römischer und ägyptischer Antiquitäten habe er, schrieb Freud 1931 an Stefan Zweig, »viel Opfer gebracht«, was für die frühen Jahre gewiss zutraf. Als sein Ruhm sich jedoch mehrte und die Einnahmen auch, wuchs seine Sammlung rasant an, zu der auch Freunde und Kollegen, die seine Leidenschaft kannten, gelegentlich beitrugen. Die Preissumme für den 1930 verliehenen Goethepreis der Stadt Frankfurt, der mit zehntausend Reichsmark dotiert war, verwendete er zu größeren Teilen für den Kauf von weiteren Antiquitäten, darunter einem Mumienporträt und der Figur einer Reiterin aus der legendären Tang-Dynastie.

Bald schon wurde der Raum in seiner Wiener Wohnung knapp: »Ich war durch die Enge in meinem Studierzimmer oft genötigt, in den unbequemsten Stellungen mit einer Anzahl von antiken Ton- und Steinsachen, von denen ich eine kleine Sammlung habe, zu hantieren, so daß Zuschauer die Besorgnis ausdrückten, ich würde etwas herunterschleudern und zerschlagen.« Was übrigens gelegentlich vorkam. Eines Morgens katapultiert er, »einem plötzlichen Impuls folgend«, einen Strohpantoffel vom Fuß weg und gegen die Wand, so dass eine »hübsche kleine Venus von Marmor« zu Bruch geht, wozu ihm gleich der geschätzte Wilhelm Busch einfällt: »Ach! die Venus ist perdü – / Klickeradoms! – von Medici!« Ein anderes Mal passierte der Haushälterin Paula Fichtl beim Abstauben der ordentlich in Reih und Glied aufgestellten Bronzestatuetten und Terrakottafigürchen ein Missgeschick. Ein Porzellanengel geht zu Bruch, den sie auf eigene Kosten wieder kitten lassen will. Freud erfährt davon, zahlt die Reparaturkosten und nimmt das Malheur von der heiteren Seite: »Jetzt ist unser gefallener Engel endlich einmal richtig sauber geworden.« Paula Fichtl oblag es auch, Jahr für Jahr, jeweils vor der Abreise in den Sommerurlaub, ausgewählte Lieblingsstücke aus seiner Sammlung bruchsicher in Kisten zu verpacken und ins Standquartier der Familie zu befördern, weil er auch dort nicht ohne sie sein mochte. Da ging es ihm wie dem verehrten Goethe, der als begeisterter Sammler die »Geister der Entfernten und Abgeschiedenen« dauerhaft um sich versammelt sehen wollte. Besucher der Berggasse, denen seine Arbeitsräume ohnehin nicht vorkamen wie das Ordinationszimmer eines Arztes, erinnerte Freuds Umgang mit seinen archäologischen Funden an eine »Liebkosung mit den Augen«. Hanns Sachs zufolge, einem seiner Schüler und Mitglied im engeren Kreis, verging kein Gespräch mit ihm, ohne dass er nicht eines der Figürchen, die, »aufgereiht wie die Soldaten bei einer Parade«, auf seinem Schreibtisch standen, in den Händen hielt und andauernd betastete, so als seien sie »Haltepunkte des Ichs« oder »Antennen, die ›Marconibotschaften‹ ferner Seelen und Kulturen«, wie es ein anderer Freud-Forscher einmal ausdrückte. Jedenfalls war ihr Anblick nach eigenem Bekenntnis eine »Quelle außerordentlicher Erquickung«, ließ ihn den anstrengenden Wiener Alltag vergessen und beschwor unternommene oder noch bevorstehende Reisen herauf: »Die Dinge geben mir Stimmung und sprechen von fernen Zeiten und Ländern.« Immer, wenn er sie zur Hand nahm, fühlte er »sonderbare geheime Sehnsüchte« in sich aufsteigen und erklärte sich das »aus der Erbschaft der Ahnen nach dem Orient und dem Mittelmeer und einem Leben ganz anderer Art«. Zum Beispiel nach dem sonnigen Süden, der einen zeitlebens unwiderstehlichen Reiz auf ihn ausübte.

Das Reisebudget oder: Geld ist Lachgas für mich

»Es thut mir schrecklich leid, daß ich Euch das nicht verschaffen kann. Um das alles zu 7., zu 5 oder auch nur zu 3 – kurz zu undici, dodoci, tredici – zu genießen, hätte ich nicht Psychiater u angeblich Gründer einer neuen Richtung in der Psychologie, sondern Fabrikant von irgend etwas allgemein Brauchbarem, wie Klosettpapier, Zündhölzchen, Schuhknöpfen werden müssen.« Das schreibt Freud im September 1910 nach Hause auf einem Briefbogen des luxuriösen »Weinen's Hotel de France« in Palermo, das sich damals nur betuchte Sizilien-Reisende leisten konnten. Zu diesem Zeitpunkt ist der Wiener Nervenarzt auf dem besten Weg zu einer auch finanziell gut situierten Berühmtheit, selbst in den USA, wohin er ein Jahr zuvor zwecks einer sechswöchigen Vortragsreise an die Clark University in Worcester (Massachusetts) in Begleitung seines psychoanalytischen Kronprinzen C. G. Jung sowie seines Schülers Sándor

Ferenczi aufgebrochen war. Eine erste Einladung hatte er wegen der zu erwartenden Honorareinbußen durch Ausfall von Wiener Analysestunden mit Bedauern abgelehnt und sich über das in Aussicht gestellte Entgelt in einem echten Gefühlsausbruch entrüstet: »Ich finde die Zumutung, soviel Geld für die Gelegenheit zu opfern, um dort Vorträge zu halten, doch zu sehr ›amerikanisch‹. Amerika soll Geld bringen, nicht Geld kosten.«

Nach entsprechender Aufstockung des Reisezuschusses durch die Universität stand dem überseeischen Ausflug dann allerdings nichts mehr im Wege. Dass die in Aussicht stehenden Honorare für Freud ein überaus wichtiges Motiv für die Atlantiküberquerung waren, bestätigte er mehr als ein Jahrzehnt später, nachdem er das Reisen krankheitsbedingt bereits aufgegeben hatte: »Ich habe immer gesagt, daß Amerika zu nichts anderem zu gebrauchen ist, als Geld herzugeben.« Seine ausgeprägte Aversion gegen die Vereinigten Staaten ist vielfach belegt: »Ich mache mir gar nichts aus Amerika«, ließ er vor der Abreise seinen Reisebegleiter Sándor Ferenczi wissen. Er hatte sogar verlauten lassen, die beschwerliche Reise eigentlich nur zu unternehmen, um einmal ein »Stachelschwein zu sehen« – mit Erfolg übrigens. Bevor die Reisegruppe am 21. August 1909 an Bord des Dampfers »George Washington« ging, der sie von Bremerhaven nach New York beförderte, ließ Freud aus Wien seinen Quartiermeister Ferenczi in Budapest wissen: »Die Praxis ist auf der Höhe«, was auch für die Einnahmen aus seiner Tätigkeit als Arzt galt; er wies ihn an, bei der Buchung der Schiffspassage strikt darauf zu achten, dass die Kabinen hinreichend »hoch und außen« sind. Weil das, wie er annahm, seinen Preis hat, wolle er »600–700 Mk spendieren«.

Um die Einkünfte Sigmund Freuds war es spätestens ab Anfang des Jahrhunderts nicht schlecht bestellt. Gleichwohl, so seufzt er an anderer Stelle in dem eingangs erwähnten Brief an seine Frau Martha, sei es nun zum Umlernen zu spät, um noch ein Vermögen zu machen. Zehn Jahre zuvor hätte man ihm solche Klage vielleicht noch durchgehen lassen. Da schwankten die Einkünfte aus seiner ärztlichen Praxis mitunter erheblich, und »der Hausvater« sorgte sich oftmals und nicht ohne Grund, ob er den »Löwenhunger« der vielköpfigen Familie überhaupt stillen könne. Das war die Zeit, in der jede Reise sorgfältig abgewogen sein wollte, da bereits zu Beginn der Sommerpause seine »mühselig erworbenen 16–17 Mille voll aufgebraucht« waren. Ende 1898 bilanziert er: »Es ist überhaupt ein greulich schlechtes Jahr.« Immerhin verliert er bei diesem Befund nicht seinen Humor und eröffnet einen Brief an Freund Fließ in Berlin mit der Formulierung: »Das ›Schweigen im Walde‹ ist Großstadtlärm gegen meine Ordination.«

Zum Zeitpunkt der Sizilien- und Amerikareise war sein Jammern jedoch längst unbegründet. Über Freuds »Finanzlage« und auch seine Reisebudgets sind wir inzwischen aufgrund der Forschungen seines Biographen Christfried Tögel bestens orientiert. Zugute kam dem Experten, dass Freud als äußerst penibler Mensch nahezu alles, was ihm wichtig war, gewissenhaft festhielt, darin Goethe nicht unähnlich, der diesen Teil der Haushalts- und Lebensführung allerdings seinem Kammerdiener Seidel übertragen hatte. Neben einem täglich fortgeschriebenen Verzeichnis aller ein- und ausgehenden Briefe führte Freud ein »Kassa-Protokoll« mit genauen Angaben über Ordination und Visiten, einen »Patientenkalender« und eine »Honorarliste« mit seinen täglichen Einnahmen. Bedauerlicherweise gingen etliche Aufzeichnungen auf dem Weg ins Londoner Exil verloren, was jedoch die Erkenntnisse keineswegs entscheidend schmälert. Die Auswertung allein der über zweihundert Seiten umfassenden Honorarliste erlaubt einen tiefen Einblick in seine Vermögensumstände.

Tögels Recherchen haben ergeben, dass Freud seit Mitte der 1890er Jahre etwa einhundert »Gulden« pro Praxistag einnahm, die Einkünfte aus Honoraren aus seinen Veröffentlichungen nicht eingerechnet. Für die »Studien über Hysterie«, die 1895 erschienen, erhielt er von seinem Verleger 425 Gulden; die »Traumdeutung«, in erster Auflage 1900 publiziert, brachte ihm exakt 522,40 Gulden ein. Patientenbesuche außerhalb von Wien stellte er mit gesondertem Honorar in Rechnung. Schließlich erhielt er für jeden Hörer seiner Vorlesungen an der Universität 5 Gulden. In der Summe kam Freud so auf ein Jahreseinkommen von 25 000 Gulden, während das amtlicherseits festgesetzte Existenzminimum um 1895 bei 630 Gulden lag – pro Jahr! Wenn man hinzunimmt, dass die Steuerlast bei einem Jahreseinkommen ab 24 000 Gulden aufwärts mit vier Prozent eher zu vernachlässigen war, verfügte Freud von der Jahrhundertwende an über ein Budget, das – auf heutige Zeiten umgerechnet – bei 185 000 Euro gelegen haben dürfte.

Andererseits: das gutbürgerliche Leben, das Freud von dieser stattlichen Summe führen konnte, hatte einen nicht geringen Preis. Ein großer Haushalt mit seiner Frau und sechs Kindern, Schwägerin Minna sowie einer Schar von Bediensteten wollte versorgt und die Miete bezahlt sein. Seiner Mutter und den Schwestern gegenüber knauserte er nicht und ließ ihnen regelmäßig Geld zukommen. Schließlich drückten ihn aus seiner Studienzeit noch Schulden, die abgezahlt werden mussten, ebenso wie ein Posten, der durch Zuwendungen seines väterlichen Freundes Josef Breuer auf immerhin 2300 Gulden angewachsen war. Er hatte jedenfalls nicht das Gefühl, genug zu verdienen oder gar ein Krösus zu sein: »Ich habe [...] eine Woche von fl 700 hinter mir, das bekommt man nicht umsonst.« Von den bitteren Erfahrungen einer in Armut verbrachten Kindheit und den Entbehrungen der ersten Berufsjahre vermochte sich Freud zeitlebens nie ganz frei zu machen. In düsteren Momenten sah er sich, wie er seiner Nichte Lilly Freud Marlé einmal schrieb, als reine »Gelderwerbsmaschine« und »zeitweise hochbegabten Tagelöhner«. Mit übrigens großem Erfolg. Denn, wie Tögel ermittelt hat, reichte »ein Tagesverdienst von ca. hundert Gulden, um eine 14tägige Italien-Reise zu unternehmen«. Das »Jagen nach Geld«, wie an anderer Stelle bereits ausführlicher dargestellt, blieb zeitlebens ein Leitmotiv für seinen Ehrgeiz und seine Arbeitswut – in der damit verbundenen Hoffnung auf ein besseres Leben, wozu er nicht zuletzt das lustvolle, von finanziellen Sorgen befreite Reisen zählte, vorzugsweise dorthin, wo »die Schönheit wohnt: in Italien und am Mittelmeer«.

KAPITEL VIER

Im gelobten Land

Venedig: Wie zwei Schulbuben auf Ferien

Nachdem Freud seine alte Reiseangst abgelegt hatte und er sich seit Mitte der 1890er Jahre eine längere Sommerpause finanziell bequem leisten konnte, steuerte er jeweils nach der Sommerfrische mit der Familie weiter entfernte Ziele an. 1895, da ist er neununddreißig Jahre alt, bricht er mit seinem jüngeren Bruder für zehn Tage erstmals in den Süden auf, während Martha die Zeit mit den Kindern Am Kobenzl im 19. Wiener Bezirk im »Schloss Belle Vue« verbringt. In ebendiesem Haus der Familie Ritter von Schlag hatte Freud einen Monat zuvor, in der Nacht vom 23. auf den 24. Juli, den Traum von »Irmas Injektion«, der paradigmatisch als die große Gründungserzählung der Psychoanalyse in sein Hauptwerk »Die Traumdeutung« einging und dessen Auslegung die psychoanalytische Theorie vom Wunschtraum begründete. Wobei »Irma« der Deckname für mindestens zwei seiner Patientinnen war, deren Persönlichkeiten sich in Freuds Traum offenkundig vermischten. Beide Behandlungen waren nicht wirklich geglückt und hatten bei ihm Schuldgefühle ausgelöst, die er neben Erinnerungsresten und anderen Überlagerungen in seiner Deutung der Traumerzählung zusammen mit den Traumgedanken hinter dem manifesten, nach dem Erwachen erinnerten Traum freilegte. In einer Art von Captatio Benevolentiae schrieb er fünf Jahre später an Wilhelm Fließ: »Glaubst Du eigentlich, daß an dem Hause dereinst auf einer Marmortafel zu lesen sein wird: ›Hier enthüllte sich am 24. Juli 1895 dem Dr. Sigm. Freud das Geheimnis

5 Gondelfahrten in den Kanälen von Venedig waren ein fester Programmpunkt aller seiner Reisen in die Serenissima, die Freud seit dem Spätsommer 1895 unternahm. Zum Andenken erwarb er dieses Foto.

des Traumes‹? Die Aussichten sind bis jetzt hiefür gering.« Mit seiner ungünstigen Prognose lag der Begründer der modernen Traumtheorie allerdings falsch. Am 5. Mai 1977 wurde in Grinzing gleich neben dem längst abgerissenen Schloss an der Wiener Himmelstraße in Anwesenheit von Anna Freud eine Stele enthüllt, die an selbigen Traum und die Irma-Episode erinnert.

Das Ziel seiner ersten »Bildungsreise zum Vergnügen« heißt Venedig, und die italienischen Träume, die ihn seit Kindheitstagen bewegten, beginnen nun Wirklichkeit zu werden. Wie nicht anders zu erwarten, fällt seine erste Post nach Wien überwältigend aus: »Komisches Märchen, ganz verwirrt. Kein Bild u keine Schilderung kann das ersetzen.« In der »Casa Kirsch« an der Riva degli Schiavoni, direkt am Canale di San Marco, nicht weit vom Arsenale und mit »entzückendster Morgenaussicht auf Santa Maria della Salute u S. Giorgio Maggiore«, steigen die Brüder ab. Die Pension, die der Baedeker damals noch nicht einmal in der Kategorie »weniger anspruchsvoll« führte, firmiert heute unter dem Namen »Hotel Metropole« und fällt nun in eine deutlich höhere Kategorie.

Venedig versetzt Freud sogleich in einen solchen Taumel, dass er kaum Zeit findet, dem »theuren Schatz« daheim täglich Nachricht vom Erlebten zu geben, wie er es sonst auch nur bei der kürzesten Abwesenheit von zu Hause zu tun pflegte. Nach dem Frühstück, das Alexander und er auf dem Markusplatz mit Blick auf die kuppelgekrönte Basilika einnehmen, besteigen sie ein Vaporetto zum Lido und nehmen ein Bad, »den köstlichsten Sand zu Füßen«, ziemlich genau an der Stelle, an der einige Jahre später das »Grand Hotel des Baines« erbaut wurde, in dem Thomas Mann 1911 für seine Novelle »Tod in Venedig« inspiriert wurde. Auf dem Lido hofft Freud, »einen mich aufklärenden Schädel wie einst Goethe« zu finden. Der hatte während seiner italienischen Reise beim Spaziergang auf den Dünen des Lidos einen »glücklich geborstenen Schafsschädel« entdeckt, den er als weiteres Beweisstück für seine bereits 1784 gemachte Entdeckung des berühmten »Zwischenkieferknochens« wertete und daraus ableitete, dass die menschliche Spezies aufs Nächste mit den Tieren verwandt und das Reich der Lebewesen ein einziges großes Ganzes sei. Freuds Bemerkung, auch ihm möge auf dem Lido ein anatomischer Zufallsfund gelingen, belegt einmal mehr, wie vertraut er mit den naturkundlichen Schriften Goethes war.

Zurück vom Lido und vom Meer, klettern er und sein Bruder auf den Turm von San Marco und sehen sich die Herrlichkeiten der Lagunenstadt von oben an, zu ihren Füßen das Gewimmel von Handwerkern, Würdenträgern und Müßiggängern am Ufer des Canal Grande mit dem dichtesten Verkehr von Gondeln und Lastkähnen. Sie durchwandern vom Rialto-Viertel aus die Stadt und lassen »bis zur Übersättigung« keine Sehenswürdigkeit aus: von der Frari-Kirche und der Scuola Grande di San Rocco mit all ihren Tintorettos, Tizians und Canovas bis zu Palladios Il Redentore, einer kolossalen Basilika auf der Insel Giudecca. Sie fahren zur Besichtigung der berühmten Glasfabriken hinaus nach Murano und Chioggia, wo Freud einen Venezianerspiegel für seine Frau erwirbt und sogleich auf die Post gibt, einen heiter gestimmten Brief beifügend: »Du würdest uns beide kaum erkennen, nichts müde, nichts ernst; wir lachen u amüsiren uns wie zwei Schulbuben auf Ferien.« Als sich die Nacht über Venedig senkt, buchen sie eine Gondelfahrt auf dem Canal Grande und seinen Seitenkanälen, was Freud unter den »unglaublichsten Dingen« verbucht, die man in Venedig erleben könne. Kurz vor der Abreise notiert er ausgelassen: »Wir sind aber enorm fesch.«

Im darauffolgenden Sommer 1896 steht eine vierzehntägige Toskana-Reise der beiden Brüder auf dem Programm, die ihren Ausgang abermals in Venedig nimmt. Es ist, als wolle Freud sich seiner großen Liebe Italien tastend und in größer werdenden Kreisen nähern, denn ein Jahr später geht die Reise bis Umbrien und ins nördliche Latium. Doch jetzt ist erst einmal eine Erkundung der Toskana angesagt. Martha war mit den Kindern bereits im Juni nach Aussee gefahren, wohin Freud ihnen einen Monat später folgte. Diesen nur wenige Zugstunden von Wien entfernten Urlaubsort hatte er ausgewählt, um wegen des schwer erkrankten Vaters möglichst rasch wieder in der Berggasse 19 sein zu können. Da sich der Gesundheitszustand des Vaters jedoch deutlich besserte, reist er kurz entschlossen, mal mit, mal ohne Kinder, kreuz und quer zum Vergnügen in der Gegend umher, besteigt den Schafberg in Salzburg und durchwandert das Kapruner Tal. Zurück in Salzburg, trifft er sich Ende August mit seinem Intimus Wilhelm Fließ, der für ihn ein Buch von Victor Hehn im Gepäck hat: »Italien – Ansichten und Streiflichter«, das unter den damaligen Kennern den Ruf genoss, das schönste seiner Art zu sein.

Venezianische Genüsse:
Lido, Markusplatz, der alte Zauber

Der Reiseschriftsteller und Publizist Hehn hatte das Land ausgiebig auf den Spuren Goethes bereist, wobei es ihm, wie seinem verehrten Vorbild, keineswegs nur um die Überreste der antiken Trümmerstätten und Statuen ging, sondern um die Physiognomie der bezaubernden Landschaft, um Flora und Fauna und – in der Tradition Alexander von Humboldts – das Charakteristische seiner Bewohner. »Wenn der Nordeuropäer, der Barbar im antiken Sinne des Wortes, einen der Alpenpässe, die nach Süden führen, übersteigt«, heißt es zu Beginn seines Journals, fühle er sich sogleich in ein »Sonnen- und Lichtland« versetzt, »in ein neues Reich von Formen und Linien«. Der italophile Hehn lobt ausgiebig das Land der Architektur, dessen klarer Himmel die architektonischen Linien umso wirksamer hervortreten lasse. Jedes Haus, jeder Berg ein Kristall.

So überschwänglich klang es später auch in den täglichen Botschaften, die Freud aus dem Süden nach Wien sandte, der dabei sentimentale Schwärmerei ebenso wenig fürchtete wie Hehn, der die Vorzüge des Landes auch historisch zu untermauern suchte. In frühester Vorzeit, als die Deutschen noch den Fuchs jagten, auf frischem Heu schliefen und sich an fetter Milch labten, hätten die Italiener bereits »hinter Mauern sich geborgen«, prachtvolle Städte erbaut und damit recht eigentlich unsere Zivilisation begründet. Hier spricht der Enthusiast, dem noch der einfachste Landmann in der Campagna wie ein Hirte des Vergil vorkommt. Der Satz, dass in keinem Land der Welt die »Frauen des Volkes ihr Haar so reizend, mit so edler Simplicität aufzustecken« wüssten wie in Italien, könnte auch von Freud stammen. Überhaupt die Menschen: Sie »sind von schönem Schlage, die Gesichtsbildung ist selten häßlich, nie gemein, Haltung und Bewegung voll natürlicher, nie weichender Würde. Der gemeinste Italiener trägt seinen Lumpenmantel, als wäre er Konsul der Republik, er reitet auf dem Maultier, als zöge er weltherrschend in Babylon ein.« Freud las Hehns Buch mit großem Entzücken: Es »ist wirklich wahr, tapfer und enthält alles Wesentliche, was sich aus der historischen Periode wissen läßt«. Im Jahr darauf erwirbt er dessen »Gedanken über Goethe«, in denen die Italiensehnsucht des Dichters ein eigenes kleines Kapitel einnimmt.

Am 30. August 1896 treffen Freud und sein Bruder bei Dauerregen in Venedig ein. Sie quartieren sich wie schon im Jahr zuvor in der »Casa Kirsch« ein, dessen herrliche Aussicht den beiden ebenso in Erinnerung geblieben ist wie die »vorzüglichen Betten«. Ihr erster Gang führt sie wieder in das Caffè Quadri am Markusplatz, den Napoleon einst »den schönsten Festsaal Europas« genannt hatte. In diesem prächtigen Kaffeehaus im Schlagschatten von Dogenpalast und Markusdom, das sie bereits von ihrem ersten Venedig-Aufenthalt gut kannten, hatten schon Stendhal, Lord Byron und Richard Wagner Platz genommen und sich glücklich gepriesen. Die Sottisen Goethes, der die Lagunenstadt in einem Brief an Herder als »Wassernest« verspottet hatte und seinen Herzog Carl August hatte wissen lassen, dass Venedig seiner Liebe für Italien einen »tödlichen Stoß« versetzt habe, wären Freud nie in den Sinn gekommen. Gut gelaunt schreibt er im Quadri eine Postkarte an seine Frau Martha: »Herrlicher Tag, alle Genüsse bereits aufgefrischt, Lido gebadet, Marcusplatz, der alte Zauber.«

Padua: Die Traumdeutung und Goethes Palme

Tags darauf reist das Bruderpaar über Florenz weiter nach Padua: Kirchen und Denkmäler, das übliche Programm. Dass sich die beiden nicht mehr Zeit nehmen, als der Baedeker empfahl, wird Freud später noch bedauern. In der »Traumdeutung«, seinem Großwerk, das drei Jahre später erschien und ins Innere seines Denkens führt, erinnert er sich: »Mein erster Besuch in der schönen Universitätsstadt war unbefriedigend geblieben, ich hatte die Fresken Giottos in der Madonna dell'Arena nicht besichtigen können und machte mitten auf der dahin führenden Straße kehrt, als man mir mitteilte, das Kirchlein sei an diesem Tage gesperrt.« Im Kern jedoch ging es bei der Episode in Padua keineswegs um eine leer gebliebene Stelle im Besichtigungsprogramm. Denn das »Kirchlein«, von dem die Rede ist, begegnete ihm seither immer wieder in seinen eigenen Träumen, und zwar als einfach gestalteter Kirchturm, zu dem sich im Laufe der Zeit grotesk anmutende Sandsteinfiguren hinzugesellten, die den Eingang zu einem Bierkeller zu markieren schienen. Freud war sich ziemlich sicher, dieses ihm allmählich lästig werdende Traumbild einer kleinen Bahnstation zwischen Salzburg und Reichenhall zuordnen zu können, ohne dass er sich jedoch einen Reim darauf machen konnte. Die Entschlüsselung gelang ihm erst zwölf Jahre später während eines Tagesauflugs von Lavarone nach Padua, bei dem er sich erneut auf den Weg zur Madonna dell'Arena machte und plötzlich an die Stelle geriet, an der er seinerzeit umgekehrt war. Hier entdeckte er zu seiner eigenen Überraschung sowohl die Sandsteinfiguren seines Traums als auch den Eingang zu einem Restaurationsgarten. Freud, damals noch mit den Vorarbeiten zur »Traumdeutung« beschäftigt, wertete diese Erfahrung als Beleg für die neu gewonnene Erkenntnis, »wie sehr man mit der Aufdeckung der Herkunft einzelner Traumelemente vom Zufalle abhängig bleibt«.

Wie Goethe im September 1786, nachdem er sich aus Karlsbad entfernt und in sein Arkadien aufgemacht hatte, steuert auch Freud auf der Weiterreise nach Padua ziemlich genau einhundert Jahre später den 1545 gegründeten und damit ältesten Botanischen Garten Europas an, der freilich erst durch seine Verewigung in der »Italienischen Reise« so richtig berühmt geworden war: »Es ist erfreuend und belehrend unter einer Vegetation umherzugehen, die uns fremd ist«, notierte Goethe seinerzeit in sein Tagebuch. Die Inspektion einer auf den ersten Blick eher unscheinbaren Zwergpalme ließ in dem Weimarer Hobbybotaniker auf der Suche nach der Urpflanze, die er in Italien aufzuspüren hoffte, jenen Gedanken reifen, »daß man sich alle Pflanzengestalten vielleicht aus einer entwickeln könne«. Was hier im Botanischen Garten begann, mündete 1790 in Goethes erste naturwissenschaftliche Schrift, die in nüchterner Prosa die Ergebnisse der Beobachtungen vortrug, den »Versuch die Metamorphose der Pflanzen zu erklären«.

Es dauerte nicht lange, bis die »Palme Goethes« Padua um eine Sehenswürdigkeit reicher machte und seither zum Pflichtprogramm aller Bildungsreisenden und Goethe-Liebhaber wie auch des Begründers der Seelenkunde gehörte. Wozu im vorliegenden Fall ein ganz spezielles naturkundliches Interesse Freuds hinzukam: Im Sommer 1873, als in Wien die Weltausstellung stattfand, hatte der Gymnasiast, der sich als Siebzehnjähriger Gedanken über die Berufswahl machte, mehrere Sonntagsvorlesungen des Wiener Zoologen Carl Brühl besucht, darunter auch einen Vortrag über den damals Goethe zugeschriebenen Aufsatz »Die Natur«. Von dieser Zuschreibung ging der angehende Abiturient jedenfalls aus, und noch 1925 erklärte Freud in seiner »Selbstdarstellung«, womöglich wider besseres Wissen und in einer Art von Mythenbildung in eigener Sache: »Ich weiß, daß der Vortrag von Goethes schönem Aufsatz in einer populären Vorlesung kurz vor der Reifeprüfung die Entscheidung gab, daß ich in Medizin inskribierte.« Vorherrschendes Motiv bei seiner Studienwahl war in der Tat weniger sein »Bedürfnis, leidenden Menschen zu helfen«, oder eine besondere Vorliebe für die Tätigkeit des Arztes als vielmehr sein ausgeprägtes Interesse an der Naturkunde im Allgemeinen und der Lehre Darwins im Konkreten, von der er sich »eine außerordentliche Förderung des Weltverständnisses versprach«. Er habe niemals »Doktor gespielt«, schrieb er 1927 an abgelegener Stelle in einem Nachwort zur »Frage der Laienanalyse«, seine Neugierde sei andere Wege gegangen. Er habe eher etwas von den Rätseln dieser Welt verstehen und vielleicht selbst etwas zur ihrer Lösung beitragen wollen. So erklärt sich übrigens auch seine spezielle Art der Erfahrungssuche auf allen Reisen, ganz unabhängig von dem jeweiligen Ziel.

Wie immer gut vorbereitet und zudem als eifriger Bewunderer des Werks von Heinrich Schliemann, dem »Ausgräber Trojas«, war Freud geläufig, dass Padua, das erst 1866 von Österreich an das Königreich Italien gefallen war, von einem vornehmen Trojaner namens Antenor um 1184 v. Chr. gegründet worden war. So steht es jedenfalls bei Vergil und auch bei Tacitus, einem Sohn der Stadt. Es verstand sich also fast von selbst, dass Freud das mythische Grab des Stadtgründers – oder was dafür gehalten wurde – aufsuchte. In seinem Reisebulletin an Martha erwähnt er jedenfalls den »Sarg eines Trojaners«, den er in Augenschein genommen habe. Gleich gegenüber von diesem Sarkophag befindet sich das Haus Dantes, das der Dichter 1306 bewohnte und das Freud zur Kenntnis genommen haben wird, auch wenn er es nicht ausdrücklich erwähnt. Wie von seinem Baedeker empfohlen, schaut er noch an der Piazza Vittorio Emanuele II. vorbei mit der in einem großen Oval erbauten Universität und den zweiundachtzig Standbildern, die an ihre berühmtesten Schüler erinnern, was Freud penibel vermerkt, wie es auch Goethe in der »Italienischen Reise« getan hatte.

Bologna: Kolossale Plätze und Denkmäler

Bologna ist nur Durchgangsstation. Erschöpft von den Reisestrapazen, treffen Sigmund und Alexander am 1. September 1896 zu später Stunde ein und nehmen sogleich Platz im Restaurant »Tre Zucchetti« an der Via delle Canepa, das im Baedeker bloß als einfacher Gasthof geführt wurde. Dennoch sind die beiden vom opulenten Nachtmahl begeistert. In einem Postskriptum zu einer Karte, die Freud im Restaurant an Martha adressiert, schreibt er: »Essen köstlich«, um steigernd sogleich ein zweites PPS folgen zu lassen: »Essen märchenhaft.« Der Wein: ebenfalls köstlich. Die Stadt, die sie zuvor atemlos durchquert hatten, ist »herrlich, reinlich, mit kolossalen Plätzen u Denkmälern« – ganz anders, als es der per pedes reisende berühmte Italien-Enthusiast Johann Gottfried Seume auf seinem »Spaziergang nach Syrakus« noch erlebt hatte, als er sich über die »exemplarische Unreinlichkeit, die an Schweinerey gränzt«, echauffierte. Dem Tempo, das Freud in Bologna vorlegt, kann der jüngere Bruder wie schon so oft nicht folgen: »Alex totd, ich lebensfrisch«, bilanziert Freud nachts um halb eins, immer noch im Restaurant sitzend, und fügt hinzu, dass es ihnen »beinahe zu gut« ergehe. Sorgen um ihr Wohlbefinden müsse sich niemand machen. Am folgenden Tag reicht die Zeit gerade mal, um zwei der bekanntesten Geschlechtertürme der Stadt zu besichtigen: die schiefen »due Torri«, von denen der Asinelli siebenundneunzig und der Garisenda achtundvierzig Meter in den italienischen Himmel ragen. Freud erwirbt ein Foto mit ihrer Silhouette, besichtigt in der Pinakothek das seinem Urteil nach schönste Bild von Raffael, die »Heilige Cäcilia«, und sieht sich nach Schnokes um, wie er seine Mitbringsel für die Lieben daheim nannte, ehe die Reise weitergeht.

Ravenna: Dante, Mandeln und ein Mosaik

Für Ravenna sieht der Reiseplan lediglich einen Tag vor. Vom »Hotel Byron« aus, in der Via Novembre 4, lassen sich die Sehenswürdigkeiten bequem zu Fuß erreichen. Freuds rasches Urteil fällt vernichtend aus: »ein elendes Nest, in dem verfallene Ziegelhütten stehen«. Doch schon am Abend hat er seine Meinung über die Stadt, in der Dante und Theoderich der Große begraben liegen, gründlich geändert. Sein Gesinnungswandel lässt sich auch lesen als Beleg für seine Art der Urteilsbildung und die Bereitschaft zur Korrektur – in einer der schönsten und an Georg Christoph Lichtenberg geschulten Verdichtung, die sich denken lässt und die zugleich den Kern seiner Lust am Reisen freilegt: »Ravenna ist noch sehr genußreich worden. Theoderich, Dante, Mandeln, Feigen vom Baum bei Theoderichs Grabmal, alte Kirchen, Mosaik, ein von Dante besungener Pinienwald, Pfirsich, Wein u Café haben sich zu einer großartigen Harmonie vereinigt.« Bevor die beiden Brüder die Stadt verlassen, fällt das Fazit schon viel günstiger aus: »Es geht uns großartig, ich glaube, der Wein thut viel dabei.«

Florenz: Herrliche Hetze, Schrottfüße bekommen

Für Florenz hingegen haben unsere Toskana-Reisenden eine ganze Woche eingeplant. Ein wenig mitgenommen, vor allem von der Eisenbahnfahrt durch vierzig bis fünfzig Tunnel, die Freud zählte und die ihm wie immer ein Gräuel waren, erreichen die Brüder am 4. September 1896 die Stadt und beziehen ihr Quartier in der »Casa Nardini« gleich neben dem »Riesendom aus schwarzem u weißem Marmor«. Diese eher bescheidene Pension an der Piazza del Duomo 7, im Baedeker als »recht gut« eingestuft und heute noch existent, hatte seinerzeit auch das Ehepaar Fontane im Oktober 1874 bei ihrem Besuch gewählt. Freuds Erwartungen an die Stadt der Medici waren hoch gespannt und wurden nicht enttäuscht: »Herrlich, Mordsspektakel. Florenz ist ein toller Zauber.«

Weil die Kostbarkeiten nach seiner Wahrnehmung auf der Straße herumstehen, ohne sie alle genügend würdigen zu können, wird Verona vom weiteren Reiseplan kurzerhand gestrichen, um mehr Zeit für die unbestrittene Metropole der Toskana zu gewinnen. Dennoch gleichen die nächsten Tage einem Parforceritt durch die florentischen

Schatzkammern, dem Alexander wieder einmal nur mit Mühe folgen kann, so sehr drückt Sigmund auf das Tempo. Freud badet in Kunst. Vom Besuch der achteckigen »Tribuna«, dem Saal 18 der Uffizien, erwähnt er lediglich die Venus di Medici und einige andere antike Statuen, eilt weiter in die Kirche Santa Croce, wo sich die Gräber von Michelangelo, Galilei, Machiavelli, Rossini und Cherubini sowie ein Kreuzgang von Brunelleschi befinden: »Eine herrliche Hetze. Wir haben Schrottfüße bekommen.« In den Boboligärten am Westufer des Arno, die er als »eine Art Schönbrunn der Mediciäer« mit herrlichsten Marmorgruppen und einem Amphitheater beschreibt, gönnt er sich und Alexander immerhin eine kleine Verschnaufpause, und die beiden genießen eine der schönsten italienischen Gartenanlagen des 16. Jahrhunderts. So hielt es auch der dreiundzwanzigjährige Hermann Hesse, als er im April 1901 in der Stadt weilte und sich »in der heißen Stille einer Mittagsstunde in grünem Schweigen« im Giardino di Boboli ins Gras legte, um sich dem »beglückenden Rausch von Schönheit und Vergangenheit« hinzugeben. Gut möglich, dass Freud in der Grotte gleich gegenüber dem Eingang zum Boboli-Park an der Piazza Pitti die vier unvollendeten Gefangenen-Statuen sah, die Michelangelo für das Grabmal Julius II. in Rom geschaffen hatte, mit dem sich Freud von seinem ersten Rom-Besuch 1901 an bis zu seinem Tod so intensiv beschäftigen sollte.

Das Schönste an der Stadt sind ihm überraschenderweise die mit »Oil und Wein« bewachsenen Hügel rund um Florenz. Auf einem dieser Hügel liegt die »Villa Gioiello«, in der Galileo Galilei ab Dezember 1633 bis zu seinem Tod 1642 unter Hausarrest lebte, nachdem ihm im Juni 1633 in Rom der Prozess wegen Ketzerei gemacht worden war und er gezwungenermaßen abschwören musste, das kopernikanische System untermauert und gelehrt zu haben, dem zufolge die Erde die Sonne umkreist und nicht der ruhende Mittelpunkt des Universums ist. Freud interessierte sich brennend für das Werk und Wirken Galileis, in dessen naturwissenschaftlicher Tradition er sich als Begründer einer neuen, naturwissenschaftlichen Psychologie sah, die sich gegen alle erbitterten Widerstände und gehässigen Verunglimpfungen erst durchsetzen musste. Auch er sah sich als Pionier der Neuzeit, weil er Dinge entdeckt hatte, die von der akademischen Welt zunächst als wilde Phantasien verhöhnt worden waren – eine Ansicht, die heute noch Anhänger hat und Bezeichnungen wie »Quacksalber« und »Tiefenschwindel« nicht verschmäht. In einer Zeit, in der er notorisch für den Nobelpreis gehandelt wurde und die Welt ihn längst mit Einstein in einem Atemzug nannte, mokierte er sich 1925 in einer »Selbstdarstellung« über die Geringschätzung der wissenschaftlich begründeten Psychoanalyse, »die man nicht behandeln wollte wie jede andere Naturwissenschaft«.

Arcetri: Aufklärung vor den Toren von Florenz

Am 6. September 1896 fahren Freud und sein Bruder hinaus nach Arcetri, fünf Kilometer vor die Tore der Stadt, zu selbiger »Villa Gioiello«. Zufällig hören sie vom Hausherrn und Besitzer des Anwesens, dem Conte Galetti, »daß Zimmer zu haben sind u mieten für 4 Tage Pension u alles«, was stark untertrieben ist. Neben drei Räumen steht ihnen ein mit Medici- und Galilei-Porträts üppig bebilderter kleiner Festsaal zur Verfügung, in dem ein Kustode die herrlichsten Speisen aufträgt: vorzügliches Rindfleisch, das Freud so liebte, frische Feigen, Pfirsiche, Mandeln. Und nicht zu vergessen, »was hier sehr in Betracht kommt, ein besonderer menschlich eingerichteter luogo commodo«. Die traumhafte Aussicht auf Florenz und die Landschaft gibt es gratis obendrein.

Hier also verfasste der Physiker und Mathematiker Galileo Galilei die berühmten »Discorsi«, die Summe seines philosophischen und wissenschaftlichen Lebenswerks, was Freud in einer Mischung aus Überwältigung und Rührung registriert. In einem der ausführlichsten Reisebriefe, die wir von ihm kennen, lässt sich nachspüren, wie ihn »die Weihe des Ortes« gefangen nimmt: »Wir kommen im Dunkeln hin, der Kustode zündet Licht an, zeigt uns das Zimmer Galileis, Portraits von ihm, sein Fernrohr.« Dazu ein vermeintliches Selbstporträt Michelangelos (das allerdings keines war), eine Originaltür aus dem Wohnhaus des Niccolò Machiavelli sowie ein Brief Cromwells an König Karl I., in einer Vitrine unter Glas zu besichtigen, der Freuds besonderes Interesse hervorruft. Der englische Staatsmann, als Lordprotektor mit diktatorischen Vollmachten ausgestattet, hatte ihn seit »Knabenjahren, besonders seit meinem Aufenthalte in England, mächtig angezogen«, wie er in der »Traumdeutung« schrieb. 1875 war Freud nach England gereist und hatte dort den Entschluss gefasst, den Vornamen Cromwells zu verwenden, sollte er eines Tages einen Sohn bekommen. Wie es dann auch geschah: Seinem Zweitgeborenen, der 1891 in Wien zur Welt kam, gab er den Namen Oliver. In einem der »Brautbriefe« an seine spätere Frau Martha nannte er Cromwell sogar seinen »eigentlichen Lehrer«, und die Epoche, in der er lebte, hielt er für die interessanteste der Geschichte überhaupt. Den Grund dafür hat Freud in der »Traumdeutung« selbst benannt: Die »unterdrückte Größensucht des Vaters« habe sich auf ihn selbst übertragen. Anders als sein Vater Jacob und auch als Hannibal, der andere Held seiner Jugend, der allerdings im entscheidenden Moment beim Kampf um Rom kläglich versagte, war Oliver Cromwell ein strahlender Siegertyp, der als puritanischer Revolutionär den auch von Freud gehassten Katholizismus besiegt und Englands Weg zur Kolonial- und Weltmacht geebnet hatte, während sich Freuds Vater und er sich selbst als Schüler und Student in Wien den antisemitischen Attacken hilflos ausgesetzt sahen.

Plötzlich ahnen wir, was der Logiergast in Arcetri beim Anblick eines Originalbriefes seiner Identifikationsfigur Cromwell empfunden haben mag und welche Bedeutung die Tage in der »Villa Gioiello« für ihn hatten. Er fühlt sich jedenfalls »in guter Gesellschaft«, noch dazu, als er erfährt, dass im Nachbarzimmer John Milton, der englische Frühaufklärer und Italien-Liebhaber, im September 1640 Galileo Galilei seine Aufwartung machte. Die legendäre Begegnung der beiden Aufklärer hielt sehr viel später der florentinische Maler Annibale Gatti 1893 in einem Ölbild fest, das heute im Istituto e Museo di Storia della Scienza mitten in Florenz zu besichtigen ist. Milton, dessen zweibändige Werkausgabe er 1879 erworben hatte, zählte spätestens seit Freuds Besuch bei seinen Halbbrüdern in Manchester zu seinen Lieblingsdichtern. Bei ihm, genauer bei dessen epischem Gedicht »Paradise lost«, so schreibt er in dem erwähnten Brautbrief, habe er stets »Trost und Erhebung« gefunden.

Nach den beglückenden Tagen ist es Zeit, am 10. September 1896 von Florenz aus »in gehobener Stimmung« die Heimreise anzutreten – mit einem »Auf Wiedersehen« auf den Lippen und dem frisch gewonnenen Vorsatz, »reich zu werden, um diese Reise zu wiederholen«. Und so geschah es auch: Bereits ein Jahr später, vom 25. August bis zum 18. September 1897, bereist Freud – wieder von Venedig aus – ein weiteres Mal die Toskana und das ihm bis dahin unbekannte Umbrien. Die Monate vor dem Reiseantritt waren anstrengend, da Freud eine Selbstanalyse begonnen hatte, von der er an Freund Fließ schrieb, dass sie schwerer sei als irgendeine andere, andererseits unverzichtbar als »notwendiges Zwischenstück« in seiner Theoriebildung. Ermattet von den Anstrengungen, wird es höchste Zeit für den Sommerurlaub und eine weitere Inspektion seines Sehnsuchtslandes, denn: »Ich bin sehr denkfaul und habe es hier nicht zustande gebracht, das Wühlen im Kopf und in den Gefühlen zu ducken; dazu gehört erst Italien.« Die Wirkung, die er sich versprach, trat fortan zuverlässig und immer dann ein, wenn das Land auch nur in Sichtweite geriet. Italien als Therapie und Jungbrunnen zugleich, ein Topos, der für den Rest seines Lebens Bestand hatte.

Gleichzeitig schien er seinem Wunschziel, außerordentlicher Professor an der Wiener Universität zu werden, sehr nahe gekommen zu sein. Am 12. Juni 1897 hatte das zuständige Professorenkollegium einem entsprechenden Antrag mit zweiundzwanzig gegen zehn Stimmen stattgegeben und dem Unterrichtsministerium vorgeschlagen, den Nervenarzt zum Professor extraordinarius zu ernennen, woraufhin Freud in unverhohlener Vorfreude an den verehrten Kollegen Fließ schrieb: »Auf dem nächsten Kongreß nennst Du mich ›Herr Professor‹.« Dass daraus nichts werden sollte, ahnte Freud zu diesem Zeitpunkt noch nicht einmal, so sicher war sich der Privatdozent seiner Beförderung. Im Mai des darauffolgenden Jahres konnte daher seine Enttäuschung nicht größer sein, als sich sein Name nicht auf der Liste der neu ernannten Professoren fand. Die Ernennung durch Kaiser Franz Joseph erfolgte erst am 5. März 1902, was er in einem Brief an Wilhelm Fließ mit dem spöttischen Satz kommentierte, dass nunmehr die Rolle der Sexualität von Seiner Majestät amtlich anerkannt, die Bedeutung des Traums vom Ministerrat bestätigt und die »Notwendigkeit einer psychoanalytischen Therapie der Hysterie mit ⅔ Majorität im Parlament durchgedrungen« sei.

Im doppelten Sinn freudiger Erwartung verbrachte Freud mit seiner Familie entspannte Urlaubstage in Südtirol, ehe es mit Martha, doch ohne die Kinder nach Venedig weiterging. »Ich hoffe für mich«, kündigte er vor der Abreise an, »diesmal etwas tiefer in die Kunst Italiens einzudringen.« Die Freude einer gemeinsamen Reise währte indessen nicht lange, denn schon am 2. September trat die indisponierte Gattin die Heimfahrt an. Bruder Alexander und Felix Gattel, ein in den USA geborener Berliner Nervenarzt, der in den Jahren 1897 und 1898 Freuds Schüler und Patient zugleich war und der ihm durch seine Intelligenz sehr gefiel, lösten Martha ab. Venedig, weil unerträglich heiß, ist diesmal nur Durchgangsstation: eine Kurzvisite in der Accademia di Belle Arti, die obligatorische Gondelfahrt, ein Bad am Lido im Meer, ein paar Einkäufe – das ist schon das ganze Programm, abgesehen von einem kurzen Treffen mit seiner jüngeren Schwester Adolfine, die sich zufällig zur gleichen Zeit in der Stadt aufhält. Dolfi, wie sie in der Familie hieß, wurde im Sommer 1942 wie auch ihre drei Schwestern Marie, Pauline und Regina (Rosa) in Wien von der Gestapo abgeholt und nach Theresienstadt deportiert. Marie und Pauline kamen am 25. September 1942 in Treblinka um, getötet durch Zyklon B. Am 30. September wurde Rosa ermordet, ebenfalls in Treblinka. Adolfine starb am 1. Oktober 1942 in Theresienstadt aufgrund von Unterernährung. Lediglich Freuds älteste Schwester Anna blieb von dem Nazi-Terror verschont. Sie war schon 1892 mit ihrer Familie nach Amerika ausgewandert und starb 1955 mit 96 Jahren in New York.

Pisa, Livorno, Siena: Volle italienische Schweinerei

Nach der Begegnung mit Schwester Dolfi reisen Freud und seine Begleiter von Venedig weiter nach Pisa, das sie nicht sonderlich zu interessieren scheint. Freud kurz und knapp: »Alles gesehen, schiefen Thurm bestiegen, 4 Bauten auf einem Platz. Pisa ist eine todte wüste Stadt, volle italienische Schweinerei.« Eine ähnliche Beobachtung machte 1901 auch Hermann Hesse, der in seinem italienischen Reisetagebuch von einer »auffallend stillen«, ja sogar leblosen Stadt spricht.

In etwas besserem Licht erscheint Livorno, was wohl auch am vorzüglichen »Grand Hotel am Meer« liegt, damals wie heute ein erstes Haus am Ort. Aber: »Hier keine Kunst, keine Geschichte.« Entschädigung bietet wie so oft, wenn Freud seinem Reiseziel partout nichts abgewinnen kann, ein gut geführtes Restaurant mit vorzüglichen Speisen, wie sie das »Tazza d'Oro« bereithält: »Göttlich gegessen.« Dazu der eskapistische Zusatz: »Man wird so materiell.«

Siena, eine »recht italienische Kleinstadt«, kommt nicht viel besser weg. Gewiss, der Dom sei ganz hübsch, doch »nichts von erster Schönheit«. Das »Grand Hotel Continental« in bester Lage im historischen Zentrum der Stadt zwischen der Piazza del Campo und dem Dom gefällt dagegen umso mehr. Heute firmiert das Haus, das bereits der zeitgenössische Baedeker wärmstens empfohlen hatte, als Fünf-Sterne-Luxushotel. Auf der Weiterreise ist San Gimignano rasch abgehakt: »meschuggene auf Berg gelegene Stadt mit 13 Thürmen, herrliche Fresken, schlechtes Wirtshaus«.

Weiter geht es nach Orvieto, das gleich in mehrfacher Hinsicht Bedeutung im Leben und Werk Freuds erlangen sollte. Spät am Abend des 8. September 1897 trifft Freud in der Stadt ein und registriert sogleich eine »Menge entzückender Eindrücke«. Die alte Etrusker-Metropole, auf einem steil aufragenden Felsen gelegen, von dem sich dem Besucher ein herrlicher Blick über die umbrische Landschaft rund um den Trasimener See bietet, behagt ihm und erinnert ihn von ferne an die Festung in Salzburg. Hermann Hesse, der 1901 die Stadt und die Gegend bereiste, befand, dass hier der »schönste, charaktervollste Strich von Mittelitalien« zu besichtigen sei. Von der Bahnstation, die erst 1875 an der neuen Schnellverbindung zwischen Florenz und Rom errichtet worden war, bringt ihn die fast noch nagelneue »Funiculare di Orvieto«, eine Drahtseilbahn, für dreißig Centesimi durch einen finsteren Tunnel, wie er ausdrücklich vermerkt, aus der Ebene in die Oberstadt. Die Standseilbahn verkehrt heutzutage immer noch, nunmehr zum Preis von 2,50 €, inzwischen elektrifiziert und nur unwesentlich kommoder als zu Freuds Zeiten. Von der Festungsanlage, an der sie endet, ist es nicht mehr weit zum Corso Cavour, an dem der Palazzo Bisenzi aus dem 16. Jahrhundert liegt, in dem ab 1885 das »Hotel Belle Arti« untergebracht war, das Freud aufgrund der Baedeker-Empfehlung gebucht hatte. Das komfortable Hotel mit seinem prächtig ausgestatteten Speisesaal, der Freud sicher bersonders behagte, musste nach dem Ersten Weltkrieg seine Pforten für immer schließen. Seit Neuestem erinnert eine Gedenktafel am Corso Cavour 36 an den Aufenthalt des berühmten Gastes, der 1902 und 1907 erneut in diesem Haus einen Zwischenstopp einlegte.

Am Morgen des 9. September 1897 inspiziert Freud die berühmten etruskischen Gräberfelder, von denen er ein Foto erwarb, das ihm gewiss gute Dienste erwies, als er sich an die Niederschrift der »Traumdeutung« machte, in der er auf seinen Besuch der antiken

6 »Alles hier massiv und hoch«, befand Freud während seines ersten Besuchs in Orvieto, als er diese Stadtansicht kaufte.

Grüften zurückkam: »Es war ein ausgeräumtes Etruskergrab bei Orvieto, eine schmale Kammer mit zwei Steinbänken an den Wänden, auf denen die Skelette von zwei Erwachsenen gelagert waren.« Dieser Traum schien ihm zu sagen: Wenn du schon im Grabe weilen sollst, so sei es das Etruskergrab.

Im Anschluss stand der nahe gelegene farbige Dom auf dem Besichtigungsprogramm, das nach Jacob Burckhardt »größte und reichste polychromatische Denkmal auf Erden«. Burckhardt hatte vor allem die weltberühmten Fresken von Luca Signorelli aus dem Jahre 1499 in der »Cappella della Madonna« als eigentliche Hauptattraktion empfohlen, die Michelangelo bei der Ausmalung der Sixtinischen Kapelle, insbesondere bei seinem Weltgerichtsfresko, als Vorlage dienten. Freud erwarb etliche Drucke von Signorelli-Fresken, darunter »Die Verdammten aus dem Jüngsten Gericht« mit dem geflügelten Teufel sowie »Die Auferstehung des Fleisches«, allesamt grandiose Darstellungen der Apokalypse und der Auferstehung.

Dass Freud die Fresken in einem Zustand wie zur Zeit ihrer Entstehung in Augenschein nehmen konnte, verdankte sich zwei deutschen Malern, die 1844 auf ihrer Tour durch Italien ebenfalls im »Hotel Belle Arti« abgestiegen waren. Über den deprimierenden Zustand der Fresken im Dom waren Carl Gottfried Pfannschmidt und sein Malerkollege Bolte derart erschrocken, dass sie kurzerhand um die Erlaubnis zur fachmännischen Reinigung der berühmten Kunstwerke nachsuchten – und sie zu ihrer Verblüffung auch erhielten, worauf sie unverzüglich und ohne eine einzige Lira zu verlangen, an die Arbeit gingen. Schuld an dem fortgeschrittenen Ruin hatten die jeweils an Pfingsten in dem katholischen Prachtbau entzündeten Feuer, deren Qualm sich als dunkle Schmutzschicht über die kostbaren Wandmalereien gelegt hatte, bevor sie von den beiden Italien-Enthusiasten aus Deutschland wieder in den strahlenden Urzustand zurückversetzt wurden. Als anerkennende Geste für die gelungene Restauration erließ der spendable Wirt selbigen Hotels, in dem auch Freud ein halbes Jahrhundert später logierte, den reisenden Malern sämtliche Kosten für die Unterkunft, so dass diese doppelt beglückt gen Rom aufbrachen.

Über Luca Signorelli und sein Meisterwerk in der Cattedrale di Santa Maria Assunta findet sich in Freuds täglichen Bulletins außer einer lapidaren Erwähnung kein weiteres Wort. Erst ein Jahr später kommt er in einem kleinen Aufsatz »Zum psychischen Mechanismus der Vergeßlichkeit« auf die Fresken im Dom von Orvieto zurück. Während der Sommerferien – gemeint ist die Reise im Sommer 1898 mit seiner Frau nach Ragusa, dem heutigen Dubrovnik – habe er mit einem Fremden einen Tagesausflug in die Herzogowina unternommen, in dessen Verlauf die Unterhaltung auf Italien gekommen sei und er seinem Kompagnon empfohlen habe, »einmal nach Orvieto zu gehen, um sich dort die Fresken vom Weltuntergang und letzten Gericht anzusehen, mit denen ein großer Maler eine Kapelle im Dom ausgeschmückt« habe. Allerdings war ihm der Name des Meisters gründlich entfallen. »Ich strengte mein Gedächtnis an, ließ alle Details des in Orvieto verbrachten Tages vor meiner Erinnerung vorüberziehen, überzeugte mich, dass nicht das Mindeste davon verlöscht oder undeutlich sei. Im Gegenteile, ich konnte mir die Bilder sinnlich lebhafter vorstellen, als ich es sonst vermag; und besonders scharf stand vor meinen Augen das Selbstbildnis des Malers, [...] welches er in der Ecke des einen Bildes neben dem Portrait seines Vorgängers in der Arbeit, des Fra Angelico da Fiesole, hingestellt hat; aber der mir sonst so geläufige Name des Künstlers verbarg sich hartnäckig.« Da der Reisegefährte auch nicht aushelfen konnte, brachte Freud zwei Künstlernamen ins Spiel, von denen ihm jedoch klar war, dass sie nicht die richtigen sein konnten: Botticelli und Boltraffio. Dem Erinnerungsausfall versuchte Freud dadurch auf die Spur zu kommen, dass er die Umstände, unter denen das Vergessen vor sich ging, in einer Art Selbsterforschung freilegte und schließlich überzeugt war, dass die Gedächtnisschwäche »in intimer Verbindung mit Gedankengängen stehe, die sich bei mir im Zustand der Verdrängung befinden«.

Den geschilderten Fall griff Freud auch in der Studie »Zur Psychopathologie des Alltagslebens« auf, die 1904 schließlich in Buchform erschien. Dort schreibt er, dass bereits geringfügige Irrtümer, wie das Vergessen von Namen oder Versprecher, aber auch das Verlegen von Gegenständen nicht bloß als zufällig oder gar sinnlos anzusehen, sondern als Ausdruck unbewusster Absichten zu werten seien. Oder, um es in der Sprache der Psychoanalyse zu sagen, als Mechanismen des Unbewussten. Nebenbei gesagt, die »Psychopathologie« wurde zu seinem meistgelesenen Werk, das zu seinen Lebzeiten nicht weniger als elf Auflagen erlebte und in zwölf Sprachen übersetzt wurde.

Einen der schönsten aphoristischen Geistesblitze eines seiner erklärten Lieblingsautoren, Georg Christoph Lichtenberg, hob sich Freud freilich für sein späteres Buch »Der Witz und seine Beziehung zum Unbewussten« auf. Der lautete: »Er las immer Agamemnon anstatt angenommen, so sehr hatte er den Homer gelesen.« Was der brillante Göttinger Physiker und Meister der kleinen Form in einem seiner legendären »Sudelbücher« da mitteilt, ist nach den Worten des Satirikers Robert Gernhardt eine »durch und durch persönliche Fehllesung und zugleich ein Sachverhalt, der sich verallgemeinern läßt: Der Mensch liest, was er weiß.« Dem Freud'schen Versprecher, folgerte Gernhardt augenzwinkernd, sollte künftig der Lichtenberg'sche Verleser an die Seite gestellt werden. Diese Idee hätte Freud zweifellos gefallen, weil er wusste und es in der »Psychopathologie des Alltagslebens« auch schrieb: »Das ist wirklich die Theorie des Verlesens.« Mit Goethe war er der Meinung, dass dort, wo Lichtenberg einen Spaß mache, ein Problem verborgen sei. In Anlehnung daran könne man auch sagen: »Wo ein Irrtum vorliegt, da steckt eine Verdrängung dahinter. Richtiger gesagt: eine Unaufrichtigkeit, eine Entstellung, die schließlich auf Verdrängtem fußt.«

Auch dem Satz, man müsse »mehr sehen als sich sagen lassen! Association«, konnte er aus innerer Überzeugung zustimmen. Überhaupt deutete Lichtenberg bereits ein Säkulum vor der Erfindung der

Seelenkunde vieles an, was Freud später zum psychoanalytischen Programm erhob. So war die Empfehlung des Aufklärers, vorzüglich »das Studium der Träume als den Weg zu einer sonst unzugänglichen Selbsterkenntnis« zu nutzen, ganz nach Freuds Geschmack.

Toskana und Umbrien: Einen Moment im Paradies

In diesen Septembertagen des Jahres 1897 schreibt er an Wilhelm Fließ in Berlin – in einer Art Halbzeitbilanz der Reise durch die Toskana und Teile Umbriens: »Man labt sich an fremdartiger Schönheit und riesenhaftem Schöpfungsdrang«, womit schon anklingt, dass seine Stimmung besser nicht sein könnte. Und dabei stehen einige Höhepunkte sogar noch aus: Spoleto, Assisi und Perugia, die Freud als weitere Etappenziele mit Bedacht ausgewählt hatte. Er sollte nicht enttäuscht werden. »Italien«, kommentiert er den weiteren Verlauf der Tour, »wird immer italienischer.« Was auch seine Begleiter zu beflügeln scheint. Felix Gattel, damals gerade siebenundzwanzig Jahre alt, setzt unter eine Postkarte, die Freud in einer offenbar fabelhaften Trattoria in Perugia an seine Frau schreibt, ein Postskriptum, das erahnen lässt, wie gut es den drei Herren ging: »Soeben bin ich zur Erkenntnis gelangt, daß Adam nicht durch einen Apfel verführt worden ist – nur durch die Trauben, die wir soeben gegessen, wir alle waren einen Moment im Paradies.« Woraufhin sich Bruder Alexander in Anlehnung an Wilhelm Busch zum Verseschmied berufen fühlt und der Ansichtskarte ein weiteres Postskriptum hinzufügt: »Drei Knaben waren in Perugia – / sie aßen Trauben u schrieen ah! / Dann kam noch schwarzer Kaffee – / da gingen's vor Freud in die Höh!«

Sigmund Freud schätzte den Zeichner und volkstümlichen Autor humoristischer Geschichten von der »Fromme Helene«, von »Plisch und Plum« sowie »Hans Huckebein« und zitierte gerne daraus. In seinem Arbeitszimmer in der Berggasse hingen sogar Originalzeichnungen von Busch, und im Wartezimmer lagen eine Zeit lang die Bücher des an Heine geschulten Kämpfers gegen Klerikalismus und Spießbürgertum, darunter die »Bilderbogen« mit der hübschen Episode um ein »Rabennest«, an dem sich Alexander orientiert haben mag. Es muss noch ein ausgelassener Abend geworden sein an diesem 13. September, zu dessen Andenken die drei eine Karte in die Heimat bekritzeln, auf der sie geradezu überschwänglich von ihrem Urlaubsglück schwärmen: bei »sehr gutem Fleisch u correkten pommes frites, echtem Café, bei billigsten Preisen«, wie Freud ausdrücklich vermerkt. Vor dem Aufbruch bilanziert er im gewohnten Stenografenstil: »Wohlbefinden ungestört.«

Auch als Briefschreiber läuft Freud in diesen Tagen zu großer Form auf und sprüht förmlich vor Munterkeit, etwa beim Besuch von Spoleto und da vor allem des Aquädukts und der weltberühmten Wasserfälle von Terni, die römischen Ursprungs sind und zu den höchsten gehören, die von Menschen geschaffen wurden. Selbstverständlich war auch Goethe auf dem Weg nach Rom im Oktober 1786 hier und hielt lapidar in seinem Tagebuch fest: »War auf der Wasserleitung, die zugleich Brücke von einem Berg zu einem anderen ist. [...] Das Wasser quillt an allen Orten und Enden.« Bei Hesse hörte es sich so an: »Berge, Brücken, Wasserfälle.« Freud hingegen sieht lustvoll »Wasser, an dem man sich einmal wie ein Kamel ansaufen kann«, so sehr inspirierte ihn der Anblick der »unbeschreiblichen Wasserfälle«. Hinzu kam, dass er in der Gegend etliche Cyclamen entdeckte, eine Sorte von Alpenveilchen, die er gerne mochte und denen der Botaniker Friedrich Hildebrand 1898 ein Buch widmete, das Freud zufällig im Schaufenster einer Buchhandlung entdeckte und bei ihm den »Traum von der Botanischen Monographie« auslöste, den er in der »Traumdeutung« ausführlich analysiert.

In Assisi, Geburtsort des heiligen Franziskus und Pilgerstadt seit siebenhundert Jahren, bezieht die kleine Reisegruppe in der Via Frate Elia gleich neben der Basilika San Francesco das »Hotel Subasio«, von dem sich damals wie heute dem Gast, um mit Freud zu sprechen,

7 »Vor Papas Fenster stehen zwei Zypressen.« Tochter Anna genoss den Blick auf den Park der Villa Borghese, der sich ihr von dem römischen »Hotel Eden« aus bot, in dem sie mit ihrem Vater 1923 logierte.

eine »unglaubliche Aussicht« über die Stadt und die umbrische Landschaft auftut, was alle Reisenden, die je dort waren, gerne bestätigen werden. Heinrich Böll, dem die unversehrt gebliebene Stadt auf dem Hügel geradezu biblisch vorkam, so dass er sie in den Rang eines kleinen Jerusalem erhob, erklärte mit ebendiesem »traumhaft unwirklichen Blick« in die sanften Täler die unstillbare Sehnsucht der Nordländer nach dem Süden: »Fleiß und Würde strömt diese Landschaft aus mit ihrem ständig zwischen Silbern und Grün wechselndem Laub der Ölbäume, dem dunklen Grün der Weinstöcke, den gelben Städten auf den Apenninenhängen.« Anders als Böll interessierte sich Freud mitnichten für den großen Heiligen der Stadt, zu dessen Andenken über dem Grab gleich drei Kirchen und ein gewaltiges Kloster errichtet worden waren – ein frommes Ensemble, das selbst dem Katholiken aus Köln ein wenig zu »trutzig« erschien und Freud gar missfiel: »Der Heilige drückt auf alles.«

Nach einem Rundgang durch die Stadt und der Besichtigung sowohl des Doms wie vor allem des römischen, nach Goethes Befund »vollkommenen« Minerva-Tempel gönnt sich Freud, was selten genug auf seinen Reisen geschah, eine Ruhepause und erspäht neben sich auf dem Balkon gänzlich unerwartet »die leibhaftige Duse«, die dort ihre Ferien verbringt. Weil ihm das zu Hause womöglich niemand abnimmt, ergänzt er ausdrücklich seinen Tagesrapport an Martha: »Kein Scherz.«

Eleonora Duse, 1858 geboren und damit nur zwei Jahre jünger als Freud, war eine der gefragtesten Schauspielerinnen ihrer Zeit und weit über die Grenzen Italiens als rastlose Diva auf allen Bühnen der Welt bekannt, vor allem durch Rollen in Stücken von Henrik Ibsen und Gabriele D'Annunzio, einem zwielichtigen Rhapsoden der Macht mit legendärer Anziehungskraft auf Frauen, der auch Eleonora Duse als seine zeitweilige Geliebte erlegen war. Rilke, der sie in Venedig kennenlernte, Hofmannsthal, der sie in Wien auf der Bühne sah, Gerhart Hauptmann und Anton Tschechow – sie alle waren hingerissen von dieser lebenden Theaterlegende und schmeichelten ihr in Kritiken, die sich eher wie Liebeserklärungen lesen. Lange vor der Garbo wurde sie bereits »die Göttliche« genannt. Als erste Frau überhaupt schaffte sie es auf das Titelblatt von »Time«: Ein Weltstar von bisher ungekannter Größe. Hunderttausende, die sie nie auf der Bühne gesehen hatten, strömten nach ihrem Tod 1924 in die Trauergottesdienste, die landesweit zwischen Rom und Neapel, Florenz und Padua abgehalten wurden. Auch Freud bewunderte die Schauspielerin, von deren Darstellungskunst er sich bei ihren umjubelten Gastspielen auf den Wiener Bühnen hatte überzeugen können.

Über die Episode in Assisi verlor er in seinen Reisebriefen kein weiteres Wort. In der »Psychopathologie des Alltagslebens« jedoch kommt er wenige Jahre später auf die große Schauspielerin zurück, von der ihm ein Freund, »der auf Zeichen achten gelernt hat«, erzählt habe, »sie bringe in einer ihren Rollen eine Symptomhandlung an, die so recht zeige, aus welcher Tiefe sie ihr Spiel heraushole. Es ist ein Ehebruchsdrama; sie hat eben eine Auseinandersetzung mit ihrem Manne gehabt und steht nun in Gedanken abseits, ehe sich ihr der Versucher nähert. In diesem kurzen Intervall spielt sie mit ihrem Ehering an ihrem Finger, um ihn wieder anzustecken, und zieht ihn wieder ab. Sie ist nun reif für den anderen.«

Offenkundig spielt Freud auf die Figur der Hedda Gabler in Ibsens »Nora« an, eine Paraderolle »der Duse«, die ihr auf den Leib geschrieben war und in der sie auf allen Bühnen Triumphe feierte. Ob nun die unglücklich vermählte Hedda ihren Trauring abzieht und wieder ansteckt oder – wie es an anderer Stelle seiner »Kasuistik zum Studium der Fehlleistungen« heißt – eine junge Frau auf der Hochzeitsreise ihren Ehering verliert oder schließlich ein frisch vermählter Gemahl seinen Ehering verlegt, in allen Fällen offenbaren sich nach Freud »Zufalls- oder Symptomhandlungen«, die in Ehesachen ernste Bedeutung haben können und nicht selten als unbewusste Vorboten einer Sehnsucht nach neuen erotischen Freiheiten daherkommen.

Am 16. September 1897 endet Freuds zweite Toskana-Reise. Von Florenz aus, wohin er und seine kleine Reisegruppe noch einmal zurückkehren, treten sie die Heimreise an – bei Regen.

Mailand: Leonardo ist wunderbar

Bis 1913, als die Reisen in den Süden kriegsbedingt ein vorläufiges Ende finden, besucht Freud – mit unterschiedlichen Begleitern – immer wieder Ober- und Mittelitalien: Venedig und Florenz, Mailand und Bologna, meist auf der Durchreise nach Rom oder Sizilien. Von unterschiedlichen Standquartieren aus bringen ihn Tagesauflüge nach Bergamo und Monza, Genua und Verona. Und wenn mal nichts zu entdecken ist, geht er »ganz im Wolleben unter«, wie etwa in Rapallo, das ganz nach seinem Geschmack ist, wo er, im »Grand Hotel Savoia« sitzend, an Bruder Alexander in dessen »nordische Verbannung« schreibt: »Die himmlische Sonne u das göttliche Meer – Apollon u Poseidon – sind Feinde aller Leistungen.« Also verbringt er einen halben Tag im Meer, jagt Tintenfische und Krabben und flucht ausnahmsweise auch mal, wenn ihn ein Seeigel zerstochen hat. In solchen Momenten stört ihn eigentlich nur, »daß man nicht wie jener Mr. Brown mit Schweinen zu handeln begonnen hat, als man übel beraten seinen Beruf wälte, oder nicht [als] Spinola oder sonstiger Genueser Nobile zur Welt gekommen ist«. In Anspielung auf Goethes Satz in den »Wahlverwandtschaften«, »es wandelt niemand ungestraft unter Palmen«, kokettiert er – leicht durchschaubar und mit gespielt schlechtem Gewissen – angesichts des Luxus, den er sich gönnt, wie sehr er »auf die ›gnädige‹ Strafe neugierig« sei. Was sein Amüsement jedoch kein bisschen schmälert.

Wenn es jedoch etwas Neues zu entdecken gab wie in Mailand, das er im September 1898 zum ersten Mal für drei Tage besucht, dann ist er wieder trotz »Schädelweh und verstopfter Nase« im Laufschritt unterwegs und meldet nach Hause, wie sehr er sich dem Studium aller Herrlichkeiten in der lombardischen Metropole widmen könne und dass an Vergnügungen jetzt nicht zu denken sei, denn: »Die vielen schönen Sachen, die man gesehen, tragen doch einmal, man weiß nicht welche Frucht.« Dazu zählt in Mailand vor allem »Das Abendmahl« von Leonardo da Vinci, das wohl berühmteste Wandgemälde der Welt, das er im Refektorium der Dominikanerkirche Santa Maria delle Grazie inspiziert und das ihm trotz des miserablen Erhaltungszustands schöner als alle Kopien vorkommt, die er bis dahin gesehen hat. Anders bei Goethe, dem 1788 auf der Rückreise von Rom nach Weimar das »gänzlich verdorbene, übermalte Original« gründlich missfiel und der daher »wohldurchdachte« Kopien bevorzugte, vor allem die von Giuseppe Bossi, dessen Teilnachlass sein Großherzog Carl August 1817 in Mailand günstig erworben und nach Weimar gebracht hatte. Darunter befand sich auch eine Kopie des »Abendmahls«, die Goethe zu seinem kunsthistorischen Aufsatz »Joseph Bossi über Leonard da Vincis Abendmahl zu Mailand« anregte.

Seit Freud das Fresko das erste Mal gesehen hatte, interessierte er sich intensiv für Leonardo. Nahezu zehn Jahre später, im April 1910, verfasste er in einem »Anfall von Schreibwut« eine Schrift, die er bereits einen Monat später unter dem Titel »Eine Kindheitserinnerung des Leonardo da Vinci« veröffentlichte. In dieser Studie gilt ihm da Vinci nicht nur »als einer der größten Männer der italienischen Renaissance«, sondern als einer der »Großen des Menschengeschlechts« überhaupt. Den Anstoß für die »Charakterstudie« des Universalgenies lieferte, wie Freud in einem Brief an C. G. Jung schrieb, einer seiner Patienten, der die gleiche Konstitution wie Leonardo, allerdings nicht dessen Genie zu haben schien. Freud stellte sich den Schöpfer der »Mona Lisa«, den Zeichner eines perfekt proportionierten Menschen und visionären Konstrukteurs von Flugapparaten geradezu idealtypisch und ein wenig überhöht vor: »Er war groß und ebenmäßig gewachsen, von vollendeter Schönheit des Gesichts und von ungewöhnlicher Körperkraft, bezaubernd in den Formen seines

Umgangs, ein Meister der Rede, heiter und liebenswürdig gegen alle; er liebte die Schönheit auch an den Dingen, die ihn umgaben, trug gern prunkvolle Gewänder und schätzte jede Verfeinerung der Lebensführung.« Dergleichen Vorstellungen hatte er aus der Lektüre zahlreicher Monographien und Handbücher gewonnen, die er sich gleich nach seiner Rückkehr aus Mailand im heimischen Wien besorgte oder aus Italien kommen ließ, wie das von ihm gründlich studierte Buch von Nino Scognamiglio über »Leonardos Kindheit«, das er im Original las und aus dem er reichlich – ebenfalls in der Originalsprache – zitierte.

Als Freud 1906 auf eine Anfrage seines Verlegers Hugo Heller nach einer Liste von »zehn guten Büchern« antwortete, nannte er neben Gottfried Keller und Conrad Ferdinand Meyer, Anatol France und Émile Zola, Rudyard Kipling und Mark Twain auch einen Roman über Leonardo von Dmitri Mereschkowski, dem russischen Schriftsteller aus St. Petersburg, den man in Stockholm sogar für den Literaturnobelpreis nominiert hatte. Freud schätzte den Autor sehr, weit über sein Leonardo-Buch hinaus, wie es übrigens auch Thomas Mann tat, der starke Sympathien für den von der Oktoberrevolution ins Pariser Exil Getriebenen hegte.

Freud war nach eigenem Bekenntnis der Anziehungskraft des rätselhaften Leonardo erlegen und zitierte zustimmend Jacob Burckhardts bewundernde Einschätzung des »allseitigen Genies, dessen Umrisse man nur ahnen kann – nie ergründen«. Mit großer Sorgfalt machte er sich an die Arbeit, um mit den Mitteln der Psychoanalyse vielleicht nicht gleich sein ganzes Geheimnis zu lüften, wohl aber einen Beitrag zu seiner Entschlüsselung zu leisten. Die Vorarbeiten bereiteten ihm erkennbar ein köstliches Vergnügen, für das er keine Mühe scheute. Nur um im Louvre einen Blick auf das Bild »Die heilige Anna Selbdritt« von Leonardo zu werfen, unterbrach er einmal auf dem Weg von seinem holländischen Urlaubsquartier nach Sizilien eigens in Paris die Reise für ein paar Stunden, obgleich er mit dem Kunsttempel in der französischen Metropole und dem, was dort von Leonardo zu bestaunen war, aus seiner Pariser Zeit bei Professor Charcot vom Oktober 1885 bis zum Februar 1886 bestens vertraut war.

Freunden und engen Mitarbeitern beschied er während der Niederschrift des Buches, dass er derzeit leider keine langen Briefe schreiben könne, weil seine Gedanken bei seinem »erlauchten Objekt« seien, an dem er »kiefle«, wie man in Österreich sagt, wenn jemand an etwas herumnagt. Mit dem Ergebnis seiner Studie war Freud am Ende hochzufrieden. »Dieser Leonardo«, schrieb er später an seine Göttinger Kollegin Lou Andreas-Salomé, war »das einzig Schöne, das ich je geschrieben.« Ein Urteil, das der engere Kollegenkreis gerne bestätigte. Sein Mitstreiter Karl Abraham befand, dass er dieser Schrift »nichts an die Seite zu stellen« wisse. Geradezu hymnisch äußerte sich C. G. Jung: »Leonardo ist wunderbar.« Erfreut quittierte der Autor: »Den Genossen scheint der L zu gefallen.«

Seinen Lesern hatte Freud bereits im Vorwort versichert, dass er keinen psychoanalytischen Roman habe schreiben wollen. Ihm sei es darum gegangen, die ungewöhnlichen Züge und anscheinenden Widersprüche in Leonardos Charakter sowie dessen seelische und intellektuelle Entwicklung nachzuzeichnen – gewonnen aus einem Erlebnis des erwachsenen Mannes, nämlich der Arbeit an der »Mona Lisa« mit ihrem berückenden rätselhaften Lächeln, und einer sexuellen »Kindheitserinnerung«, die in Wirklichkeit eine Phantasie war. Leonardo war als uneheliches Kind zur Welt gekommen, gemieden vom Vater, unglücklich und einsam aufgezogen von der mittellosen Mutter, ehe er Aufnahme im Haus seines Großvaters fand. Das Zwiespältige im Verhältnis zur Mutter glaubte Freud letztlich im Lächeln der Mona Lisa wiedergefunden zu haben. Auch eine passive homosexuelle Orientierung ordnete Freud der intensiven und übermäßig verlängerten ödipalen Liebe zur Mutter und der Identifizierung Leonardos mit der Mutter zu. Seine geniale künstlerische Arbeit, so lautete eine der Freud'schen Pointen, erkläre sich letztlich als Ersatz für sexuelle Praxis, psychoanalytisch ausgedrückt, als Sublimierung seiner Libido. Dass diese Interpretation letztlich auf einem Übersetzungsfehler bei der Rekonstruktion besagter Kindheitserinnerung beruhte, wie die Freud-Forschung schließlich herausfand, sei hier nur am Rande erwähnt. Von wenigen fragmentarischen Versuchen abgesehen, wie etwa zu Conrad Ferdinand Meyers Novelle »Die Richterin«, hatte Freud bis dahin keine ausführliche Untersuchung einer Künstlerbiographie mit den Mitteln der Psychoanalyse unternommen. Die Leonardo-Studie sollte einer seiner wenigen Ausflüge in diese Welt bleiben.

Aquileja: Römerfund im Misthaufen

1898 ist das Jahr, in dem Freud neben seiner psychoanalytischen Praxis intensiv an der »Traumdeutung« arbeitet, zu deren Veröffentlichung er sich Ende Mai 1899 endgültig entschließt. Es ist eine anstrengende Zeit und ein Pensum von zwölf bis vierzehn Stunden die Regel. Nichtsdestoweniger verfolgt er mit großem Interesse den Hochverratsprozess gegen Alfred Dreyfus, der am 23. Februar mit der Höchststrafe für den Angeklagten endet. Einer von Freuds Lieblingsautoren, Émile Zola, hatte am 13. Januar auf der Titelseite der Tageszeitung »L'Aurore« einen offenen Brief unter dem Titel »J'accuse – Ich klage an« an den Staatspräsidenten Félix Faure veröffentlicht, in dem er den Justizskandal in der Sache Dreyfus anprangerte und den Generalstab, den militärischen Geheimdienst und den Kriegsminister bezichtigte, Gutachten manipuliert und Beweismittel gefälscht zu haben. Dieses öffentliche Engagement gefiel Freud außerordentlich, und er schrieb prompt: »Der brave Kerl, das wär' einer, mit dem man sich verständigen könnte.«

Am 1. Februar 1898 ist Mark Twain in der Stadt. Im Bösendorfer Saal, benannt nach dem Wiener Klavierbauer von Weltruf, hält der Klassiker des Abenteuerromans einen Vortrag, und Freud sitzt im Auditorium. Er habe sich die Zeit genommen, so in einem Brief an Wilhelm Fließ, »unseren alten Freund Mark Twain leibhaftig zu hören, was ein großer Genuß war«. Dreißig Jahre später, im »Unbehagen in der Kultur«, erinnert sich Freud ein weiteres Mal an den Wiener Auftritt des amerikanischen Schriftstellers, der spätestens seit dem »Bummel durch Europa«, einem satirischen Bericht über eine Reise durch Deutschland und Italien, auch einem breiteren Publikum bekannt war. An besagter Stelle diskutiert Freud die Frage, warum ein Sünder, der seine Sündhaftigkeit erkannt hat, sich Enthaltung auferlegt und durch Bußen bestraft: »Diese Förderung der Moral durch Missgeschick behandelt Mark Twain in einer köstlichen kleinen Geschichte: ›The First Melon I Ever Stole‹. Diese erste Melone ist zufällig unreif. Ich hörte Mark Twain diese kleine Geschichte selbst vortragen. Nachdem er ihren Titel ausgesprochen hatte, hielt er inne und fragte sich wie zweifelnd: ›Was it the first?‹ Damit hatte er alles gesagt.«

Bevor es im Sommer erst in den Familienurlaub geht und Freud mit Alexander neue Ziele ansteuert, gönnt er sich vom 8. bis 11. April 1898 eine kurze Osterreise nach Aquileja und Grado im Friaul und besichtigt anschließend die Rudolfshöhle und die Höhlen von St. Kanzian. »Grantig«, schreibt er an Fließ, sei er losgefahren, aber erfrischt aus »italienischen Landen« zurückgekommen, obwohl er doch nur vier, noch dazu anstrengende Tage unterwegs war. Aquileja, das bis zum Ende des Ersten Weltkriegs zu Österreich-Ungarn gehörte und das Freud womöglich noch aus dem Lateinunterricht als Ausgangsbasis und Winterlager Cäsars während des Gallischen Krieges geläufig war, hat für ihn nicht viel zu bieten: »Ein kleiner Misthaufen.« Immerhin verfügt die Stadt, in der nach der Überlieferung der Evangelist Markus den neuen Glauben verkündete, über ein Museum mit einem gehörigen Vorrat an Römerfunden: Amphoren, Göttermedaillons vom Amphitheater, Statuen, Bronzen und Schmuck, wie er zufrieden feststellt. Eine »Venus, die sich von dem eben geborenen Kinde unwillig abwendet«, mehr noch die Darstellung eines Priapus, Sohn des Dionysos und der Aphrodite, erregen seine Aufmerksamkeit. Der Gott der Fruchtbarkeit erscheint hier nämlich als alter Mann, dessen Scham verhüllt ist und der sich dem Trunk ergeben hat, was Freud zu einer Überlegung anregt, die er dem Kollegen Fließ in Berlin umgehend zukommen lässt: »Der Priapus war die festgehaltene Erektion, die Wunscherfüllung als Gegensatz der psychischen Impotenz.« Die nächsten Stunden dienen wieder der Erholung: Freud und sein Bruder besteigen in Aquileja einen Dampfer, der sie durch die »ödesten Lagunen« nach Grado an der Adria bringt, bei köstlichem Istrianerwein, den sie neben anderen Vorräten vorsichtshalber mit an Bord genommen haben.

Zurück in der alten Römerstadt, begeben sich unsere Reisenden noch kurz zur Basilika Santa Maria Assunta, wo »gerade mehrere hundert der schönsten Friauler Mädchen zur Feiertagsmesse versammelt« sind, weshalb die Pracht des alten romanischen Gotteshauses nicht näher in Augenschein genommen werden kann. Für das Besuchsprogramm des eigentlichen Osterwochenendes sind die Höhlen bei Divača auf dem Karst vorgesehen, worüber Freud einen seiner längsten Reisebriefe überhaupt schreibt, der ihn zugleich von seiner heitersten und humorvollen Seite zeigt. Die »Rudolfshöhle«, notiert er, ist »angefüllt mit allerlei seltsamen Tropfsteinbildungen, Riesenschachtelhalmen, Baumkuchen, Stoßzähnen von unten, Vorhängen, Maiskolben, faltenschweren Zelten, Schinken und Geflügel von oben herabhängend«. Ihm präsentiert sich eine Unterwelt und ein unterirdisches System aus Verweisen und Symbolen, ganz wie beim Unbewussten selbst. »Das Merkwürdigste«, so Freud weiter, »war unser Führer, im schweren Alkoholdusel, aber ganz sicher und humoristisch belebt.« Der Mann »war der Entdecker der Höhle selbst, ein verkommenes Genie«, mit ebenso dunklen wie heiteren Einsichten in das Wesen seiner Seele: »Als er äußerte, daß er schon in 36 Löchern im Karst gewesen, erkannte ich ihn als Neurotiker und sein Konquistadorentum als erotisches Äquivalent. Er gab wenige Minuten später die Bestätigung, denn als Alexander ihn fragte, wie weit man in der Höhle kommen kann, antwortete er: Es ist wie bei einer Jungfrau; je weiter man kommt, desto schöner ist es.« Freud steckte dem »größten Lumpen von Divaça« ein ordentliches Trinkgeld zu, »damit er sich schneller aus dem Leben trinken kann«.

In der »Traumdeutung« wird Freud seinen »Traum vom Schloss am Meere«, wie er schreibt, der »erschöpfendsten Analyse« unterziehen. Die Örtlichkeiten der eigenen Traumgedanken waren offenkundig aus mehreren Reisen nach Venedig und an die Adria zusammengesetzt: »Eine kurze, aber genußreiche Osterfahrt nach Aquileja mit meinem Bruder, wenige Wochen vor dem Traume, war mir noch in frischer Erinnerung.« Die Analyse habe ihm gezeigt, dass noch die düstersten Traumgedanken von heitersten Reminiszenzen erfüllt sein können.

Am Schreibtisch: Das Geheimnis der Träume

Am 4. November 1899 erscheint Freuds psychoanalytisches Hauptwerk, die »Traumdeutung«, in einer Auflage von sechshundert Exemplaren bei Franz Deuticke in Wien und Leipzig, dessen Erscheinungsjahr sein Verleger aus Marketingerwägungen später auf 1900 vordatierte. Das ganze Jahr über hatte Freud mit Hochdruck an dem Buch gearbeitet, weswegen eine Bildungsreise schlichtweg ins Wasser fiel und lediglich Zeit für einige wenige Urlaubstage in Berchtesgaden blieb, von denen etliche auch noch im Regen versanken: »So hat der schöne Sommer ein garstiges Nachspiel gehabt.« Ein bisschen Italien, schreibt er an Wilhelm Fließ nach Berlin, täte jetzt gut: »Aber das wird wohl nicht werden.«

Noch im September empfand er den Schreibprozess am Traumbuch als »große Quälerei« und fürchtete während des Korrekturlesens sogar, man könne es dem Buch anmerken. Seiner vorauseilenden Enttäuschung begegnete er mit einem Witz, den er als regelmäßiger Leser des satirischen »Simplicissimus« aufgeschnappt hatte: »Gespräch zwischen zwei militärischen Kameraden: ›Nun, Herr Kamerad, haben sie sich verlobt, Braut wohl reizend, schön, geistreich, anmutig?‹ – ›Jeschmacksache, mir jefällt sie nich.‹ Das ist ganz mein Fall jetzt.«

Und dann gab es auch noch Ärger mit dem Motto des Buchs. Fließ hatte einen Vers aus dem siebenten Buch der »Aeneis« von Vergil vorgeschlagen: »Flectere si nequeo superos, Acheronta movebo« (»Wenn ich die Götter nicht in Bewegung bringen kann, werde ich die Unterwelt aufwühlen«). Mit guten Gründen, denn seiner Ansicht nach fasse der Satz in gebotener Kürze die Hauptthese der »Traumdeutung« zusammen: dass nämlich die Wunschregung, die von »oberen Instanzen« zurückgewiesen wird, die »seelische Unterwelt in Bewegung setzt, um sich zur Geltung zu bringen«. Freud selbst bevorzugte zwei Goethe-Zeilen aus dem »Faust«: »Ihr naht euch wieder, schwankende Gestalten, / Die früh sich einst dem trüben Blick gezeigt«, die in der »Zueignung« dem Drama vorangestellt sind. Am Ende folgte er dem Ratschlag des Freundes.

Dem Schicksal des Buches sah Freud mit »resignierter Spannung« entgegen. Er fürchtete einen entrüsteten Aufschrei und das Hereinbrechen eines wahren Gewitters über ihn und den »Stuß«, den er geschrieben habe. Die ersten verständnislosen Reaktionen schienen seine schlimmsten Befürchtungen zunächst zu bestätigen. Am Ende kam es bekanntlich ganz anders. Wenn nach Kurt R. Eissler das 20. Jahrhundert als das Säkulum Freuds in die Geschichte einging, dann nicht zuletzt dieses Buches wegen. Es zählt bis auf den heutigen Tag zu den meistgelesenen und einflussreichsten Büchern überhaupt. Der Traum wurde spektakulär entmystifiziert.

Freuds Deutung erwies sich als der Königsweg zu einem bis dahin unaufgeklärten und sogar für unaufklärbar gehaltenen Bereich: dem Unbewussten. In den Worten Freuds: »Die Traumdeutung aber ist die Via regia [der Königsweg] zur Kenntnis des Unbewussten im Seelenleben.« Den Irrtum, »daß uns das geläufige Vergessene einer Zerstörung der Gedächtnisspur, also eine Vernichtung bedeutet«, glaubte Freud mit seiner epochemachenden Schrift überwunden zu haben. Er nahm an, dass im Seelenleben nichts von dem, was einmal gebildet wurde, untergehe und es unter geeigneten Umständen wieder zum Vorschein gebracht werden könne. Nicht zuletzt die Eleganz der

Beweise, die souveräne Leichtigkeit der Argumentation und die ausgewählt literarischen Anspielungen von Sophokles bis Shakespeare, von Goethe bis Heine und von Mozart bis Offenbach brachten einige seiner Bewunderer auf die Idee, ihn für den Nobelpreis vorzuschlagen. Dafür machten sich unter anderen Alfred Döblin und Jakob Wassermann, Bertrand Russell und Knut Hamsun stark. Auch Thomas Mann stellte seine Unterstützung in Aussicht, knüpfte sein Engagement für Freud jedoch an die Vorgabe, dass es sich um den Medizin-Nobelpreis handeln müsse. Albert Einstein mochte sich »bei aller Bewunderung für die geniale Leistung von Freud« nicht entschließen, der Initiative des Schweizer Psychoanalytikers Heinrich Meng zur Nominierung Freuds für den Nobelpreis beizutreten, und gab zu bedenken, »daß es fraglich erscheint, ob die Leistung eines Psychologen wie Freud in den Bereich des Nobel-Preises für Medizin fällt, der doch wohl allein in Betracht gezogen werden kann«. Am guten Einvernehmen der beiden Gelehrten änderte die Zurückhaltung Einsteins nichts. Nach ihrer ersten persönlichen Begegnung Weihnachten 1926 in der Berliner Wohnung seines Sohns Ernst schrieb Freud noch am selben Abend an seine Tochter Anna nach Wien: »Einstein war sehr interessant, heiter, glücklich, wir haben 2 St gesprochen, auch diskutiert, mehr über Analyse als über Relativ.[itätstheorie]. Er sieht älter aus, als ich erwartet.« Und in einem Brief an den Kollegen Sándor Ferenczi erinnert er sich ebenso freundlich: »Er ist heiter, sicher und liebenswürdig, versteht von Psychologie soviel wie ich von Physik, und so haben wir uns sehr gut gesprochen.« Insgesamt wurde Freud zwölfmal für den Nobelpreis nominiert, und noch jedes Mal wurde ihm die begehrte Stockholmer Auszeichnung verwehrt.

Dass auch ein halbes Jahr nach Erscheinen der »Traumdeutung« die von ihm erhoffte Anerkennung der Fachwelt ausblieb, kränkte ihn spürbar. Den Enttäuschungen begegnete er mit beißender Ironie: »Das Wohlgefallen der Menschen am Traumbuch beginnt mich kaltzulassen.« Nicht so ganz, denn an den Vertrauten Wilhelm Fließ schreibt er, dass man ihn »auf dem Gipfel der Erschöpfung und übelen Laune sehen« könne. Abgesehen davon: Es gab mindestens so viele zustimmende Besprechungen der »Traumdeutung« wie ablehnende. Freud unterschlug sie, aus welchen Gründen auch immer.

Erneut ist es eine Reise, zunächst mit Martha durch Südtirol und dann allein nach Venedig, die ihn schon auf der Hinfahrt allen Ärger vergessen macht und wieder munter stimmt: »Die Sonne war im Trentino sehr liebenswürdig, keineswegs so unerträglich wie in Wien.« Nach einer »Schwelgerei ohne Reue und Trübung« sei er jedenfalls wieder »unverschämt fidel«. Die Gründe sind leicht auszumachen, wie er seine Frau in Wien wissen lässt. Sein Herz schlage eben nach dem Süden, »nach Feigen, Kastanien, Lorbeer, Zypressen, Häuser[n] mit Balkonen, Antiquaren udgl«. Kurz bevor er die Heimreise antritt, verkündet er den in der Berggasse Zurückgebliebenen: »Ich bin sehr frisch u fesch u eigentlich noch immer nicht ferienmüde.«

In seinem Hauptwerk hatte Freud eine Reihe von Träumen mitgeteilt, denen nach eigener Feststellung »die Sehnsucht, nach Rom zu kommen«, zugrunde lag. Die Bemerkung, dass er die römische Kapitale mit Rücksicht auf seine Gesundheit vorerst noch meiden müsse, war mehr als bloß ein Vorwand. Im Traum setzt sich sein Zug Richtung Rom bereits in Bewegung, und vom Coupéfenster aus ziehen der Tiber und die Engelsbrücke an ihm vorüber. Bevor er die Stadt am 2. September 1901 zum ersten Mal betritt, wird noch ein langes Jahr vergehen. Doch das ist ein eigenes Kapitel.

Venedig: Trümmerhaufen hinter Bretterzäunen

Wir überspringen also zwölf Monate, in denen Freud den späteren Verkaufsschlager »Die Psychopathologie des Alltagslebens« verfasst, und sehen ihn im Sommer 1902 auf einem ersten Höhepunkt seiner beruflichen Karriere angekommen. Nach zahlreichen vergeblichen Anläufen war er nämlich durch Kaiser Franz Joseph I. endlich zum

8 Kurz nach dem Einsturz des Campanile auf dem Markusplatz am 14. Juli 1902 besuchte Freud die Lagunenstadt und blickte vom Caffè Quadri auf den Trümmerhaufen.

außerordentlichen Professor ernannt worden. Wie zur eigenen Belohnung bricht er mit seinem Bruder Ende August zu der bis dahin größten Reise in das »gelobte Land« auf, nachdem er zuvor einige Wochen mit der Familie am Königssee bei Berchtesgaden in der »Villa Sonnenfels« verbracht hatte. Selbst der kulinarische Kontrast zu dem, was ihn jenseits der Alpen erwartet, könnte nicht größer sein. Vor der Abreise vermerkt er mit spöttischem Unterton in den »letzten Grüßen aus Bayern«, die er nach Hause schickt, dass ihm in Rosenheim »Kalbsschlegelbraten mit Kartoffeln« vorgesetzt worden sei. Während es in Bozen, das sie im Schlafwagen passieren, regnet, klart es wie auf Bestellung kurz hinter der italienischen Grenze auf, und es herrscht buchstäblich eitel Sonnenschein. Passend dazu und als ob es vorausgesagt wäre, hat sich Freud »elegant gemacht«, wie er an Schwägerin Minna schreibt.

Am frühen Nachmittag des 28. August, Goethes Geburtstag, erreicht das Bruderpaar nun schon zum dritten Mal das ersehnte Venedig. Allerdings ist der Anblick, der sich ihnen vom Caffè Quadri aus bietet, einigermaßen niederschmetternd. Was sie vor sich sehen, ist der »Trümmerhaufen des Campanile hinter Bretterzäunen«. Wenige Wochen zuvor, am 14. Juli kurz vor zehn Uhr, war der Markusturm mit einem ohrenbetäubenden Knall in sich zusammengesunken. Auf der Turmspitze hatte Anfang des 17. Jahrhunderts Galileo Galilei sein selbst entwickeltes Fernrohr erprobt und Goethe aus der Höhe zum ersten Mal das Mittelmeer erblickt. Weltweit ist die Bestürzung über den Verlust des markanten Glockenturms groß. Drei Tage später, am 17. Juli 1902, berichtet die »Neue Zürcher Zeitung« auf ihrer Titelseite ausführlich über diese Katastrophe: »Das weithin über Land und Meer leuchtende Wahrzeichen Venedigs, das seit mehr als einem Jahrtausend das unvergleichliche Stadtbild beherrschte, ist verschwunden, ein wirrer Trümmerhaufen bezeichnet heute die Stätte, wo es sich erhoben.« Dazu druckt das Blatt zum ersten Mal in seiner Geschichte ein Foto, das rasch als Postkarte erhältlich ist und umgehend von Freud gekauft wird. Es war ein Unglück mit Ansage, wie die Londoner »Times« in einer Reportage vermeldet. Bereits Anfang Juli war nämlich in einer Mauerecke des »Campanile di San Marco« ein kleiner Spalt entdeckt worden, der Schlimmes erahnen ließ, woraufhin zunächst der Turm und dann der ganze Markusplatz gesperrt wurde, den alsbald ein riesiger Schuttberg bedeckte. Ein Wunder dennoch, dass niemand von herabstürzenden Mauerteilen getroffen wurde. Vor dem Haupteingang zum Markusdom ging der goldene Engel Gabriel, der Schutzpatron der Serenissima, nieder, ungefähr dort, wo die beiden Venedig-Reisenden im Kaffeehaus Platz genommen hatten. So sehr scheint Freud das Unglück nicht beeindruckt zu haben. An Minna schreibt er in einem Anflug von Sarkasmus: »Die Kirche ist schöner denn je, wie eine junge Witwe nach dem Tod des Herrn Gemahl.«

Nur noch einmal sollte sich Freud länger in Venedig aufhalten: Im März 1913 verbrachte er mit seiner jüngsten Tochter Anna eine Woche in der Stadt – Gondelfahrt und Ausflug auf den Lido inklusive. Genauso konstant wie das Besuchsprogramm bleibt sein jeweiliges Fazit: »Venedig war unglaublich schön.«

KAPITEL FÜNF

Alle Wege führen nach Rom

Ein Höhepunkt des Lebens

»Nun sollte ich Dir über Rom schreiben; es ist schwer. Es war auch für mich überwältigend und die Erfüllung eines, wie Du weißt, lange gehegten Wunsches. Wie solche Erfüllungen sind, etwas verkümmert, wenn man zu lange auf sie gewartet hat, aber doch: ein Höhepunkt des Lebens.« Das schreibt Freud am 19. September 1901 aus der Wiener Berggasse an den »teuren Wilhelm«, seinen langjährigen Vertrauten Wilhelm Fließ in Berlin, genau eine Woche nach Rückkehr von seiner ersten Rom-Visite. Vorbei die rauschhaft schönen Tage am Tiber, denen er seit seiner Jugend so sehnsüchtig entgegengefiebert hatte – wie einst auch Goethe, der sogar von einer Art Krankheit sprach, die erst durch den Anblick der Ewigen Stadt kuriert werden könne. »Die Begierde, nach Rom zu kommen, war so groß, wuchs so sehr mit jedem Augenblicke«, heißt es in der »Italienischen Reise«, »daß kein Bleiben mehr war [...]. Nun bin ich hier und ruhig und, wie es scheint, auf mein ganzes Leben beruhigt.« Bei Freud lagen die Dinge ganz ähnlich. Ein halbes Leben lang hatte er davon geträumt, irgendwann auch unter der Porta del Popolo zu stehen, dem nördlichen Stadttor, das seit Jahrhunderten noch alle Rom-Pilger durchschreiten mussten, »um Rom zu haben«, wie Goethe das nannte. Selbst Luther als Frater Martinus soll dort im Winter 1510 oder 1511 bewegt auf die Knie gefallen sein und ausgerufen haben: »Sei gegrüßt, heiliges Rom, Stadt der Märtyrer!« Es dauerte allerdings nicht lange, da galt dem entlaufenen Augustinermönch in den

»Tischgesprächen« die Kapitale des Katholizismus nur noch als »Hure Babylons« und die Stadt als einziger Sündenpfuhl. Anders als Luther, Goethe und ungezählte Rom-Pilger nach ihnen betrat Freud die Stadt nicht an der Porta del Popolo: Er reiste mit der Eisenbahn und setzte am Montag, dem 2. September 1901, gegen vierzehn Uhr am Bahnhof Termini direkt an der Piazza delle Terme erstmals seinen Fuß auf römischen Boden, genau dort, wo einst auf dem Esquilin die Diokletiansthermen als größte Bäderanlage der Antike betrieben worden waren, denen der 1867 errichtete Kopfbahnhof seinen Namen verdankte.

»Die Sehnsucht, nach Rom zu kommen«, war bei Freud mindestens ebenso stark ausgeprägt wie bei Goethe, den er in der »Traumdeutung« abwechselnd mit den Adjektiven »unsterblich« und »glorreich« versah. Leben und Werk des Jahrhundertgenies waren ihm bestens vertraut, was neben zahlreichen Zitaten, die er kenntnisreich in seine Texte einfließen ließ, auch die detailverliebte Miniatur »Eine Kindheitserinnerung aus ›Dichtung und Wahrheit‹« belegt, in deren Zentrum Goethes komplizierte Geschwisterbeziehungen standen, die im doppelten Sinne des Wortes auch Freud nicht fremd waren. Als er 1906 von den Wiener »Neuen Blättern für Literatur und Kunst«, wie bereits erwähnt, nach »zehn guten Büchern« gefragt wurde, kam ihm dieses Ansinnen rätselhaft vor, und er teilte der Redaktion mit, viel besser sei es gewesen, man hätte ihn nach »den großartigsten Werken der Weltliteratur« gefragt. Dann hätte seine Antwort gelautet: »Homer, des Sophlokes Tragödien, Goethes Faust, Shakespeares Hamlet, Macbeth und so weiter«. Seinem Schüler Ferenczi war bei der Lektüre einiger Goethe-Briefe, wie er an den »lieben Herrn Professor« schrieb, »eine bis in die Einzelheiten gehende Übereinstimmung zwischen Goethes und Ihrer Denk- und Arbeitsweise, Interessen, Weltanschauung, Gemütsart« aufgefallen. Und als Freud diesen Vergleich postwendend ablehnte, legte Ferenczi nach und konstatierte eine in der Tat nicht zu übersehende Übereinstimmung: »die große Bedeutung Italiens in beider Entwicklungsgang;

der Sinn für Archäologie (bei Goethe für Paläontologie, bei Ihnen mehr für antike Geschichte und Kunst (in neuester Zeit auch für die ›Phylogenese‹)«. Freud antwortet, das sei nun wirklich zu viel der Ehre: »Ich kenne keine Ähnlichkeit mit dem von Ihnen zitierten großen Herrn«, und setzt hinzu: »nicht infolge von Bescheidenheit«. Dem Satz Ferenczis, dass Goethe von »allen großen Männern« der einzige sei, der sich den Einsichten der Psychoanalyse nicht verschlossen hätte, widersprach Freud ausdrücklich nicht. Im Gegenteil: Diesen Hinweis bestätigte er 1930 in seiner Dankrede zur Verleihung des Frankfurter Goethepreises, die Tochter Anna in Vertretung ihres gebrechlich gewordenen Vaters zu dessen großer Zufriedenheit vortrug: »Ich denke, Goethe hätte nicht, wie so viele unserer Zeitgenossen, die Psychoanalyse unfreundlichen Sinnes abgelehnt. Er war ihr selbst in manchen Stücken nahegekommen, hatte in eigener Einsicht vieles erkannt, was wir seither bestätigen konnten, und manche Auffassungen, die uns Kritik und Spott eingetragen haben, werden von ihm wie selbstverständlich vertreten.«

Eine weitere frappante Parallele der beiden Rom-Enthusiasten: Goethe und Freud benötigten mehrere Anläufe, um endlich ans Ziel ihrer Träume zu gelangen. 1775, als Autor des »Werther« über Nacht zur europäischen Berühmtheit aufgestiegen, war der angehende Staatsminister bereits auf dem Weg in den Süden und ärgerte sich mächtig, dass die Kutsche, die ihn zunächst nach Weimar bringen sollte, nicht rechtzeitig eingetroffen war, weswegen die Reise vorzeitig in Heidelberg endete. Vier Jahre später wäre er zu gerne von einem Schweizer Aufenthalt gleich weiter nach Rom gereist, was sich ebenfalls zerschlug. Am 29. Oktober 1786 hatte er es dann endlich geschafft: Goethe stand unter der Porta del Popolo! Sein Eintreffen in Rom feierte er überschwänglich als »zweyten Geburtstag«, ja sogar als seine »wahre Wiedergeburt«. Jedenfalls waren alle Träume seiner Jugend Wirklichkeit geworden und »nun lebendig«. Bei Freud liest es sich so: »In Rom eingetroffen, um 3 h nach Bad umgekleidet u Römer geworden […]. Unbegreiflich, dass wir nicht Jahre früher gekommen sind«, um dann gemeinsam mit seinem Bruder Alexander für die nächsten zwölf Tage in einen wahren »Nebel des Entzückens« einzutauchen.

Neurotische Rom-Sehnsucht

Warum, so fragt man sich, verging mehr als eine Dekade, bis der damals fünfundvierzigjährige Freud die »schönste u ewigste Stadt« erstmalig besuchte, von der er im wirklichen wie im übertragenen Sinne seit seiner Jugend so intensiv geträumt hatte? Was war der Grund für sein sonderbares Zögern? Die denkbar knappste Antwort hat Freud dem engsten Vertrauten und Freund jener Jahre gegeben. In einem Brief an Wilhelm Fließ vom Dezember 1897 berichtet er zunächst von einem seiner zahlreichen Rom-Träume, in denen er mal wieder durch die Straßen der Stadt spazieren gegangen sei und sich über die große Anzahl deutscher Straßen- und Geschäftstafeln gewundert habe. Aufgewacht, habe er gespürt, dass der Traum seinen Wunsch erfüllt habe, einmal nach Rom zu kommen. Und dann heißt es ziemlich unvermittelt: »Meine Rom-Sehnsucht ist übrigens tief neurotisch.« Was es damit auf sich hat, ist eine längere Geschichte, die einen tiefen Einblick in das Innere des Mannes gewährt, der an der Wende vom 19. zum 20. Jahrhundert die Schlüssel zum Verständnis der menschlichen Psyche lieferte, in der sich Triebe und Wünsche in unlogischen Assoziationen und widerspruchsvollen Bildfolgen bemerkbar machen können.

Im Spätsommer 1897 hatte Freud in Begleitung seines Bruders und seines Schülers Felix Gattel eine dreiwöchige Toskana-Fahrt unternommen, die ihn bis nach Orvieto am nahe gelegenen Lago di Trasimeno führte, von wo aus er bequem in etwa einer Stunde das achtzig Kilometer entfernte Rom mit der Eisenbahn hätte erreichen können. Dass er es nicht tat und kurz vor dem Ziel »schmerzlich bewegt« umkehrte, so wie auch bei den anderen Italien-Reisen zwischen 1895 und 1900, erklärte Freud weit ausholend in der »Traumdeutung« mit Jugendeindrücken, die ihn daran gehindert hätten, nach Rom aufzubrechen. Im Zentrum stand der karthagische Feldherr Hannibal, der nach legendärer Alpenüberquerung im Zweiten Punischen Krieg die Römer 216 v. Chr. bei Cannae vernichtend geschlagen hatte, doch am Trasimenischen See leichtfertig die Chance verstreichen ließ, durch die Einnahme Roms dem Imperium den Todesstoß zu versetzen. »Ich war ja auf den Spuren Hannibals gewandelt; es war mir so wenig wie ihm beschieden, Rom zu sehen, und auch er war nach *Kampanien* gezogen, nachdem alle Welt in Rom ihn erwartet hatte. Hannibal, mit dem ich diese Ähnlichkeit erreicht hatte, war aber der Lieblingsheld meiner Gymnasialjahre gewesen; wie so viele in jenem Alter, hatte ich meine Sympathien während der punischen Kriege nicht den Römern, sondern dem Karthager zugewendet.« Die zunehmenden antisemitischen Schmähungen von Seiten der Schulkameraden verstärkten seine Sympathien für den Karthager: »Hannibal und Rom symbolisierten dem Jüngling den Gegensatz zwischen der Zähigkeit des Judentums und der Organisation der katholischen Kirche. Die Bedeutung, welche die antisemitische Bewegung seither für unser Gemütsleben gewonnen hat, verhalf dann den Gedanken und Empfindungen jener früheren Zeit zur Fixierung. So ist der Wunsch, nach Rom zu kommen, für das Traumleben zum Deckmantel und Symbol für mehrere andere heiß ersehnte Wünsche geworden, an deren Verwirklichung man mit der Ausdauer und Ausschließlichkeit des Puniers arbeiten möchte und deren Erfüllung zeitweilig vom Schicksal ebensowenig begünstigt scheint wie der Lebenswunsch Hannibals, in Rom einzuziehen.«

Die Erinnerung an Hannibal und die Konfrontation mit einer ersten antisemitischen Erfahrung rufen ihm ein weiteres Jugenderlebnis ins Gedächtnis, von dem er in der »Traumdeutung« berichtet: »Ich mochte zehn oder zwölf Jahre gewesen sein, als mein Vater begann, mich auf seine Spaziergänge mitzunehmen und mir in Gesprächen seine Ansichten über die Dinge dieser Welt zu eröffnen. So erzählte er mir einmal, um mir zu zeigen, in wieviel bessere Zeiten ich gekommen sei als er: Als ich ein junger Mensch war, bin ich in deinem Geburtsort am Samstag in der Straße spazierengegangen, schön gekleidet, mit einer neuen Pelzmütze auf dem Kopf. Da kommt ein Christ daher, haut mir mit einem Schlag die Mütze in den Kot und ruft dabei: Jud, herunter vom Trottoir! ›Und was hast du getan?‹ Ich bin auf den Fahrweg gegangen und habe die Mütze aufgehoben, war die gelassene Antwort.« Freud empfand die Demütigung auf offener Straße und das wenig heldenhafte Benehmen des Vaters, das so gar nicht seinem Bild vom großen starken Mann entsprach, empörend. Er flüchtet sich in eine Phantasie: »Ich stellte dieser Situation, die mich nicht befriedigte, eine andere gegenüber, die meinem Empfinden besser entsprach, die Szene, in welcher Hannibals Vater, Hamilkar Barkas, seinen Knaben vor dem Hausaltar schwören läßt, an den Römern Rache zu nehmen. Seitdem hatte Hannibal einen Platz in meinen Phantasien.«

Wie Hannibal das antike Rom nicht zu erobern vermochte, so erging es Freud mit dem katholisch-barocken Rom: »Während ich aber ganz und ungestört bei der Antike war, ist mir freier Genuß des zweiten Rom nicht möglich geworden, die Tendenz hat mich gestört, unfähig mein Elend und alles andere, von dem ich weiß, in Gedanken loszuwerden, habe ich die Lüge von der Erlösung der Menschheit, die so himmelragend ihr Haupt erhebt, nicht gut vertragen.« Religionen hielt Freud für einen »heiligen Wahnwitz, vermessene Versuche, die äußere Scheinwelt durch die innere Wunschwelt zu bewältigen«, und er blieb zeitlebens davon überzeugt, dass es zwischen Religion und Wissenschaft einen »unleugbaren Konflikt« gibt, bei dem sich nach seiner optimistischen Prognose langfristig die Vernunft durchsetzen werde. Wenig überraschend, dass seine eigene jüdische Trauung das einzige religiöse Ritual blieb, an dem er je teilnahm. Zum großen Kummer seiner aus einer jüdisch-orthodoxen Familie stammenden Frau durften in seinem Haushalt nicht einmal die Sabbatkerzen angezündet werden. Besuche der Synagoge waren nicht vorgesehen. Konsequenterweise bestimmte der Gottesleugner Freud sein

Lebensende selbst, ließ sich einäschern und in einer griechischen Amphore beisetzen – ein Unding für rechtgläubige Juden. Die Mechanismen der Religionen und ihrer Entstehung beschäftigten ihn noch einmal in seinem letzten großen Buch »Der Mann Moses und die monotheistische Religion«, das 1939 kurz vor seinem Tod im Londoner Exil erschien. In einem frühen Stadium der Manuskriptarbeiten, noch in Wien, schrieb der bekennende Atheist zum Motiv seiner Religionsstudie in einem Brief an Arnold Zweig: »Angesichts der neuen Verfolgungen fragt man sich wieder, wie der Jude geworden ist und warum er sich diesen unsterblichen Haß zugezogen hat.« Die Quelle für diesen Hass verortete Freud lange Zeit in der Stadt des Papstes, was seine heftige Abneigung gegen das christliche Rom als Zentrum des Antisemitismus maßgeblich begründete.

Ein Leben mit Arbeit und Genuss

Wie schon bei der Überwindung seiner generellen Reisephobie gelang es Freud auch diesmal durch Selbstanalyse seiner insgesamt vier Rom-Träume, wie in der »Traumdeutung« nachzulesen ist, alle Hindernisse aus der Welt zu schaffen, die ihm bis dahin den Einzug in die Stadt verwehrt hatten. Offensichtlich konnte er nun nach Rom reisen, »ohne es wie ein jüdischer Feldherr« einnehmen zu müssen.

Am Rande sei vermerkt, dass auch C. G. Jung, den Freud eine Weile als seinen psychoanalytischen Kronprinzen auserkoren hatte, sich der Stadt nicht gewachsen fühlte, weil er annahm, sie würde seine Aufnahmefähigkeit überfordern. Erst im fortgeschrittenen Alter von vierundsiebzig Jahren fasste er den Entschluss, endlich die Stätten der klassischen Antike aufzusuchen. Sein Respekt vor dem »noch rauchenden und glühenden Brandherd alter Kulturen, eingeschlossen in den Wurzelgeflechten des christlichen und abendländischen Mittelalters«, sei bis dahin einfach zu groß gewesen. »Dort war noch lebende Antike in ihrer ganzen Herrlichkeit und Ruchlosigkeit.« Als er schließlich das Zugticket in der Hand hielt, fiel er in Ohnmacht und legte den »Plan einer Romfahrt ein für allemal ad acta«.

Als schönste Folge seiner römischen Premiere im September 1901 konstatiert Freud, dass sich seine »Lust am Leben und Wirken etwas gesteigert, die am Martyrium etwas verringert« habe. Nicht zuletzt deswegen sei er doch noch ein »eifriger Rompilger« geworden. Insgesamt verbrachte er an diesem seinem Sehnsuchtsort siebenundfünfzig Tage. Auf dem Programm der ersten Rom-Visite vom 2. bis 14. September 1901 stand, was jeder Reisende gesehen haben musste: der Petersdom mit der Sixtina, die Vatikanischen Museen, der Palatin, das Pantheon und die Kirche San Pietro in Vincoli mit der berühmten Moses-Statue des Michelangelo. Um diese Sehenswürdigkeiten und all die anderen »Weltwunder« bequem erreichen zu können, waren Freud und Alexander dem Rat des Baedeker gefolgt, ein Hotel »mehr im Inneren der Stadt« zu wählen. Also quartierten sie sich im »Hotel Milano« an der Piazza Montecitorio 11 ein, vis-à-vis vom Palazzo di Montecitorio, der seit 1871 bis heute die italienische Abgeordnetenkammer beherbergt: »Schönes Zimmer im dritten Stock für 8 L (4 L die Person), electrisches Licht«, meldete Freud zufrieden am Tag der Ankunft nach Wien. Wenn er morgens sein Fenster zur Piazza hin öffnete, fiel sein Blick unvermeidlich auf einen sechsundzwanzig Meter hohen »Obelisken« aus dem 6. Jahrhundert v. Chr., den Kaiser Augustus in Ägypten erbeutet hatte und der nach seiner Zerstörung irgendwann im Mittelalter erst 1789 auf Initiative von Papst Pius VI. dort in restauriertem Zustand seinen endgültigen Platz gefunden hatte. Goethe, wie immer bestens im Bilde, hatte am 3. September 1787 in der »Italienischen Reise« festgehalten, und womöglich kannte Freud den Eintrag: »Diese Tage war ich einigemal bei dem großen Obelisk, der noch zerbrochen in einem Hofe liegt. Es war der Obelisk des Sesostris, in Rom zu Ehren des Augustus aufgerichtet, und stand als Zeiger der großen Sonnenuhr, die auf dem Boden des Campus Martius gezeichnet war. Dieses älteste und herrlichste vieler Monumente liegt nun da zerbrochen, einige Seiten (wahrscheinlich durchs Feuer) verunstaltet. [...] Ich lasse jetzt eine Sphinx der Spitze und die Gesichter von Sphinxen, Menschen, Vögeln abformen und in Gips gießen. Diese unschätzbaren Sachen muß man besitzen, besonders da man sagt, der Papst wolle ihn aufrichten lassen, da man denn die Hieroglyphen nicht mehr erreichen kann.« Nach einem heftigen Gewitter über der Stadt, das ihm so gut gefiel, »als hätte es Michelangelo gemacht«, notiert Freud am 5. September 1901: »Es krachte, als sollten wir versinken, dann Geschrei von der Straße, Glockengeläute, Feuerwehr. Die Blitze waren so schön, daß sich mir gewisse Hieroglyphen des Obelisken vor unserem Fenster tief eingeprägt haben. Man hätte wirklich lesen können, wenn nicht – wie der Bauer mit der Brill'« – wenn er denn eine Brille zur Hand gehabt hätte.

Das »Hotel Milano« wurde 1926 zum letzten Mal im Baedeker erwähnt, bevor es seine Pforten schloss und erst in den fünfziger Jahren unter dem Namen »Colonna Palace Hotel« wiedereröffnet wurde. Das Zimmer mit der Nummer 377 im dritten Stock kann nach wie vor gebucht werden, und mit ein wenig Glück kann der Gast von heute den gleichen Ausblick auf das Parlamentsgebäude und den Obelisken genießen wie seinerzeit Freud. Eine Empfehlung ist das derzeit unter der Hausnummer 12 geführte Vier-Sterne-Haus allemal.

Vom zentral gelegenen Hotel aus unternehmen Freud und sein Bruder zahlreiche Fahrten an weiter entfernte Ziele, wozu sie meist eine »carrozza aperta« benutzen, einen offenen Einspänner, wie er ihnen von Wien her geläufig war. Praktischerweise befand sich an der Piazza Colonna, beim Hotel gleich um die Ecke, eine Station, an der auch Autobusse der Linien 3 und 4 bereitstanden. Und so sieht man

9 Die Hieroglyphen des Obelisken auf der Piazza Montecitorio prägten sich Freud tief ein: Wann immer er sein Fenster im »Hotel Milano« öffnete, fiel sein Blick auf das von Augustus in Ägypten erbeutete Monument.

denn die beiden Herren in der Droschke für 2 Lire die Stunde mal auf dem Monte Pincio, »dem Praterberg von Rom, wo man Serpentinen zwischen Palmen hinauffährt u dann drüben St. Peter sieht«, mal auf einer Tour zur Via Appia Antica, der alten Gräberstraße außerhalb der Stadt: »Unglaublich packend, schön, stimmungsvoll u mühelos.« Die Tage vergehen wie im Fluge: »Es ist ein großartiges Leben mit Arbeit u Genuß, bei dem man sich u Anderes wirklich vergißt«, was sich auch daran ablesen lässt, dass Freud die sich selbst auferlegte Pflicht, täglich die Lieben daheim von seinen Reiseunternehmungen zu unterrichten, vernachlässigt: »Keine Zeit zu schreiben [...]. Beim Risotto habe ich endlich an Euch denken müssen.«

Das Besichtigungsprogramm, das die beiden absolvieren, hat es in sich. Die Stadt zu erkunden, wie Nietzsche es tat, immerhin ein Altphilologe, wäre Freud nicht einmal im Traum eingefallen. Der glühende Venedig-Liebhaber verspürte bei seinen Rom-Besuchen 1882 und 1883 nur wenig Neigung, die Meisterwerke der römischen Kunst und Architektur in Augenschein zu nehmen, und unternahm stattdessen lieber ausgedehnte Spaziergänge quer durch die Stadt der Foren, Tempel und Ruinen, die ihm jedoch kaum ein Wort wert waren. Zur Via Appia, die es Freud ganz besonders angetan hatte, fiel ihm lediglich das Aperçu ein: »Hin zur Unsterblichkeit!« Den Satz von Stendhal aus dessen »Römischen Spaziergängen«, dem zufolge man sein Hemd verkaufen müsse, um die Loggien von Raffael zu sehen und um sie wiederzusehen, wenn man sie gesehen habe, hätte Freud – anders als Nietzsche – sofort unterschrieben. Dem Philosophen des Willens und der Macht war der gesamte Vatikan mit seiner ekstatischen Frömmigkeit, waren all die geweihten »Düsterlinge und Blindschleichen«, die ihm ständig begegneten, die Prozessionsfahnen und heilandhaften Gesichter äußerst suspekt.

Diesen Teil des römischen Alltags, der Nietzsche so sehr auf die Nerven ging, konnte natürlich auch Freud nicht ausblenden. Hinweise darauf sucht man in seinen römischen Reisebriefen jedoch vergebens, was womöglich damit zusammenhing, dass ihm die katholische Welt zwischen Kreuzigung und Auferstehung seit Kindertagen wohlvertraut war. Dafür hatte sein Kindermädchen gesorgt. Die gläubige Frau trug den kleinen Sigmund in alle Kirchen Freibergs, machte ihn vertraut mit den weihrauchgeschwängerten Gottesdienstritualen und fütterte ihn mit frommen Geschichten. Das alles offenbar mit so viel Erfolg, dass der kleine Siggi – nach der Erinnerung der Mutter – daheim angefangen habe, zu predigen und zu erzählen, »wie der liebe Gott macht«. Nur einmal begibt sich Nietzsche in die »süssduftende Höhle« von San Pietro, doch nur weil ihm sein Freund Paul Rée in Aussicht gestellt hatte, dort eine junge Russin kennenzulernen, die später eine der bekanntesten Schülerinnen Freuds werden sollte: die damals noch unverheiratete Lou Salomé.

Trotz aller Vorbehalte gegen den heiligen Ort der katholischen Christenheit, die auch Freud empfand, pilgern er und sein Bruder regelmäßig zum Petersdom, steigen auf die Kuppel, von der sich ihnen ein traumhafter Blick auf die Stadt der sieben Hügel bietet: »Heute wieder die herrlichsten Sachen im Vatikan gesehen, von denen man wie im Rausch weggeht«, darunter selbstverständlich den Apoll vom Belvedere und die Laokoon-Gruppe. Er besichtigt das Pantheon, vor dem er sich »Jahre lang gefürchtet« habe, sucht das Grab Raffaels auf, dessen »Heilige Cäcilia« ihn in der Pinakothek von Bologna so sehr beeindruckt hatte und das er für dessen schönstes Bild überhaupt hielt. In einem wahren Parforceritt erkunden er und Bruder Alexander »das Herrlichste, was Kunst hervorgebracht hat«. Und das meiste davon steht auch noch unter freiem Himmel, wie Goethe einmal bemerkte: »unentgeltlich, wie zu den Sternen des Firmaments«. Einen Tag halten sie sich für den Palatin frei, den legendären Gründungsort der Stadt, auf dem Kaiser Augustus einst

Folgende Seiten:
10 »Nach dem Sehen angenehm müde.« Freud verbrachte ganze Tage auf dem Forum Romanum mit Studien zur neuesten Ausgrabungsgeschichte.

seine Residenz hatte errichten lassen. Zum Sonnenuntergang begeben sie sich am rechten Tiber-Ufer zum Garibaldi-Denkmal auf dem Gianicolo, der zwar nicht zu den sieben Hügeln Roms zählt, doch mit herrlicher Aussicht auf »La Grande Bellezza« und die fernen Abruzzen-Gipfel entschädigt. Zum Vergnügen unternehmen sie mit der Kleinbahn Ausflüge zu den Wasserfällen von Tivoli sowie in die Albaner Berge, das beliebte Sommerrefugium römischer Nobilitäten und erschöpfter Päpste, die seit dem 17. Jahrhundert vor der Hitze und dem Rummel der Stadt dorthin flüchteten. In bester Urlaubsstimmung lassen die beiden grüßen: »Es wäre ein köstlicher Anblick für die Kinder gewesen, zu sehen, wie wir zwei auf Eseln geritten sind, 3 St. lang.«

Wie so oft, wenn Freud vom geliebten Süden in den ungeliebten Norden zurückkehrt, trübt sich tatsächlich der Himmel grau ein, es regnet: »Scirocco, erdrückende Luft.« Ein letztes Mal, schon in Abschiedsstimmung, »die ja auch sein muß«, streift er durch das »Museo«, mutmaßlich das Nationalmuseum, und unternimmt einen Nachmittagsspaziergang. Am 12. September 1901 endet nach zwölf Tagen sein erster Rom-Besuch, dessen Bilanz beglückend ausfällt. »Ich war noch nie so wol.« Sein letzter Kartengruß an Martha endet mit dem Seufzer: »Es wird jetzt bald alles vorbei sein.« Da ging es ihm wie Goethe, der sich noch zwanzig Jahre nach der Rückkehr von seiner italienischen Reise erinnerte: »Aus Italien dem formreichen war ich in das gestaltlose Deutschland zurückgewiesen.«

Freuds zweite Visite am Tiber dauerte nur wenige Stunden. Auf dem Weg an den Golf von Neapel über Venedig, Bologna und Orvieto machen er und Alexander für eine Nacht Station in Rom. Am 31. August 1902 treffen sie mit dem Nord-Süd-Express an der Stazione Termini ein und beziehen sogleich ihr altes Zimmer im »Hotel Milano«. Das Wiedersehen will gefeiert werden, und so frequen-

11 Gaumenfreuden beim Pantheon. In der Bar Rosetta speiste Freud mit seinem Bruder Alexander. Ein halbes Jahrhundert später zählte Ingeborg Bachmann ebenfalls zu den dortigen Gästen.

ROSETTA
BNL
BNL

12 Legendärer Gründungsort. Der Palatin, auf dem Augustus einst seine Residenz errichten ließ, gehörte zu Freuds Lieblingsorten in Rom.

tieren die beiden ein nahe gelegenes Restaurant, »La Rosetta«, das, keine hundert Schritte vom Pantheon entfernt, an der Via Giustiniani 22 / Ecke Via della Rosetta liegt. Die vom Baedeker empfohlene Trattoria gilt heute als eines der besten römischen Fischrestaurants.

In den fünfziger und sechziger Jahre sah man unter der Gästen häufiger Ingeborg Bachmann, die sich im Frühjahr 1953 in Rom niedergelassen hatte, wo sie am 17. Oktober 1973 im Ospedale Sant'Eugeno di Roma im Alter von 47 Jahren an den Folgen eines Brandunfalls starb. Das Lokal lag damals nur wenige Häuser entfernt von der Wohnung zweier guter Freundinnen, die später Herausgeberinnen ihrer Werkausgabe wurden. Ihnen verdankt sich der Hinweis auf die gemeinsamen Restaurantbesuche im »Della Rosetta«. Die Annahme von Uwe Johnson, dem Schriftstellerkollegen und Freund Ingeborg Bachmanns, die preisgekrönte Dichterin habe Sigmund Freud ins Italienische übersetzt, hätte eine hübsche Pointe abgegeben, trifft jedoch nicht zu. So abwegig war der Gedanke allerdings nicht. Italien galt Ingeborg Bachmann stets als zweite Heimat. In Klagenfurt an der Grenze zum Nachbarland aufgewachsen, war Italienisch ihre zweite Sprache, die sie perfekt beherrschte. Als Studentin hatte sie an der Wiener Universität neben Philosophie auch Lehrveranstaltungen über Tiefenpsychologie belegt und sogar mehrere Praktika absolviert, darunter ein »Psychotherapeutisches Praktikum« bei Viktor E. Frankl, der Freud noch persönlich kennengelernt hatte. Mit den wichtigsten psychoanalytischen Schriften war die promovierte Philosophin bestens vertraut, was ihre Privatbibliothek eindrucksvoll belegt, in der sich neben der zehnbändigen »Studienausgabe« auch entlegenere Briefwechsel mit Arnold Zweig und Oskar Pfister befinden. Ob sie einen Radio-Essay »Über Freud als Schriftsteller« nur geplant oder auch geschrieben hat, muss offenbleiben. Unübersehbar jedenfalls die Spuren, die Freud und die Psychoanalyse in ihren Werken hinterlassen haben – von »Malina« bis zum »Todesarten«-Zyklus. Umgekehrt hätte der Wiener Nervenarzt größten Gefallen gefunden an einem Bachmann-Satz, der nicht von verklärter Sehnsucht der meisten Südlandreisenden kündet, sondern als ganz andere Liebeserklärung an Land und Leute zu lesen ist: »In Italien habe ich gelernt, Gebrauch von meinen Augen zu machen, habe schauen gelernt. In Italien esse ich gern, gehe ich gern über eine Straße, sehe Menschen gerne an.«

Verwöhnung mit Schönheit

Fünf Jahre nach seinem Kurzbesuch in Rom 1902 ist Freud im September 1907 wieder in der Stadt. Gut erholt nach dem mehrwöchigen Sommerurlaub, den er mit der Familie in Lavarone und im Grödnertal verbracht hatte, macht er sich mit Zwischenstopps in Florenz und Orvieto auf den Weg an den Tiber. Bereits in der Stadt der Medici, in der er sich unterdessen blendend auskannte, signalisiert er nach einer »Göttermalzeit« im »Restaurant Melini«, dem eine offenbar fabelhafte Weinkellerei angeschlossen war, »volle Elasticität u Reisefreudigkeit«. Von den kommenden vierzehn Tagen erwartet er nichts weniger als »Verwöhnung mit Schönheit«. Inzwischen war seine Schwägerin Minna, aus Karlsbad kommend, zu ihm gestoßen, und gemeinsam erreichen sie am 17. September 1907 Rom, wo er sich mittlerweile wie ein »Eingeborener« fühlt. Auch diesmal lautet das Programm kurz und knapp: »Viel sehen.« Darüber hinaus hofft er auf eine ganz besondere Nebenwirkung, wie er an seinen Schüler C. G. Jung schreibt: »Ich [...] möchte jetzt wieder zu mir selbst kommen und etwas aus mir herausholen. Dafür ist die unvergleichliche Stadt der richtige Ort.«

Und so lässt sich Freud, wie Goethe das nannte, von den Musen und Grazien durch die Stadt hetzen und streift voller Bewunderung stundenlang umher. Manches, was er bereits 1901 gesehen hat, sucht er erneut auf: den Palatin, den Gianicolo, die Vatikanischen Museen, auch St. Peter: »Man muss es den Päpsten lassen, sie haben ihre über-

13 Von den Vorzügen des Rückzugs. Freud liebte die Gartenanlagen im Park der Villa Borghese und suchte hier, wie einst Goethe, Entspannung und Erholung.

wundenen Gegner schön beigesetzt.« In einer Buchhandlung erwirbt er zwecks Vertiefung seiner Kenntnisse eine reich illustrierte Spezialabhandlung: Christian Hülsen, »Das Forum Romanum. Seine Geschichte und seine Denkmäler«, und verbringt einen halben Tag mit dem Buch in der Hand im Zentrum des alten römischen Reiches. Ungehalten und ein wenig fassungslos reagiert er eigentlich nur bei unliebsamen Überraschungen, so am Morgen des 20. September: »Heute war ein schwerer Tag.« Was war geschehen? Nichts weiter, als dass die Italiener lautstark ihren Nationalfeiertag begingen. Die Museen sind geschlossen, überall nur »Volksgewühl«. Er fragt sich: »Was macht man aber mit einem Feiertag [...] in der Fremde?« Er mietet eine Droschke, lässt sich zur Via Appia kutschieren, vermutlich auf Empfehlung des Baedeker ziemlich genau an die Stelle, an der Petrus nach seiner Flucht aus dem Marmertinischen Kerker auf dem Forum Romanum die Via Appia erreichte. Dort erschien ihm, wie es geschrieben steht, der Herr persönlich. Der entlaufene Jünger soll die legendäre Frage gestellt haben: »Domine, quo vadis? – Herr, wohin gehst du?« Der Herr antwortete ihm: »Venio Romam iterum crucifigi – ich komme nach Rom, um abermals gekreuzigt zu werden.« Daraufhin soll Petrus seine bereits geglückte Flucht aufgegeben haben und nach Rom zurückgekehrt sein, wo er wunschgemäß kopfüber gekreuzigt wurde. Genau dort, wo laut der apokryphen Apostelgeschichte die Begegnung mit Jesus stattgefunden haben soll, steht noch heute die im 9. Jahrhundert errichtete Kirche Santa Maria in Palmis, bekannter unter dem Namen Domine Quo Vadis?, eine der Attraktionen an der Via Appia, weshalb wir annehmen dürfen, dass Freud selbige Geschichte, die zur Errichtung des Gotteshauses führte, gekannt haben muss. In Sichtweite befindet sich nach Ansicht von Historikern auch der Punkt, an dem ein Soldat aus Hannibals Heer im Zweiten Punischen Krieg der Stadt Rom am nächsten gekommen sein soll, was Freud geläufig gewesen sein müsste, da er in der Geschichte der Punischen Kriege bestens bewandert war. Ob er den Roman »Quo Vadis?« des zehn Jahre älteren polnischen Schriftstellers und Nobelpreisträgers Henryk Sienkiewicz gelesen hat, der Petrus' legendäre Christus-Begegnung an der Via Appia literarisch höchst erfolgreich verarbeitet hat, wissen wir nicht. Wie auch immer: An jenem Abend des Nationalfeiertages am 20. September 1907 kehrte Freud in bester Stimmung ins »Hotel Milano« zurück und resümierte zufrieden: »Habe herrliche Beleuchtungen bei der Rückfahrt gehabt.« Ganz wie Goethe, dem das Spiel von Licht und Schatten sowie die »Mondscheinbilder« unvergesslich geblieben waren.

Auf Goethes Spuren

Tags darauf ist Freud erneut in Richtung Via Appia unterwegs. Er hat eine Fremdenführerin engagiert, die ihm dort das unterirdische Rom zeigen soll: die ältesten römischen Kolumbarien aus dem ersten Jahrhundert n. Chr. sowie die christlichen und jüdischen Katakomben, obwohl ihm Gräber und Beerdigungen, vor allem jüdische, zeitlebens verhasst waren. Beim Aufstieg aus der kalten und finsteren Unterwelt, die ihm – wie seinerzeit Goethe – »ein Mißvergnügen« ist, fällt ihm passenderweise der Schlussvers aus Dantes »Hölle« ein: »E quindi uscimmo a riveder le stelle« (»Dort schritten wir hinaus, zu schaun die Sterne!«) – nicht weiter überraschend für einen Mann von stupender Gelehrsamkeit und beeindruckenden literarischen Kenntnissen. Dass er kurz innehält und überlegt, wie man den siebenarmigen Leuchter der Juden nennt, der ihm als Ornament unter Tage begegnet war, offenbart weniger eine Bildungslücke, sondern erinnert von ferne an seine Abneigung gegen religiöse Symbole, die er rigoros aus seiner Wohnung verbannt hatte: »Menora, glaube ich, heißt er.«

Am Wochenende gönnt sich Freud, »weil man in Rom beständig von seinen Aufgaben erdrückt wird u zu nichts kommt«, einen freien Tag und erkundet auf dem Monte Pincio, Goethes Lieblingsaufenthalt während seiner römischen Tage, die Gärten und Sammlungen

14 »Himmlische und irdische Liebe«. Das Tizian-Bild in der Galleria Borghese hielt Freud für das schönste Gemälde des Malers und suchte es immer wieder auf.

der Villa Borghese. Bevor er die ausgedehnten Gartenanlagen ohne vorgegebenes Ziel durchstreift, besucht er die Gemäldesammlung in der Galleria Borghese, wobei er ziemlich genau weiß, was er sehen will: einen Tizian, den er für dessen schönstes Bild hält, »Himmlische und irdische Liebe«, sowie einige Skulpturen von Bernini. Doch ist es diesmal nicht die Kunst, die ihn veranlasst, am Abend nach Hause zu melden: »Heute war es wieder herrlich.« Das Parkgelände mit seinen schattenspendenden Baumalleen entzückt ihn wie nahezu alle Rom-Reisenden vor ihm, die dort Erholung oder Schutz vor der Hitze suchten. Sein immerhin vier Seiten langer Tagesrapport für den Hausgebrauch der Familie in Wien, der im Detailreichtum und Tonfall zum Besten gehört, was Freud in seinen römischen Reisebriefen schrieb, vereint Beobachtungsgabe, Scharfsinn und Witz und belegt einmal mehr die inspirierende Wirkung der Stadt auf sein Empfinden und Denken: »Schöner als dieser Park braucht keiner zu sein, nur müßt Ihr Euch anstatt der saftigen Wiesen dürren Boden vorstellen, wenigstens jetzt ist er so. Die Bäume sind von der vornehmsten Art, Pinien, Cypressen, Palmen, allerlei unbekanntes Zeug, dazwischen große Spielplätze, von unzäligen Kindern gefüllt, steinerne Tische u Bänke, auf denen kleine Leute ihre Malzeiten verzehren, ein See mit einer Insel, auf welcher ein Äsculaptempel steht, allerlei andere künstliche Ruinen u Tempelnachbildungen, also ein Schönbrunn, das sich herabläßt, ein Prater zu sein. Zu Schönbrunn paßt auch, daß hie u da fremde Thiere ihre Wohnungen haben, Gazellen, Fasane, auch einen Affen habe ich bemerkt, dem die Gassenbuben das Leben sauer machen. Pfauen gehen frei herum u führen ihre Küchlein, die noch sehr unscheinbar sind, spazieren. Es ist natürlich allerlei im Garten verboten, aber nicht mehr als notwendig ist, u ich glaube bemerkt zu haben, daß sich's jeder behaglich macht u keiner sich an Verbote hält. In dem Theil, der der Privatgar-

15 »Er sieht aus wie Verdi.« Auf seinen Streifzügen durch den Park der Villa Borghese entdeckte Freud das Denkmal zu Ehren des französischen Nationaldichters Victor Hugo.

VICTOR HUGO

ten des Fürsten war, steht auch hie u da ein echtes Stück Altertum, ein schöner Sarkophag, eine Säule, eine gebrochene Statue. So vergißt man nicht, daß man in Rom ist.«

Bei seinen ausgedehnten Streifzügen durch den Park der Villa Borghese stößt Freud auf eine von dem französischen Bildhauer Lucien Pallez geschaffene Statue Victor Hugos, die dort »im Dienste der Verbrüderung der Nationen« von den Franzosen aufgestellt worden sei. Wie bei mancher Sehenswürdigkeit gibt es diesmal nur eine lakonische Notiz: »Er sieht aus wie Verdi.« Bei der Annahme, dass die Marmorfigur des französischen Nationaldichters Kaiser Wilhelm II. nicht habe ruhen lassen und seine Exzellenz daraufhin aus »Concurrenzneid« ein Goethe-Denkmal bei dem Berliner Bildhauer Gustav Heinrich Eberlein in Auftrag gegeben habe, irrte Freud hingegen.

Das Goethe-Denkmal, das der Kaiser bereits 1902 bei dem Professor an der Berliner Kunstakademie bestellt hatte, um es der römischen Gemeinde zum Geschenk zu machen, wurde am 23. Juni 1904 an der Viale Goethe in Anwesenheit des italienischen Königs Viktor Emanuel III. mit einigem Pomp enthüllt – nur wenige hundert Meter vom Standbild Hugos entfernt. Freuds Beschreibung der Statue weist ihn abermals als Könner und Kenner der Werke Goethes aus. Auch sein Geschmacksurteil ist mehr als nachvollziehbar: »Sie ist ganz geschickt u nichts Hervorragendes. Goethe ist zu jugendlich; er war ja über 40, als er zuerst nach Rom kam, steht auf einem Säulenschaft, vielmehr einem Kapitell, u das Postament ist von 3 Gruppen umgeben: Mignon mit dem Harfner, der vielleicht das Beste ist, Mignon selbst hat ein leeres Gesicht, Faust in einem Buch lesend, dem Mephisto über die Achsel schaut, Faust wieder gut, der Teufel ganz fratzenhaft, ein Judengesicht mit Hahnenkamm u Hörnern, und eine dritte Gruppe, die ich nicht verstehe, vielleicht Iphigenie u Orest, aber dann sehr unkenntlich.« Geradezu mühelos identifiziert Freud die drei dargestellten Personengruppen aus Goethes Werken, die Kunstprofessor Eberlein als Motive ausgewählt hatte, vor allem bemüht, die Verbundenheit des Dichters mit Italien darzustellen. Im-

16 »Goethe ist zu jugendlich«, lautete Freuds Urteil bei seiner Inspektion des Denkmals an der Viale Goethe im Park der Villa Borghese. Die von Kaiser Wilhelm II. spendierte Statue war am 5. August 1904 in Anwesenheit des italienischen Königs Viktor Emanuel III. eingeweiht worden.

mer, wenn Goethe nicht in der Stadt unterwegs war oder mit den Künstlerfreunden am Corso 18 zusammensaß, schrieb er in den ersten Wochen nach seiner Ankunft in Rom an der »Iphigenie«, die er rasch abschließen wollte, um sich der wunderbaren Gegenwart Roms umso intensiver widmen zu können. Von der Bürde, die er aus Weimar mitgebracht hatte, konnte er sich ganz nach Plan befreien und wurde mit dem Stück pünktlich zum Jahreswechsel 1786/87 fertig. Die »Hexenküche« aus dem »Faust« entstand in den Kulissen der Villa Borghese. »Mignon« schließlich ist die rätselhaft tanzende Figur aus Goethes voluminösen Bildungsroman, dem »Wilhelm Meister«; sie möchte, dass der Titelheld sie mit nach Italien nimmt, weil es sie in Deutschland so sehr friert. Ob Freud mit seiner Interpretation richtiglag, der zufolge der Bildhauer dem Teufel in der »Faust«-Szene bewusst jüdische Züge verpasst habe, oder ob eine solche Betrachtungsweise unter »zeittypisch« abgebucht werden kann, möge jede und jeder bei der Besichtigung des Denkmals im Park der Villa Borghese selbst entscheiden. 2002 wurde es gründlich restauriert, knapp hundert Jahre nachdem es die Aufmerksamkeit des reisenden Sigmund Freud auf sich gezogen hatte.

Marc Aurel im Freiluftkino

Auf Schritt und Tritt begegnet Freud in diesen Tagen dem Schönen, ob es nun Kirchen, Paläste oder Gartenanlagen sind. Doch findet er zunehmend auch Gefallen am öffentlichen Leben der Römer, die es verstehen, aus sich herauszugehen, und zu diesem Zweck ihr Leben auf die Straße verlegen. Er vergnügt sich daran, das Volk singen zu hören, nicht nur in den Gotteshäusern, auch im Freien. Gleich hinter seinem Hotel versammeln sich jeden Abend auf der Piazza Colonna einige tausend Menschen, die Luft ist mild, »Wind ist in Rom kaum bekannt«. Den Platz müsse man sich vorstellen wie den Stephansplatz, »aber anstatt des Doms steht hier die großartige Säule des Kaisers Marc Aurel«. Die Säule mit ihren spiralförmig verlaufenden Reliefbändern war zur Erinnerung an dessen Siege über die Markomannen und andere Germanenstämme errichtet worden. Der Philosophenkaiser in krisengeschüttelten Zeiten, dessen »Selbstbetrachtungen« die europäischen Aufklärer von Montesquieu bis Voltaire inspirierten und seinen Nachruhm bis ins 20. Jahrhundert trugen, starb 180 n. Chr. in Vindobona, dem heutigen Wien, wodurch er »wenigstens ein Wiener geworden ist«, wie Freud amüsiert notiert.

Hinter dem Platz war ein Gerüst für eine Militärkapelle errichtet worden, am anderen Ende des Platzes eine Leinwand für kinematografische Vorführungen und die Projektion von Reklamebildern, »um das Publikum zu bestechen«. Freud lässt den Zauber auf sich wirken. Er bewundert das Talent der Römer zur Geselligkeit, »daß sie nach rückwärts hören u nach vorwärts sehen«. Unter den Zuschauern auch viele kleine Kinder, die eigentlich längst ins Bett gehörten. Wohlgefällig beobachtet er, wie Fremde und Einheimische das Treiben auf rings um den Platz aufgestellten Korbsesseln und aus den nahe gelegenen Restaurants genießen. »Wenn die Musik eine Pause macht, wird lebhaft applaudirt, auch von denen, die nicht zugehört haben. Von Zeit zu Zeit entsteht ein fürchterliches Geschrei in der sonst eigentlich vornehm ruhigen Menge, das sind 6–10 Zeitungsjungen, die mit der Abendausgabe einer Zeitung, atemlos wie der Herold von Marathon, auf den Platz stürzen, in der Fiktion, daß sie durch ihre Nachrichten einer bereits unerträglich gewordenen Erwartung ein Ende bereiten.« Als er längst in seinem Hotelzimmer im Bett liegt, schallt von unten das Trinklied »Undici, dodici, tredici« aus der Operette »Boccaccio oder Der Prinz von Palermo« von Franz von Suppé herauf. Als Störung scheint er das nicht empfunden zu haben. Die Abendvorführungen auf der Piazza Colonna machen ihm jedenfalls Lust auf mehr, und so sehen wir den römischen Flaneur zwei Tage später auf dem Weg ins Teatro Quirino an der Fontana di Trevi, ein paar Schritte entfernt von seinem Hotel.

Das prächtige Operettenhaus, 1871 auf dem Colle Quirinale errichtet, wird heute noch erfolgreich bespielt, wozu auch beigetragen haben mag, dass die Theaterleitung 2004 den historischen Namen um den von Vittorio Gassman erweitert hat, dem umjubelten Star auf italienischen Bühnen und Leinwänden. Gegeben wird Bizets »Carmen«, die Freud das erste Mal am 31. Juli 1883 zusammen mit seinem Freund und Mitstreiter Josef Breuer in der Wiener Oper und danach immer wieder gerne gesehen hat. Die Aufführung damals, ein Gastspiel des »Deutschen Landestheaters in Prag« mit Regine Klein als Carmen, so urteilt er in einem Brief an seine Braut Martha Bernays in Hamburg, sei deutlich unter seiner musikalischen Genussfähigkeit geblieben. Außerdem konnte er sich des Eindrucks nicht erwehren, dass Carmen eine der Patientinnen sei, die er während der Visiten auf der Frauenabteilung der psychiatrischen Klinik von Theodor Meynert, an der er damals für einige Monate arbeitete, täglich zu sehen bekomme. Von dem Abend in Wien prägte sich ihm nur der Fakt ein, »daß der Stoff der Oper aus einer ausgezeichneten Novelle von Mérimée sei«, von dem er bis dahin noch nichts gehört hatte.

Ein Vierteljahrhundert später, am Abend des 24. September 1907, sitzt Freud auf einem Parkettsitz im Teatro Quirino, zweite Reihe, ganz in der Mitte, »also furchtbar nobel«. Noch bevor sich der Vorhang hebt, wundert er sich über jede Menge Kuriositäten des römischen Opernalltags, die er mit feiner Ironie in dem ausführlichsten Reisebrief, den er je verfasst hat, schildert. Das geht schon mit dem Bühnenvorhang los, auf dem Reklame gemacht wird für Nähmaschinen, Wäsche und Möbel auf Ratenzahlung sowie eine Therapie, die Stotterern glänzende Erfolge verspricht. Da er bereits zehn Minuten vor Beginn der Aufführung Platz genommen hat, fällt ihm ein Geiger ins Auge, der offenbar zu Hause nicht die Zeit gehabt habe, sein Instrument zu stimmen und zu putzen, undenkbar in Wien. Überhaupt – die Orchestermusiker: Einer von ihnen schaut aus »wie ein etwas versoffener nach Italien versprengter Bayer«. Der Kapellmeister erinnert ihn an einen Oberkellner. Ein erster Schreck durchfährt ihn, als ein weibliches Wesen mit fuchsroter Perücke, »sehr lang u dünn, ihre Nase desgleichen«, die Bühne betritt, das aussieht »wie die zur Abschreckung auf Reisen geschickten Engländerinnen«. Endlich betritt Carmen die Szene, die Freud an Kätchen Reif, eine alte Bekannte seiner Mutter, erinnert, eine komplette Fehlbesetzung, wie er findet: »Für die Zärtlichkeit schien der Koloß nicht recht geeignet zu sein.« Nach dem dritten Akt, da ist es bereits Mitternacht, hat er genug von dem Spektakel, verlässt die Oper und geht »mit der Sicherheit des Römers die nächsten Wege nach Haus«. Am Tag darauf schaut er ein letztes Mal in den Vatikanischen Museen vorbei, macht eine Entdeckung, von der noch die Rede sein wird, tut sich wie üblich nach Mitbringseln für die Familie um, packt die Koffer und seufzt vor der Abreise: »Schade, daß man hier nicht dauernd leben kann. Von diesen kurzen Besuchen hat man nichts als ungestillte Sehnsucht.«

Im Bann des Moses von Michelangelo

Der Urlaubssommer des Jahres 1912 verlief ganz nach Freuds Geschmack. Anfang Juli fuhren er und seine Frau zunächst zur Kur nach Karlsbad, wo sie im Hotel »Goldener Schlüssel« logierten und sich über den Besuch ihrer schwangeren Tochter Sophie und deren Verlobten Max Halberstadt freuten. Von dort ging es weiter nach Karersee und Bozen. Hier stieß Sándor Ferenczi zu ihnen, mit dem Freud am 14. September zu seiner inzwischen fünften Rom-Reise aufbrach, an die er sich in der Rückschau ganz besonders gern erinnerte, zumal er damals den Entschluss für einen folgenreichen Aufsatz über Moses, den Religionsstifter und Propheten der Juden, fasste. Die beiden steigen im »Hotel Eden« in der Via Ludovisi 49 ab, das nicht ganz so zentral lag wie das von Freud bis dahin im Centro Storico frequentierte »Hotel Milano«, dafür aber reichlich entschä-

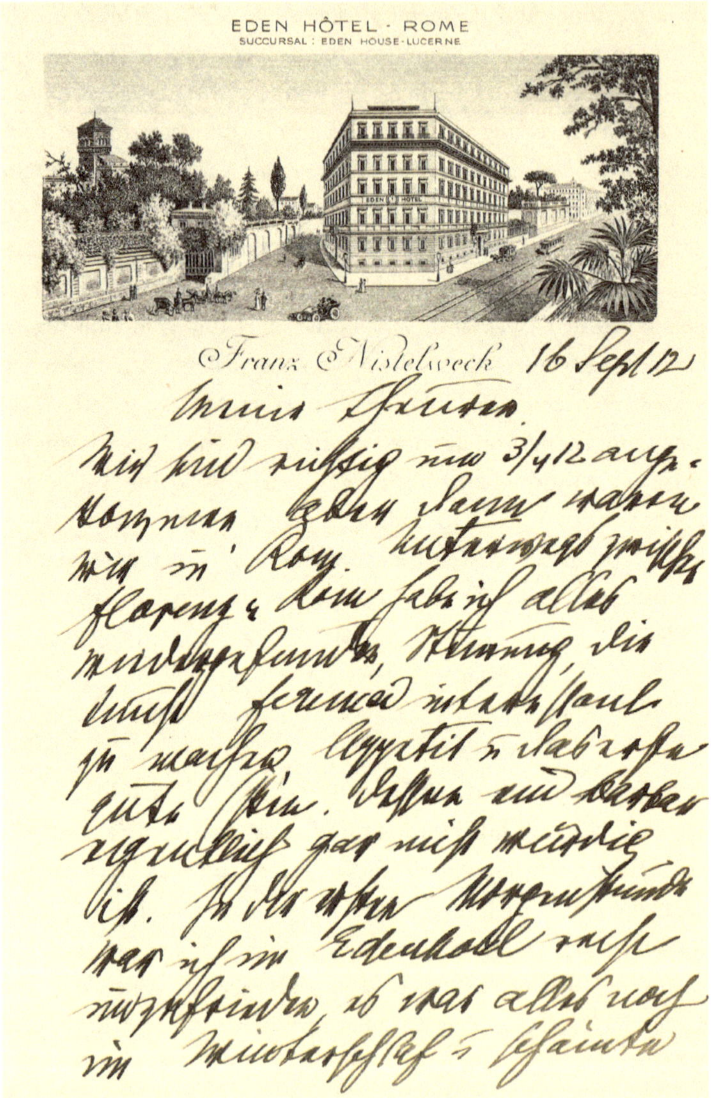
EDEN HÔTEL · ROME
SUCCURSAL : EDEN HOUSE-LUCERNE
Franz Nistelweck 16 Sept 12

17 Auf Briefpapier des »Hotel Eden« schrieb Freud am 16. September 1912 an seine Frau Martha in Wien: »Es ist fürchterlich behaglich und unglaublich schön.«

digte durch seinen herrlichen Ausblick auf die Stadt, den Park der Villa Borghese und die prächtige Villa Malta, die der ehemalige preußische Ministerpräsident und Reichskanzler Bernhard Fürst von Bülow bewohnte, wie Freud zu berichten weiß. In Anspielung auf die vortreffliche Lage und den Stil des Hauses heißt es gleich im ersten Rapport nach Wien: »Das Ziel, in Rom als großer Herr zu leben, scheint verwirklicht.« Sein späterer Biograph Ernst Jones erhält am selben Tag eine Postkarte: »I am glad to be here und I feel quite recovered.« Bereits am Ankunftstag lautet sein vorgezogenes Fazit: »Es ist fürchterlich behaglich und unglaublich schön. Es ist mir sehr natürlich in Rom zu sein, gar kein Fremdgefühl.« Er lebe nur nach »Wunsch und Behagen«, jedenfalls solange das Geld reicht. Angesichts eines solchen Hochgefühls wundert es nicht mehr, wenn sein Altersplan nunmehr festzustehen scheint: »Nicht Cottage, sondern Rom.«

Weil sich sein Begleiter Ferenczi auf eigene Faust für einige Tage nach Neapel abgesetzt hat, unternimmt Freud in »melancholischer Einsamkeit« bei notorisch gutem Wetter ausgedehnte Spaziergänge im Park der Villa Borghese und besucht seine Lieblingsorte, vor allem den Palatin, der ihn von allen sieben Hügeln Roms stets am meisten angezogen hat. Deutlich entspannter als sonst erledigt er die obligatorischen Einkäufe für die Lieben daheim, schaut mal wieder bei seinem römischen Antiquitätenhändler Ettore Sandolo vorbei und erwirbt die englische Übersetzung einer Neuerscheinung: »The Woman of the Caesars« von Guglielmo Ferrero, einem italienischen Historiker und Soziologen, dessen sechsbändige Darstellung »Größe und Niedergang Roms« er bereits besaß. Zum vollständigen Reiseglück fehlt nur noch eine Kleinigkeit. An einem Blumenstand entdeckt er seine erklärte Lieblingsblume, die sich schon die Romantiker ans Revers geheftet hatten, und meldet umgehend nach Wien: »Ich trage täglich eine Gardenia u spiele den reichen Mann, der seinen Passionen lebt.«

Wie er es seit seinem ersten Rom-Besuch im September 1901 zu

18 Das »Hotel Eden« heute. In Freuds erstem Brief aus der neuen Unterkunft vermeldete er am 16. September 1912 nach Hause: »Das Ziel, in Rom als großer Herr zu leben, scheint verwirklicht.«

tun pflegte, besucht er auch diesmal die Kirche San Pietro in Vincoli und die dort aufgestellte weltberühmte Marmorstatue des Moses von Michelangelo, die Teil eines unvollendeten Grabdenkmals ist, das der bereits von den Zeitgenossen als »der Göttliche« verehrte Künstler zwischen 1512 und 1516 für Papst Julius II. geschaffen hatte. Noch reichlich zwanzig Jahre später stehen Freud seine Besuche in dem Gotteshaus deutlich vor Augen, wie er an den italienischen Arzt und Psychoanalytiker Edoardo Weiss schrieb: »Durch drei einsame September-Wochen bin ich 1913 alltäglich in der Kirche vor der Statue gestanden, habe sie studiert, gemessen, gezeichnet.«

San Pietro in Vincoli zählt zu den ältesten Kirchen Roms. Ihren Namen verdankt sie einer Reliquie, nämlich den Ketten, in denen der Apostel Petrus nach Rom gebracht worden sein soll. Hauptattraktion ist jedoch unbestritten der Moses von Michelangelo. Julius II., ein wahrer Wüstling auf dem Stuhl Petri und mehr raffgieriger Kriegsherr denn frommer Hirte im Weinberg des Herrn, hatte – seinem Größenwahn entsprechend – ein monströses Grabdenkmal bei Michelangelo in Auftrag gegeben, dessen erster Entwurf derart monumental ausgefallen war, dass der Koloss als Erinnerungszeichen an seine Heiligkeit nicht einmal in den Petersdom hineingepasst hätte. Nach dem Tod des ebenso kriegerischen wie kunstsinnigen Pontifex, dem die Nachwelt die Stanzen des Raffael im Apostolischen Palast und die von Michelangelo ausgemalte Sixtinische Kapelle verdankt, wurde das Grabmal mit Moses als Zentralfigur in die vergleichsweise bescheidene Kirche auf dem Monte Esquilino verbannt, wo sie seither Rom-Pilger und Kunstkenner aus aller Welt in Scharen anlockt. Diesem Moses war Freud am vierten Tag seines allerersten Rom-Besuchs von Angesicht zu Angesicht das erste Mal begegnet: »Heute Nachmittag einige Eindrücke, an denen man Jahre zehren wird. Im Pantheon gewesen, wo nebenbei die Gräber von Victor Eman[uel], Umbert, Raphael sind, dann plötzlich in der Kirche S. Pietro in Vincoli den Moses von Michelangelo gesehen [...].«

Die Figur des Moses selbst wie auch dessen Darstellung durch Michelangelo waren Freud vertraut. Als Kind hatte er in der jüdischen Philippson-Bibel des Vaters geblättert und sich die Illustrationen angesehen, darunter ein Frontispiz mit dem Moses-Porträt. Beinahe täglich, so notiert er im September 1912, besuche er nun den Moses in San Pietro in Vincoli. Neben Jacob Burckhardts »Anleitung zum Genuss der Kunstwerke Italiens«, in der die Moses-Figur zum Pflichtprogramm aller Rom-Reisenden gezählt wird, besaß Freud den Reiseführer »Rom und die Campagne«, in dem der Abschnitt über die Moses-Statue blau angestrichen ist – die einzige Anstreichung im ganzen Buch. Die Ketten des Petrus unter dem Hochaltar ließ er buchstäblich links liegen und interessierte sich einzig und allein für die überlebensgroße Darstellung des Moses. Auch die ihn flankierenden, ebenfalls von Michelangelo stammenden Frauenfiguren der Rahel und der Lea ignorierte er. Von keinem Bildwerk, schreibt er, habe er je eine stärkere Wirkung erfahren: »Wie oft bin ich die steile Treppe vom unschönen Corso Cavour hinaufgestiegen zu dem einsamen Platz, auf dem die verlassene Kirche steht, habe immer versucht, dem verächtlich-zürnenden Blick des Heros standzuhalten, und manchmal habe ich mich dann behutsam aus dem Halbdunkel des Innenraums geschlichen, als gehörte ich selbst zu dem Gesindel, auf das sein Auge gerichtet ist, das keine Überzeugung festhalten kann.« Doch belässt es Freud diesmal nicht beim Nachdenken über die Geheimnisse der Figur. Er kündigt an, über die Statue demnächst »vielleicht einige Worte schreiben zu wollen«. Hier bahnte sich ein in vielerlei Hinsicht ebenso rätselhafter wie faszinierender Text an, der neben der fast schon üblichen Liebeserklärung an Rom Biographisches und Psychoanalytisches miteinander verknüpft.

Der Aufsatz »Der Moses des Michelangelo«, den er in Wien zwischen Weihnachten und Neujahr 1913 zu Papier brachte, erschien

19 »Wie oft bin ich die steile Treppe vom unschönen Corso Cavour hinaufgestiegen zu dem einsamen Platz, auf dem die verlassene Kirche steht.« In der Kirche San Pietro in Vincoli verbrachte Freud viele Stunden vor der Moses-Statue von Michelangelo.

1914, zunächst anonym in der Zeitschrift »Imago«, weil er fürchtete, der Text könne als Werk eines Amateurs auf dem Feld der Kunstbetrachtung missverstanden werden. Erst 1924, als seine Gesammelten Schriften zur Veröffentlichung vorbereitet wurden, lüftete er das Geheimnis seiner Autorschaft. Die historische Gestalt des Moses sollte ihn auch die kommenden Jahrzehnte nicht loslassen. An Arnold Zweig schrieb er, dass ihn der Mann unablässig verfolge, und seinem Freund und Kollegen Max Eitingon bekannte er: »Der Moses ist für mich eine Fixierung geworden.« Noch seine letzte zu Lebzeiten veröffentlichte Arbeit, »Der Mann Moses und die monotheistische Religion«, galt dem Mann, der »dem jüdischen Volke Befreier, Gesetzgeber und Religionsstifter war«. Seine Abhandlung über den »Moses von Michelangelo« gab er anfänglich gegenüber Ernest Jones noch als »kleinen Scherz« aus; im Vorwort spielte er sie als Arbeit eines Laien herunter und berief sich auf seinen Dilettantismus. Doch schon bald avancierte sein Vorhaben zu einem »Kind der Liebe«. Während er bereits am Manuskript arbeitete, war Jones in Rom unterwegs, auch um den Moses zu inspizieren, was Freud veranlasste, ihm sehnsüchtig hinterherzuschreiben: »Ich beneide Sie darum, dass Sie Rom so bald und so früh im Leben sehen. Bringen Sie Moses meine tiefste Verehrung dar und schreiben Sie mir über ihn.« Auftragsgemäß überbrachte sein damals 33-jähriger psychoanalytischer Mitstreiter die Grüße und teilte umgehend mit, dass sich Moses dabei, wie er glaube, ein wenig von seinem Hochmut herabgelassen habe.

Was Freud an dieser in jeder Hinsicht monumentalen Gestalt am meisten fesselte, schrieb Jones später in seiner Biographie, sei das »Rätsel, warum sie ihn so tief beeindruckte«. Freud setzt mit einer nüchternen Beschreibung der Figur ein: »Der Moses des Michelangelo ist sitzend dargestellt, den Rumpf nach vorne gerichtet, den Kopf mit dem mächtigen Bart und den Blick nach links gewendet, den rechten Fuß auf dem Boden ruhend, den linken aufgestellt, so daß er nur mit den Zehen den Boden berührt, den rechten Arm mit den

Tafeln und einem Teil des Bartes in Beziehung; der linke Arm ist in den Schoß gelegt.« Aus der Haltung der rechten Hand, die in den wallenden Bart greift, und der Darstellung der Gesetzestafeln schließt Freud, dass Moses in diesem höchst bedeutsamen Moment seines Leben gerade nicht im Begriff steht, die Tafeln zu zerschmettern, wie es spätestens seit Jacob Burckhardt angenommen wurde. Moses, so hatte der von Freud ansonsten hochgeschätzte Kunstkenner in seinem »Cicerone« geschrieben, sei von Michelangelo exakt zu dem Zeitpunkt dargestellt worden, »da er die Verehrung des goldenen Kalbes erblickt und aufspringen will. Es lebt in seiner Gestalt die Vorbereitung zu einer gewaltigen Bewegung, wie man sie von der physischen Macht, mit der er ausgestattet ist, nur mit Zittern erwarten mag.« Dieser Interpretation schloss sich später Thomas Mann in seiner Erzählung »Das Gesetz« an, die er 1943 für einen Sammelband zur Aktualität der Zehn Gebote verfasste. Freud hingegen glaubte an keine Ruhe vor dem Sturm. Im Gegenteil: »Was wir an ihm sehen, ist nicht die Einleitung zu einer gewaltsamen Aktion, sondern der Rest einer abgelaufenen Bewegung. Er wollte es in einem Anfall von Zorn, aufspringen, Rache nehmen, an die Tafeln vergessen, aber er hat die Versuchung überwunden, er wird jetzt so sitzen bleiben in gebändigter Wut, in mit Verachtung gemischtem Schmerz. Er wird auch die Tafeln nicht wegwerfen, daß sie am Stein zerschellen, denn gerade ihretwegen hat er seinen Zorn bezwungen, zu ihrer Rettung seine Leidenschaft beherrscht.«

Die von Michelangelo gewählte Momentaufnahme veranschaulichte für Freud »die höchste psychische Leistung, die einem Menschen möglich ist, […] das Niederringen der eigenen Leidenschaft zugunsten und im Auftrage einer Bestimmung, der man sich geweiht hat«. Der Moses, wie Freud ihn sah, wird ewig dasitzen und zürnen, auf die Befriedigung seiner Affekte verzichtend, »in gebändigter Wut, in mit Verachtung gemischtem Schmerz«. Und genau so, als Wächter am Grabmal von Julius II., habe Michelangelo den Moses dargestellt, eine Sichtweise, die »nicht weit vom Frevel am Heiligen« entfernt war, wie Freud einräumte. Für ihn war Moses nicht der Erleuchtete, der seinem Gott huldigt, sondern ein »Mensch, der angesichts der Undankbarkeit seiner Anhänger mit dem eigenen Zorn zu leben lernt«, der seine Leidenschaft bändigt und doch in ihrem Bann steht.

Verwunderlich bleibt in Freuds Deutung nur, dass er ein unübersehbares Detail (genau wie Jacob Burckhardt und Thomas Mann) unbeachtet ließ, das jedem Betrachter sofort ins Auge springt: Die beiden Hörner auf dem Haupt des Propheten kommen nicht vor! Und das hat Folgen für die chronologische Zuordnung der Moses-Figur. Wenn an der entsprechenden Bibelstelle in Exodus 34 berichtet wird, dass Moses vierzig Tage und vierzig Nächte bei Gott war und »die Haut seines Antlitzes Licht ausstrahlte«, kann das nur heißen, dass der »strahlende« zugleich der »gehörnte« Moses ist. Mit anderen Worten: Freud verwechselte den zweiten Abstieg vom Berg Sinai – mit den neuen Gesetzestafeln in der Hand, die die zuvor zerschmetterten ersetzen – mit dem ersten Abstieg, der der Zerstörung der ersten Gesetzestafeln vorausging. Freud hatte die kraftstrotzende Gestalt des Moses ins Zentrum seiner Interpretation gerückt, der seine Leidenschaft im Dienste einer Bestimmung beherrscht, der er sich geweiht hatte. Wenn die Chronologie jedoch eine andere ist, dann erscheint Moses nach seiner Begegnung mit dem Herrn vielmehr als Prophet und Visionär, der vor das Volk Israel tritt und zugleich gezeichnet ist von der Weissagung seines nahen Todes und der tragischen Gewissheit, dass er das Gelobte Land niemals betreten werde. An der eigenen »Wahrheit und Schönheit« der Freud'schen Interpretation ändert das freilich wenig.

20 »Nicht weit vom Frevel am Heiligen entfernt.« Freuds kunsthistorisches »Wagstück« über den »Moses des Michelangelo« widersprach allen bis dahin üblichen Auslegungen des berühmten Kunstwerks.

Noch bevor die Moses-Studie erschien, war Freud im September 1913 bereits wieder unterwegs nach Rom, diesmal in Begleitung von Schwägerin Minna. Seine Stimmung war zunächst getrübt, denn unmittelbar vor der Abreise war es in München beim IV. Kongress der Internationalen Psychoanalytischen Vereinigung nach lange schwelendem Streit zu besagtem endgültigem Bruch mit C. G. Jung, seinem designierten Nachfolger, und dessen Anhängern gekommen. Die Krisenzeichen hatten sich zuletzt dramatisch verdichtet. Jung sei schlicht »meschugge«, hieß es in einem Brief an Ferenczi. Sein abgefallener Schüler benehme sich »wie ein florider Narr und brutaler Kerl«. Das Zerwürfnis war gründlich und endgültig. Im ersten Brief aus Rom, den Freud an seine Tochter Sophie richtet, schreibt er, dass die Münchner Zusammenkunft »nicht schön und sehr anstrengend« gewesen sei. Nur dass seine Schülerin Lou Andreas-Salomé mit Rainer Maria Rilke im Schlepptau an den Münchner Tagen aufgetaucht war, hatte ihn erfreut. Der Dichter war angereist, weil er sich einen möglichst authentischen Eindruck von der Psychoanalyse verschaffen wollte, die er noch kurz zuvor für »haarsträubend« gehalten hatte. Allerdings dürfte ihn das Bild der heillos zerstrittenen Wissenschaftler und Analytiker in seiner Abneigung eher bestärkt haben. Amüsant fand Freud, dass er seinem 21-jährigen Sohn Ernst eine Karte nach Wien schicken konnte, die von »Rainer Maria Rilke unterschrieben war, den er [der Sohn] so bewundert«.

Auch schon vor München hatte sich Freud nicht wohlgefühlt, war »verstimmt, reizbar, müde«, wie er Ferenczi wissen ließ. Das Essen schmecke ihm nicht mehr, von trüben Gedanken ist die Rede und davon, dass er Kleinigkeiten schwernehme. Doch wie schon so oft zuvor bewirkt »die schönste u ewigste Stadt« wieder wahre Wunder, auch wenn ihm die Anreise dieses Mal wie eine Ewigkeit vorkommt und er Rom in brüllender Hitze erreicht: »Ich habe in dem unvergleichlich schönen Rom«, schreibt er an Karl Abraham, der in München treu zu ihm gehalten hat, »bald Stimmung und Arbeitslust wiedergefunden und in den freien Stunden zwischen Museen-, Kirchen- und Campagna-Besuchen eine Vorrede zum Buch über Totem und Tabu, eine Erweiterung des Vortrages auf dem Kongreß und eine Skizze eines Aufsatzes über Narzißmus fertig gebracht, überdies eine Korrektur meines Reklameartikels für die Scientia.« Nichtsdestoweniger kann Freud die schmerzlichen Ergebnisse des Münchner Kongresses nicht restlos ausblenden, was eine Ansichtskarte belegt, die er wiederum an Karl Abraham in Berlin schickt. Die Vorderseite zeigt den Titus-Bogen auf dem Forum Romanum, den Kaiser Domitian im Andenken an seinen Bruder und Vorgänger hatte errichten lassen. Titus war der römische Feldherr, der 70 n. Chr. den Aufstand der Juden niedergeschlagen und anschließend die Zerstörung des 2. Tempels in Jerusalem befohlen hatte. Auf die Rückseite schreibt Freud eine kryptische Formulierung, die sich nicht sogleich erschließt: »Der Jude übersteht's! Herzlichen Gruß, und Coraggio Casimiro! Ihr Freud«.

Der Appell geht auf eine Anekdote zurück, an die sich Freuds Sohn Martin später erinnerte. Während der Sommerfeien waren Vater und Sohn zu einer mehrtägigen Bergtour aufgebrochen. Als Proviant hatten sie rohes Fleisch in ihrem Rucksack mitgenommen, das sie auf einer Berghütte in bereits leicht verdorbenem Zustand zubereiteten und zwei italienischen Bergsteigern anboten, denen der übel riechende Braten jedoch nicht geheuer war, bis der ältere Bergsteiger sich an den jüngeren wandte und sagte: »Coraggio, Casimiro!: Nur Mut, Casimiro!« Wann immer Freud später in seinen Briefen jemandem Mut zusprechen wollte, gebrauchte er diesen in den Bergen aufgeschnappten Ausruf. So auch diesmal in Rom, von wo aus der ältere Freud dem jüngeren Abraham zuruft, nicht aufzugeben, bloß weil der abtrünnige C. G. Jung beim Münchner Kongress als Präsident der Internationalen Psychoanalytischen Vereinigung wiedergewählt worden war. Jung und Abraham betrachteten sich noch aus der gemeinsamen Arbeit an der Psychiatrischen Universitätsklinik

Zürich, dem »Burghölzli«, als Rivalen um die Gunst ihres gemeinsamen Lehrers Freud. »Vergessen Sie nicht«, hatte Freud im Mai 1908 an Abraham geschrieben, »daß Sie« – als Jude – »es eigentlich leichter als Jung haben«, die Psychoanalyse zu akzeptieren, »der als Christ und Pastorensohn nur gegen große innere Widerstände den Weg zu mir findet. Um so wertvoller ist sein Anschluß. Ich hätte beinahe gesagt, daß erst sein Auftreten die Psychoanalyse der Gefahr entzogen hat, eine jüdische nationale Angelegenheit zu werden.« Noch deutlicher wurde Freud in einem Schreiben an Sabina Spielrein, das er wenige Tage vor dem Münchner Analytikertreffen verfasste: »Wir sind und bleiben Juden.«

Danach ist München erst einmal vergessen. Mit Wohlgefallen beobachtet Freud, wie sehr seine Schwägerin Minna in deutlich ansteigender Linie seine Rom-Schwärmerei teilt, was er sich nur mit der »ganzen römischen Dekoration« sowie der Behaglichkeit erklären kann, die das »Hotel Eden« ihnen bietet, in dem sie die Zimmer 58 und 59 mit unverstelltem Blick auf die Stadt bezogen haben. Ins Gästebuch der Nobelherberge trägt Freud handschriftlich ein: »Frl. Minna Bernays, Prof. S. Freud, Wien«. Direktor des 1889 eröffneten Hauses war zu dieser Zeit der in München geborene Franz Nistelweck, der nach seiner Übersiedlung in die römische Kapitale seinen Vornamen in Francesco geändert hatte. »Er kennt mich«, schreibt Freud beiläufig an Ferenczi. Der längst berühmte Doktor aus Wien kennt auch den Grund: der Hotelchef sei »Patient bei Bircher« gewesen, womit er den Schweizer Arzt und Rohkostpionier Maximilian Bircher-Benner meinte. Der stand eine Weile psychoanalytischen Kreisen in der Schweiz nahe, ehe er in seiner Praxis am Zürcher Römerhof als Apostel gesunder Ernährung zahlreiche Jünger um sich scharte und zu seiner späteren Kundschaft auch Thomas Mann, Rainer Maria Rilke und Hermann Hesse sowie Wilhelm Furtwängler zählte. Dass sich C. G. Jung und andere Schweizer Analytiker nur wenige Tage zuvor in München, ausgerechnet auch noch im »Bayerischen Hof«, mit Freud überworfen hatten, diese Kunde war bereits bis zu Francesco Nistelweck gedrungen, wie Freud verblüfft, aber durchaus geschmeichelt zur Kenntnis nahm. Was neben ausgedehnten Streifzügen durch die Stadt zu seinen Lieblingsorten einschließlich der Moses-Statue von Michelangelo noch auf seinem Rom-Programm stand, bevor er am 29. September wieder aufbrach, können wir nur ahnen, da die üblichen Tagesbulletins an Martha nicht überliefert sind, wohl aber zwei Ansichtskarten an Tochter Anna, auf der wie eine Art Widmung steht: »Papa seiner zukünftigen Reisebegleiterin«.

Rom wird mir wohltun

Nach ziemlich genau zehnjähriger kriegsbedingter Rom-Abstinenz reiste Freud im September 1923 zum siebenten Mal in die römische Kapitale – eben in Annas Begleitung und unter ganz besonderen Umständen. Ende Februar waren bei ihm erste Anzeichen einer bedrohlichen Krebserkrankung diagnostiziert worden, die Freud bis zu seinem Tod am 23. September 1939 unsägliche Qualen bereitete. Sowohl der Familie als auch den engsten Freunden und Mitarbeitern hatte er den bestürzenden Befund der hinzugezogenen Ärzte verschwiegen und seinen Hausarzt Max Schur gebeten, »ihm zu helfen, mit Anstand von dieser Welt zu verschwinden«, falls er zu einem langen Leiden verurteilt sein sollte. Die Ursachen der Erkrankung standen außer Zweifel, und auch Freud gab sich als bekennender Nikotinsüchtiger keinerlei Illusionen hin: »Die Schuld an dieser Rebellion der Gewebe wird dem Rauchen gegeben.«

Am 20. April, kurz vor seinem 67. Geburtstag, wurde das Karzinom an Kiefer und Gaumen entfernt. Wie die später notwendig gewordenen Eingriffe zeigen, offensichtlich nicht sehr erfolgreich. Operateur war sein Internist Markus Hajek, ein Schwager des Dramatikers Arthur Schnitzler. Von dem Eingriff hatte Freud zu Hause niemandem etwas mitgeteilt, und so fiel die Familie buchstäblich aus allen Wolken, als Frau und Tochter plötzlich in das Universitätsspital gerufen wurden, da die Operation keineswegs so reibungslos verlaufen war, wie es die Ärzte zunächst angenommen hatten. »Papas Operation war nicht so harmlos, wie man sie uns vorgestellt hat«, schreibt Anna an ihre Freundin Lou Andreas-Salomé. Für eine kurze Weile musste sogar mit dem Schlimmsten gerechnet werden, und anders als sonst, wenn Freud gelegentlich von seinem bevorstehenden Ableben sprach und ankündigte, »demnächst zum Styx herabzusteigen«, war es diesmal richtig ernst.

Eine Woche nach der beinahe tödlich verlaufenen Operation fasste Freud den festen Entschluss, einen schon lang gehegten Plan endlich zu verwirklichen und mit Anna sein geliebtes Rom zu besuchen. Max Schur, der als Student 1915/16 Freuds berühmte »Vorlesung zur Einführung der Psychoanalyse« gehörte hatte, notierte in seinen späteren Erinnerungen: »Daß man Freud erlaubte, noch einmal Rom zu sehen und Anna die Stadt zu zeigen, war die humanste und konstruktivste Handlung in all diesen Monaten.« Dass der Hausarzt zum Geburtstag am 6. Mai, kaum vierzehn Tage nach dem riskanten Eingriff, ausgerechnet eine Zigarre als Präsent beisteuerte, wertete Freud als gutes Zeichen. Umgehend meldete er seiner Göttinger Kollegin Lou Andreas-Salomé: »So kann ich Ihnen aber mitteilen, daß ich wieder sprechen, kauen und arbeiten kann, ja selbst Rauchen ist gestattet – in einer gewissen, mäßigen, vorsichtigen, sozusagen kleinbürgerlichen Weise.« Dieses Gesundheitsbulletin verkannte die wirkliche Lage, doch hellte die Aussicht auf die bevorstehenden römischen Tage Freuds Stimmung wesentlich auf. Allerdings nur so lange, bis ihn erneut ein schwerer Schicksalsschlag traf. Nicht ganz überraschend, weil schon länger kränkelnd, starb am 19. Juni im Alter von vier Jahren sein Enkel Heinz Rudolf, den er so sehr ins Herz geschlossen hatte und den die gesamte Familie liebevoll das Heinele nannte. Der Kleine war der jüngere Sohn von Freuds in Hamburg lebender Tochter Sophie, die 1920, hochschwanger und noch keine dreißig Jahre alt, an der Spanischen Grippe oder, wie auch vermutet wird, nach einem Schwangerschaftsabbruch gestorben war: »Ein sinnloser, brutaler Akt des Schicksals«, schrieb Freud am Tag ihres Todes an seinen Schwiegersohn, den Fotografen Max Halberstadt. In Erinnerung an seine geliebte Tochter trug er ihr Foto in einem Medaillon an seiner Uhrkette stets bei sich.

Wie es stolze Großväter zu tun pflegen, pries Freud den Sonnenschein der Familie in überbordender Weise: »Mein kleiner Enkel hier ist das geistreichste Kind dieses Alters.« An anderer Stelle nannte er ihn schlicht »genial«. Kein Wunder also, dass der plötzliche Tod des Kleinen den Großvater in tiefe Trauer stürzte. Er habe kaum je einen Menschen, gewiss jedoch nie ein Kind so lieb gehabt wie das Heinele: »Diesen Verlust vertrage ich so schlecht, ich glaube, ich habe nie etwas Schwereres erlebt. Im Grund ist mir alles entwertet.« Bei der Nachricht von dessen Tod soll Freud Tränen vergossen haben; es war nach der Erinnerung aller, die ihm nahestanden, das einzige Mal, dass man ihn weinen sah. Offenbar erschütterte ihn das Schicksal dieses Kindes weit mehr als die eigene Krebserkrankung, und er äußerte, noch nie unter einer Depression gelitten zu haben, »aber das muß jetzt eine sein«. Nach eigenem Bekenntnis habe er sich danach seines Lebens nicht mehr freuen können, nicht einmal auf Rom. Noch unter den Folgen der weitgehend missglückten Operation schrieb Freud wenige Tage vor der Abreise nach Italien ziemlich niedergedrückt an Ferenczi: »Noch immer im Maul gequält und von ohnmächtiger Sehnsucht nach dem lieben Kind besessen.«

Vom nächsten Schicksalsschlag erfuhr Freud von seiner Schwiegertochter Lucie. Am 13. Juli 1923 meldete der »Märkische Stadt- und Landbote«, dass »der neunzehn Jahre alte Kaufmannslehrling Theodor Freud« beim Baden im Mäckersee bei Eberswalde ertrunken sei. Theodor, genannt Teddy, war das jüngste Kind von Freuds Schwester Marie (Mitzi), der einzige Sohn nach drei Töchtern. Drei Jahre zuvor war ihr Mann, Moritz Freud, gestorben. Von dem neuen Schmerz wie gelähmt, schrieb Freud an Anna: »Ich bin immer noch abgestumpft gegen Neues.« Die Vorfreude auf die bevorstehende Rom-Reise wurde Mitte August ein weiteres Mal erschüttert. Freuds

Lieblingsnichte hatte ihrem Leben im Alter von dreiundzwanzig Jahren ein Ende gesetzt. Cäcilie Graf, in der Familie nur Mausi gerufen, war die Tochter seiner zweitältesten Schwester Rosa. Anna hatte sich mit ihrer Cousine, die nach dem Abitur in Wien ein Medizinstudium aufgenommen hatte, in Bad Ischl während gemeinsamer Ferien enger befreundet. Die junge Frau war schwanger geworden – für sie offenbar ein so auswegloser Konflikt, dass sie am 18. August in einer depressiven Stimmung eine Überdosis Veronal nahm. Sie hinterließ Anna einen verstörenden Abschiedsbrief, der einen weiteren langen Schatten auf die bevorstehende Rom-Reise warf. »Es ist etwas viel für eine Saison« – so lautete Freuds Fazit in diesem verhängnisvollen Sommer 1923.

Um sich von den qualvollen letzten Monaten zu erholen und für Rom zu rüsten, war er bereits Ende Juni in Begleitung seiner Schwägerin Minna für vier Wochen zur Kur nach Bad Gastein aufgebrochen, während Martha mit Anna und Enkel Ernstl Halberstadt zur gleichen Zeit am Ossiacher See im feudalen »Grand Hotel« ihre Ferien verbrachten. Für den August hatte sich Freud in Lavarone im »Hotel du Lac« eingemietet, das zu seinen Lieblingsquartieren zählte und das heute noch mit dem prominentesten Gast des Hauses wirbt.

Am 1. September ging es dann endlich los in Richtung Rom. Eine Nacht und den folgenden Tag verbrachten Vater und Tochter in Verona, von wo aus sie mit dem Nachtexpress ihrem Ziel entgegenfuhren. Während des Frühstücks im Speisewagen kam es zu einem Zwischenfall, der die Weiterreise ernsthaft zu gefährden schien: Freud erlitt eine heftige Mundblutung, die sich zwar wieder beruhigte, aber anzeigte, wie prekär es um seine Gesundheit stand. Die Fahrt war unbequem und heiß, so erinnert sich Anna in einem Tagebuch, das sie leider nicht über den ersten Tag hinaus fortsetzte. Gestört fühlten sich die beiden von »lauten und unangenehmen Amerikanern aus Cincinnati, die immer wieder zu sprechen begannen, obwohl wir genügend ablehnend waren«. Dass die Frau sie für Italiener hielt und sich nach römischen Perlen erkundigte, die sie in Rom zu kaufen gedachte, ließ Anna noch durchgehen; dass aber der Amerikaner die Hügel des Apennins für Ausläufer des Urals hielt, bestätigte alle abfälligen Bemerkungen ihres Vaters über ahnungslose Amerikaner, die durch Europa tourten. Doch das ist mit einem Schlag vergessen: »Um 12 Uhr Mittag fahren wir in Rom ein.« Der Hotelomnibus erwartet sie bereits, und »Papa zeigt mir, gleich gegenüber dem Bahnhof, die Thermen des Diocletian«. Wie schon bei den letzten beiden Rom-Reisen 1912 und 1913 hat Freud Zimmer im vertrauten »Hotel Eden« an der Via Ludovisi 49 gebucht. Anna ist höchst angetan von Lage, Komfort und Ausstattung der Zimmer 119 und 120, die sie beziehen. Zwar müssen einige Möbel verrückt werden, darunter der Schreibtisch, um Freud bei geöffnetem Fenster vor Wind zu schützen, und »eine Toilette mit Marmorplatte«, die in einen Spieltisch verwandelt wird, doch dann steht dem Genuss nichts mehr im Wege. »Vor Papas Fenster stehen zwei ganz besonders spitz zulaufende Cypressen, die bei leichtem Luftzug beständig sehr feierlich nicken. Das haben sie, wie Papa erzählt, schon 1913 getan.« Die Aurelianische Stadtmauer und die Gartenanlagen der Villa Borghese, die Kirche Santa Trinità dei Monti und die beiden Türme der Villa Medici – alles ist zum Greifen nahe. Ärgerlich nur, dass ihr Gepäck erst mit einem Tag Verzögerung eintrifft und sie ihre Garderobe nicht wechseln können. Ein Gang über die Via Sistina und die Spanische Treppe hinunter auf den Corso belohnt allerdings reichlich, wie Anna abschließend ins Tagebuch schreibt.

Auf der Stelle ist Anna von Rom wie verzaubert. Das Gewimmel in der Stadt und die lebensfrohe, dem Augenblick hingegebene Art der Römer sind ihr sogleich sympathisch. Ihre schönsten Träume werden wahr. Nach einem vorzüglichen Nachtmahl ist auch Freud zufrieden. Nach Hause meldet er: »Alles unverändert schön.« Und an Lou Andreas-Salomé in Göttingen schreibt er: »So bin ich wieder in Rom und merke, es wird mir wohltun. Was für eine gute Gesellschaft meine kleine Tochter ist, merke ich erst hier.« Doch auch Rom kann nicht darüber hinwegtäuschen, wie es gesundheitlich um ihn steht, woran der Blick in eine amerikanische Zeitung gemahnt, die den nahen Tod des weltberühmten Wiener Nervenarztes verkündet. Freud nimmt es mit Humor: »In einer zugeschickten Zeitung aus Chicago lese ich, dass ich slowly dying bin, nicht mehr arbeite, und daß alle meine Schüler zu meinem spiritual son Dr. Otto Rank gehen. Es ist sehr lehrreich für die Entstehung von Gerüchten und die Ausbildung der Hüllen um den realen Kern. Ganz erfunden ist es ja nicht, die Zusendung tröstet mich, denn es gibt keinen Tod, nur das Schlechte kann sterben.« Noch aus dem Sommerquartier in Lavarone hatte er in Anlehnung an den gleichnamigen Balzac-Roman seinem Bruder Alexander geschrieben, seine »peau de chagrin«, das todbringende Glücksleder, sei kurz geworden, »und gerade darum will ich die letzten Stückchen theuer verwenden, will Rom noch einmal sehen u Anna eine große Freude bereiten«. Tatsächlich wurde seine siebte Reise in die geliebte Stadt zugleich die letzte. Umso mehr gefällt ihm, dass seine Tochter die Tage sichtlich genießt und »für alle Seiten der römischen Polydimensionalität gleich empfänglich ist«. Ihre Neugierde imponiert ihm und auch, dass sie sich auf ihn als kundigen Stadtführer einlässt: »Papa [...] hat mich so gut in alles eingeführt, bei allen Schönheiten, Altertümern und Merkwürdigkeiten heimisch gemacht, daß ich mich hier schon allem zugehörig fühle, so als wäre ich die vielen Male, die er es gesehen hat, auch schon mit ihm gewesen.« Und er quittiert schwärmerisch: »Anna war prächtig, hat alles verstanden und genossen, und ich wurde sehr stolz auf sie.« Kein Wunder also, dass er »Stunden von vollem Behagen« erlebt, wie er einem Freund schreibt.

Kreuz und quer erkunden die beiden in den nächsten drei Wochen die Stadt nach dem handschriftlich verfassten Reiseplan, den Freud minutiös ausgearbeitet hatte. Herausgekommen war mehr ein Katalog des Gesehenen und weniger der Dinge, die er noch zu sehen wünschte. Entdeckungen sind für ihn ohnehin nicht mehr zu machen. Viel hat sich seit seinem letzten Besuch 1913 nicht geändert. Nur dass Rom »theuer und geräuschvoller« geworden ist, fällt ihm auf. Doch das scheint ihn auch nicht sonderlich zu bekümmern, denn es geht ja um Anna, der er sein Rom auf täglich wechselnden Rundgängen zeigen möchte. Der Baedeker hatte für einen vierzehntägigen Aufenthalt in der Stadt »bei vielfacher Benutzung von Droschken« eine »Zeiteinteilung« vorgeschlagen, die sich dagegen ausnimmt wie ein nur wenig inspirierter Spaziergang für Flaneure. Jeden der einundzwanzig Tage hatte Freud penibel durchgetaktet. Selbst die Zeit für die unverzichtbaren Einkäufe ist eingeplant. Wer je Rom besucht hat, kann einigermaßen abschätzen, welcher Kondition es bedurfte, das vorgesetzte Pensum zu bewältigen. Immerhin sind die Abende zur Entspannung und zur Unterhaltung frei gehalten. Einmal ist sogar ein Kinoabend vorgesehen. Anna hatte die Bekanntschaft der Tochter des Hotelteilhabers, Francesco Nistelweck, gemacht, und vermutlich sind die beiden jungen Damen tatsächlich ins Kino gegangen. Verbürgt ist das nicht, denn Freud vermerkt im Reiseplan nur kurz »Kino« und an die Familie daheim: »Anna geht heute mit ihr aus.« Welchen Film sie sahen, womöglich im Freilufttheater an der Piazza Colonna, wissen wir nicht.

Wie wir ohnehin über den tatsächlichen Tagesablauf auf Spekulationen angewiesen sind, weil sich nur wenige Briefe von dieser längsten aller Freud'schen Rom-Reisen erhalten haben. Vor allem fehlen die sonst obligatorischen Tagesbulletins an seine Frau und die Kinder. Allerdings finden sich in seiner Planung Hinweise auf Orte, die er bei früheren Reisen zwar inspiziert, jedoch nie erwähnt hatte, wie etwa das Denkmal Giordano Brunos in der Mitte des Campo de' Fiori. Auf dem »Blumenmarkt«, der heute ein touristischer Hotspot ist, beging die Heilige Römische Kirche einst einen der schlimmsten Justizmorde ihrer Geschichte. Der Fall war Freud bekannt. Vor

Folgende Seiten:
21/22 »Was für eine gute Gesellschaft meine kleine Tochter ist, merke ich erst hier.« Freuds handschriftlicher »Reisekalender« für die Rom-Fahrt mit Tochter Anna im September 1923. Wer Rom schon einmal besucht hat, weiß, welcher Kondition es bedurfte, das vom Vater vorgesehene Pensum zu bewältigen.

206

Rom

	vor.	nachm.	abds
1.	—	corso	—
2.	Forum Kap.	Pincio	—
3.	Palatin	Gianicolo Vatikan	—
4.	Museo naz.	Pantheon Coloss. P. navona Maria s. Mine	
5.	Mus. Vatic	G. Bruno	
[illegible]	#	Moses Bocca d. l. Verità 2 tempel Port octav carcer	
6.	Museo capitol	Janus Palatin	
7.	Sistina Stanze	protest. friedh. S. Sabas S. Sabina Aventino cestius	
8.	S. Angelo.	Caec. Metella via appia columbari	
9.	Villa Giulia	S. Paolo Tre fontane	
10.	Vatican Loggien Bibliot.	Celio Via Latina (Tombe)	

	vor.	nachm.	abends
11.	Laterano	—	Kino
12.	M. Tarp. Aracoeli Mus. Kirch.	Aq. acet. Ponte molle	—
13.	Tivoli	Villa d'Este.	—
14.	Doria	—	
15.	Pinacoteca vatic. S. Maria d. Popolo	Prassede Maria magg. S. Croce S. Lorenzo. Eurysaces	
16.	Zool. Gart. Gall. Borghese	Maria s. Min dell pace Cam. commerc. Isola Tevere Palazz. farnese Spada Cancellaria Massimi	
17.	Corsini farnesina	P. Pia Gesù S. Clemente.	
18.	—	Einkäufe (Silberkette)	
19.	Campo di Fiori	Via Appia, San Sebastiano Ausgrab. Hermes.	
20.	Via Nazionale, Ledereinkäufe	Mte Mario, Camilluccia	Fontana Trevi
21.	Einkäufe	Palatin Café Aragno	Abreise

dem Heiligen Offizium im Festsaal des römischen Klosters St. Maria sopra Minerva hatte der abtrünnige, im Büßerhemd kniende Dominikanermönch sein Todesurteil entgegengenommen, aber trotz Folter und Drohungen nicht widerrufen – anders als Galileo Galilei, der dreiunddreißig Jahre später seine Lehren dementierte und so wenigstens sein Leben in die Florentiner Verbannung rettete. Auf dem römischen Markplatz wurde Giordano Bruno am 17. Februar des Jahres 1600 vor den Augen vieler neugieriger Gaffer bei lebendigem Leibe verbrannt. An das Opfer päpstlicher Tyrannei erinnert seit dem 9. Juni 1889 ein Denkmal, das Freud ausdrücklich zur Besichtigung mit Anna vorgesehen hatte. Die Figur des gelehrten Ketzers steht als düsterer Seher mit tief in die Stirn gezogener Kapuze auf einem Sockel, dessen Relief »feiste Mönche und fanatische Blutrichter bei ihrer perfiden Unterdrückungsarbeit« zeige. Gewiss hätte Freud der Text gefallen, den die Wahlrömerin Ingeborg Bachmann im Andenken an das klerikale Mordopfer ein Vierteljahrhundert später verfasste: »Jeden Sonnabend, wenn um ihn herum die Buden abgerissen werden und nur mehr die Blumenfrauen zurückbleiben, wenn der Gestank von Fisch, Chlor und verfaultem Obst auf dem Platz verebbt, tragen die Männer den Abfall, der geblieben ist, nachdem alles verfeilscht wurde, vor seinen Augen zusammen und zünden den Haufen an. Wieder steigt Rauch auf, und die Flammen drehen sich in der Luft. Eine Frau schreit, und die anderen schreien mit. Weil die Flammen farblos sind in dem starken Licht, sieht man nicht, wie weit sie reichen und wonach sie schlagen. Aber der Mann auf dem Sockel weiß es und widerruft dennoch nicht.«

Nichts, was Freud bei allen seinen bisherigen Rom-Besuchen gesehen und bestaunt hatte, lässt er aus, um es der geliebten Tochter zu zeigen: Sie steigen hinab in die Katakomben an der Via Appia, hinauf auf den Gianicolo und den Pincio, den Palatin und den Aventin, sie durchstreifen den Park der Villa Borghese und gehen in den Zoologischen Garten. Sie lassen kein Museum, keinen der prächtigen Paläste und nicht eine der großen Kathedralen aus, selbstverständlich auch nicht die Kirche San Pietro in Vincoli mit der Moses-Statue. Die vatikanischen Schatzhäuser mit der Sixtina und den Stanzen des Raffael besuchen sie gleich mehrmals. Auch der Protestantische Friedhof, den die Römer nur Cimitero Acattolico nennen, steht auf dem Programm. Nahe der Porta San Paolo, gleich neben der Cestius-Pyramide und einem der Haupttore der Aurelianischen Mauer, ruhen Nichtkatholiken, Juden und Atheisten aus aller Welt. Diesen, wie viele meinen, vielleicht stimmungsvollsten Ort in Rom, hatte Goethe idealerweise für sein eigenes Begräbnis in Betracht gezogen, wie in der siebten »Römischen Elegie« nachzulesen ist: »Dulde mich, Jupiter, hier, und Hermes führe mich später, / Cestius' Mal vorbei, leise zum Orkus hinab.« Zu diesem Zweck entwarf er sogar eine Skizze für ein Grabmal ganz in der Nähe der Cestius-Pyramide, der er zwei seiner schönsten römischen Zeichnungen widmete. Auf diesem Gottesacker wurde auch sein Sohn August beerdigt, der in Rom sein Heil gesucht hatte und dort nach einem unglücklichen Leben im Schatten des übergroßen Vaters am 27. Oktober 1830 gestorben war. Goethes Instruktionen folgend, wurde in den Grabstein eine lateinische Inschrift gemeißelt: »GOETHE FILIVS / PATRI / ANTEVERTENS / OBIIT / ANNOR[VM] XL / MDCCCXXX (»Der Sohn Goethe, seinem Vater vorausschreitend, starb vierzigjährig in Rom«). Wir dürfen sicher sein, dass Freud an seinem Grab stand. Vielleicht gingen er und Anna auch noch einige Schritte weiter zur Grabstelle von John Keats, dem englischen Romantiker, der bis zu seinem Tod mit seinem Freud Percy Bysshe Shelley in einem Haus direkt an der Spanischen Treppe lebte, dort, wo auch Freuds Hotel lag. Wer weiß, was geschehen wäre, wenn dieser seinen Plan wahr gemacht und seinen Alterssitz in Rom genommen hätte. Ob er seine letzte Ruhestätte auf diesem Friedhof gefunden hätte?

Bemerkenswert, dass Freud keinen Besuch des nahe gelegenen jüdischen Ghettos und der einzigen Synagoge Roms am Lungotevere eingeplant hatte. Einmal streifen Vater und Tochter am Portico di Ottavia jenen Ort, an dem Juden über viele Jahrhunderte beschimpft, verspottet, gedemütigt, vertrieben und getötet wurden – auch von jenen gesalbten Kirchenfürsten, die Giordano Bruno und Galileo Galilei auf dem Gewissen haben. Einer von ihnen, Papst Paul IV., hatte um den Portikus beim Marcellustheater 1555 das Ghetto errichten lassen und ihre Bewohner eingemauert. Hier befand sich im antiken Rom das Geschäftszentrum der römischen Kapitale, weshalb sich Juden seit dem zweiten Jahrhundert am rechten Tiber-Ufer niederließen. So beherbergt Rom bis auf den heutigen Tag die älteste jüdische Gemeinde des Abendlandes, älter als das Christentum. Auf einer Gedenktafel an der Synagoge wird der Leiden des jüdischen Volkes mit einer Bibelstelle aus den Klageliedern des Jeremias gedacht: »Der Herr ist gerecht, ich bin seinem Wort ungehorsam gewesen. Höret alle Völker und schaut meinen Schmerz! Meine Jungfrauen und Jünglinge sind in Gefangenschaft gegangen.« In der Nacht vom 15. zum 16. Oktober 1943 hatten SS-Polizeieinheiten unter dem Kommando des Hauptsturmführers Theodor Dannecker das Judenviertel Roms umstellt und seine Bewohner deportiert, von denen nur sechzehn überlebten und zurückkehrten.

Vor der Abreise am 21. September 1923 ist noch ein Besuch im Caffè Aragno vorgesehen, für Zeitgenossen das »fast einzige, wirkliche großstädtische Lokal der Hauptstadt«. Hier trafen sich bereits um die Jahrhundertwende Intellektuelle, Schriftsteller, Maler, Parlamentsabgeordnete und Regierungsangestellte. Zu den Dauergästen zählte auch der Soziologe Max Weber, der zwischen Oktober 1901 und März 1902 in Rom lebte. Im Herzen der katholischen Welt bereitete der »protestantische Leistungsvirtuose« ein Werk vor, das wesentliche Züge der modernen Welt aus dem Protestantismus erklärte. Dass sich Freud und Weber mit ihren Arbeiten zur Kenntnis nahmen, ist belegt, eine Begegnung der beiden Männer in Rom leider nicht.

Freuds letzte Postkarte datiert vom 16. September 1923: »Um den Abschied zu erleichtern«, schreibt er, »ist heute wieder Scirocco.« Es sollte ein Abschied für immer sein.

KAPITEL SECHS

Weiter nach dem Süden

Neapel, Sorrent, Capri, Amalfi: Zwischen Paradies und Affenkäfig

»Erste Enttäuschung. Vesuv raucht nicht.« Das schreibt Freud am 31. August 1902 nachmittags um vier in aufgeräumter Stimmung an seine Frau Martha. Zwei Stunden zuvor waren er und Alexander, nach anstrengender Zugfahrt aus Rom kommend, bei grau verhangenem Himmel in Neapel eingetroffen. Reichlich erschöpft begeben sie sich in das Restaurant Giardini di Torino in der Via Roma, das der Baedeker als das beste Lokal der Stadt empfahl. Die Nudelsuppe lässt Freud zurückgehen. Deswegen sei er nicht nach Neapel gereist. Immerhin vermag sich die Küche zu steigern: »Für bescheidene Bedürfnisse reicht's noch.«

Während andere berühmte Neapel-Reisende überwältigt sind von dem herrlichen Licht, in das die untergehende Sonne das Meer, die Berge und die Stadt taucht, fällt Freud nur ein schmallippiges »schauenswerth« ein. Einem solchen Sonnenuntergang hatte der kranke Nietzsche 1876 einen hymnisch gestimmten Aphorismus gewidmet: »Die edelste Art der Schönheit ist die, welche nicht auf einmal hinreißt, welche nicht stürmische und berauschende Angriffe macht, sondern jene langsam einsickernde, welche man fast unbemerkt mit sich fortträgt und die einem im Traum einmal wiederbegegnet, endlich aber von uns ganz Besitz nimmt, unser Auge mit Tränen, unser Herz mit Sehnsucht füllt.« Keine Spur davon bei Freud. Der oft bewunderten Mischung aus Lebenskunst, Müßiggang und »passione« kann er nichts abgewinnen. Anders als Goethe. Der war bei seinem ersten Besuch der Stadt wie verzaubert. Die Lebenslust der Neapolitaner wirkte ansteckend auf ihn. Hier könne man nie ganz unglücklich werden, und wenn man Neapel auch nur einmal gesehen habe, so werde man sich stets dorthin zurücksehnen. Die Ufer, die Buchten, der Vesuv, das Kastell, die Gartenanlagen, das Gewimmel der Stadt, die Grotte von Posillipo – alles »Lusträume«. Die Überzeugung der Neapolitaner, im Besitz des Paradieses zu sein, teilte er uneingeschränkt: »Jedermann lebt in einer Art trunkner Selbstvergessenheit. Mir geht es ebenso, ich erkenne mich kaum, ich scheine mir ein ganz anderer Mensch. Gestern dacht' ich: Entweder du warst sonst toll, oder du bist es jetzt.« In Rom war es die Kunst, die Goethe überwältigte, in Neapel die Natur und das pittoreske Volksleben: »Wenn man in Rom gern studieren mag, so will man hier nur leben; man vergißt sich und die Welt, und für mich ist es eine wunderliche Empfindung, nur mit genießenden Menschen umzugehen.«

Für eine solche Sichtweise fehlte Freud jedes Verständnis. Kostüme und Bräuche, das Treiben der Handwerker, die Rufe der fliegenden Händler, die lustig-bunten Inszenierungen ständiger Umzüge, die Goethe so begeisterten, interessierten ihn nicht sonderlich. Er nahm die Stadt gänzlich anders wahr: »Die Menschen aber sind häßlich, oft ekelhaft, schauen aus wie Galeerensträflinge. Spektakel u Schweinerei sind wie im Mittelalter.« Da ging es ihm wie dem Historiker und Biographen des mittelalterlichen Roms, Ferdinand Gregorovius, für den Neapel »geradezu etwas Abstoßendes« hatte. Hundert Jahre später fällte Walter Benjamin ein ähnliches Urteil: »Phantastische Reiseberichte haben die Stadt betuscht. In Wirklichkeit ist sie grau […]. Die Stadt ist felsenhaft. Aus der Höhe, wo die Rufe nicht heraufdringen, vom Castell San Martino gesehen, liegt sie in der Abenddämmerung ausgestorben, ins Gestein verwachsen. […] Mietskasernen mit sechs und sieben Stockwerken, auf Untergründen, an denen Treppen herauflaufen, erscheinen gegen die Villen als Wolkenkratzer. […] Weiterhin leiten Stufen zum Meer, in Fischerkneipen, die man in natürlichen Grotten eingerichtet hat. Trübes Licht und dünne

23 »Der Blick ist wirklich schauenswerth.« Die Aussicht auf die Bucht von Neapel mit dem Vesuv im Hintergrund gefiel Freud, die Stadt selbst nahm er in einer Mischung aus »Hundenest und Affenkäfig« wahr.

Musik dringt abends von dort nach oben. […] In solchen Winkeln erkennt man kaum, wo noch fortgebaut und wo der Verfall schon eingetreten ist.«

Der morbide Charme der »tiefgekerbten Gassen, die sich durch getürmtes Wohnen unten dunkel nach dem Hafen drängen«, wie Rilke nach einem Besuch der Stadt festhielt, ließ Freud kalt. Auf ganzer Linie enttäuscht, scheint ihm alle Genussfähigkeit abhandengekommen zu sein, und so fällt das sonst üppige Besuchsprogramm diesmal sehr übersichtlich aus. Mit seinem Bruder besichtigt er zwar das sagenumwobene Aquarium, das der deutsche Zoologe Anton Felix Dohrn unter tätiger Mithilfe der beiden Siemens-Begründer 1874 errichtet hatte, und in der Kirche Santa Maria del Carmine Maggiore das Standbild von Konstantin von Hohenstaufen, dem Enkel Friedrichs II., »sonst aber nichts«. Vorerst steuert er nicht einmal das Museo Archeologico Nazionale an, für das Nietzsche sogar seinen Wohnsitz nach Neapel verlegen wollte, weil man nirgends auf der Welt das griechische Altertum besser studieren könne. Dem depressiv gestimmten Philosophen, der am Golf seine Gesundheit wiederzugewinnen hoffte, machten auch die »Cloaken der Pöbelquartiere« nichts aus. Für Freud sind sie ein Gräuel. Derlei Reize, die im 19. Jahrhundert das orientalisch anmutende Neapel als südlichste Stadt der großen europäischen Bildungsreise fest etabliert hatten, verfehlen auf ihn alle Wirkung. Selbst ein Besuch beim Friseur kann ihn nicht aufmuntern: »Ein Künstler, der sich Zeit gelassen hat.«

Bereits einen Tag später verlassen die Brüder das ungeliebte Neapel und brechen nach Sorrent auf, wo sie im »Hotel Cocumella« absteigen, einer heutzutage veritablen 5-Sterne-Luxusherberge mit unverändert traumhafter Aussicht auf den Golf von Neapel. Der Stimmungsumschwung stellt sich auf der Stelle ein: »Endlich. Hier ist das Schlaraffenland.« Vom Hotel steigt Freud beschwingt über Tunnel und Treppen hinab zum Strand und nimmt ein Bad im Meer, wie er es auf Reisen so liebte. Anschließend gibt es im Hotelgarten unter Orangenbäumen und Palmen ein köstliches Zwiebelomelette.

Das sind für ihn Momente gegenwärtigen Entzückens. In der Ferne taucht aus dem Nebel der Vesuv auf, der wieder tüchtig raucht und »auf dessen Spitze ein feines Wölkchen schwebt«. Einzig dass ihm die Silhouette Neapels in den Blick gerät, stört den heiteren Taumel, in den er geraten ist: »Dort liegt das Hundenest u der Affenkäfig, in dem es nicht zu leben war.«

Sorrent dagegen und seine bezaubernde mediterrane Atmosphäre nehmen Freud vollends gefangen. Von elf bis vier könne man sich nicht rühren, nur mit einer Barke übers Meer fahren: »Wehe dem, der versucht zu gehen. Alle Ausflüge ruhen also noch, diese beiden ersten Tage in Sorrent sind mit Seebad u dolce far niente hingegangen«, meldet er der Familie. Er liegt zwei Stunden im Wasser, fängt Seetiere und lässt sich übers Meer schippern. Jetzt begreife er endlich, was »man von der Wirkung des Südens auf Character und Thatkraft sonst gehört hat«. Nur einmal unterbricht er die genussreichen Tage in Sorrent und holt den Besuch im Nationalmuseum von Neapel mit seiner weltberühmten Altertumssammlung nach, steigt auf den Vesuv hinauf und in die Höhle der Sibylle hinab, beschrieben in Vergils »Aeneis«, der er das Motto für seine »Traumdeutung« entlehnt hatte. Doch dann duldet die Lebenslust keinen weiteren Aufschub, und die beiden Reisenden brechen von Sorrent zu einer Bootsfahrt entlang der Küste auf: Amalfi, Salerno, Paestum – »bis zu einem Loch in einer Wand, durch das durchzukommen nicht leicht war«. Selbstverständlich stand die Blaue Grotte von Capri auf dem Programm, die der verkrachte Kunststudent August Kopisch mit zwei Begleitern am 17. August 1826 bei einer Lustpartie zufällig wiederentdeckt hatte, was den Ort zu einem unwiderstehlichen Anziehungspunkt machte. Freud stört das schon damals entsetzliche Gedränge auf dem »höchst verrückten Doppelfelsen mit kleinem Sattel dazwischen« und bilanziert etwas einsilbig: »Drin war es wirklich merkwürdig blau.«

Im September 1937, zwei Jahre vor seinem Tod, kommt ihm der Ausflug nach Capri wehmütig in den Sinn. Sein Sohn Martin hatte eine Reise dorthin unternommen und dem Vater davon berichtet.

Freud antwortete umgehend: »Es war sehr heiß, und wir waren die einzigen Gäste im September. Der Schiffer, der uns in die Blaue Grotte führte, erzählt uns Schauergeschichten von einem gewissen Timperio, glaube ich, der einmal auf der Insel gehaust. Der Vesuv war auch tätig und produzierte eine Rauchwolke bei Tag und eine Feuerwolke bei Nacht, ganz wie der Gott des Auszugs in der Bibel.« An die bezaubernd schönen Tage am Golf erinnerte er sich auch, als sein Sohn Ernst mit seiner Frau Lucie im Spätsommer 1920 zu einer Italien-Reise aufgebrochen war: »Hoffentlich versäumt Ihr nicht Sorrent u die Straße nach Amalfi – das Schönste, was ich gesehen habe – von mir zu grüßen.«

Pompeji oder: Psychoanalyse durch Archäologie

Einen ganzen Tag reserviert der Antikenkenner für das von Lava und Ascheregen zugedeckte Pompeji, das 1738 aus seinem Dornröschenschlaf erweckt worden war und Goethe seinerzeit zu dem Satz veranlasste: »Ich weiß nicht leicht etwas Interessanteres.« Dieser Befund war Freud aus dem Herzen gesprochen. Abgesehen von Rom hatte er sich zuvor mit keiner anderen Stadt in Italien so intensiv beschäftigt, Fachliteratur besorgt und topographische Karten studiert. Als Hauptquelle für seine Vorbereitung diente ihm das Standardwerk »Pompeji in seinen Gebäuden, Alterthümern und Kunstwerken« des deutschen Archäologen Johannes Overbeck, der das Kunststück fertiggebracht hatte, bis zur Veröffentlichung seines Buches die untergegangene und inzwischen ausgegrabene Stadt nie betreten zu haben. Kein unübliches Verfahren im 19. Jahrhundert, vor allem nicht in der erzählenden Literatur. Auch Eichendorff, E. T. A. Hoffmann oder Wilhelm Hauff waren nie in Italien und wählten doch italienische Schauplätze. Zur wahren Meisterschaft brachte es Jean Paul, der im »Titan« in schier unglaublicher Präzisionsarbeit Rom und die Landschaftspanoramen am Golf von Neapel inklusive feuerspeienden Berges, Herculaneum und Pompeji beschrieb, als habe er dort

24 Via di Mercurio in Pompeji. Die Psychoanalyse als »Archäologie der Seele« fand eine direkte Entsprechung in Freuds ausgeprägter Sammelleidenschaft antiker Gegenstände.

Monate auf Recherchereise zugebracht. Der Krater des Vesuv, »Feuerschlucht und Rauchpforte« zugleich, kam ihm vor wie eine »Werkstätte des Jüngsten Tages – voll zerbrochener Welt-Stücken, gefrorner, geborstener Höllenflüsse – ein ungeheurer Scherbenberg der Zeit«, und wir dürfen annehmen, dass Freud, dem eifrigen Jean-Paul-Leser, diese Passagen vertraut war. Auch William Turner, der englische Großmeister der Naturbeobachtung und Schöpfer umwerfender Sonnenuntergänge, hatte 1817 einen Ausbruch des europäischen Vorzeigevulkans gemalt, bevor er ihn zwei Jahre später auf seiner ersten Italien-Reise selbst in Augenschein nahm und dann, wie es auch Freud ergangen war, die berühmte Rauchsäule des Vulkans vermisste.

Die von Freud zur Vorbereitung seiner Reise benutzte vierte Auflage des Overbeck-Klassikers von 1884 hatte August Mau betreut, seit 1873 Sekretär am Deutschen Archäologischen Institut in Rom, ein Kenner der Materie wie kaum ein Zweiter. Zur Jahrhundertwende legte er ein eigenes Buch vor: »Pompeji in Leben und Kunst«, das den unterrichteten Reisenden auf den jüngsten Stand der Ausgrabungen brachte und auch für Freud eine unentbehrliche Grundlage war, zumal dem Band neueste Pläne der Straßenzüge und Villen beigegeben waren. Bestens orientiert, durchstreift er erstmals am 5. September 1902 das so lange begehrte Ziel. Glücklich erwirbt der große Archäologe des Unbewussten zwanzig Ansichtskarten und gibt sie am gleichen Tag auf die Post, um das Ereignis im Freundeskreis gebührend bekannt zu machen. Dass er ausgeglühte Lava aufsammelt und als Trophäe mit nach Wien bringt, versteht sich von selbst.

Was Freud am Originalschauplatz an jenem heißen Septembertag in Pompeji durch den Kopf ging, wissen wir nicht. In seinen Reisebriefen findet sich keine einzige Bemerkung. Ob er wie Goethe die erhabene Dimension vermisste und sich wie der Reisende aus Weimar eher an eine Ansammlung von Puppenhäusern erinnert fühlte? Ob ihm der Fußwanderer Johann Gottfried Seume in den Sinn gekommen sein mag? Der war 1802 eine Stunde in den »aufgegrabenen Gassen und zutage geförderten Häusern Pompejis« herumgelaufen, um dann festzustellen: »Die Alten wohnten doch ziemlich eng.« Vielleicht erging es ihm auch wie dem Helden in Edward Bulwer-Lyttons Roman »Die letzten Tage von Pompeji« von 1834, der die Ruinenstadt als »Guckkasten« erlebte, den sich die Götter ausgedacht hatten, um einen vergnüglichen Blick auf eine lasterhafte und zum Untergang bestimmte Gesellschaft werfen zu können.

Naheliegender erscheint es indes, dass sich Freud eher an seinen Vortrag »Zur Ätiologie der Hysterie« erinnert haben mag, den er 1896 vor dem Wiener Verein für Psychiatrie und Neurologie gehalten hatte, in dem er erstmals die später zum Klischee gewordene Analogie zwischen Archäologie und psychoanalytischer Arbeit formulierte: »Nehmen Sie an, ein reisender Forscher käme in eine wenig bekannte Gegend, in welcher ein Trümmerfeld mit Mauerresten, Bruchstücken von Säulen, von Tafeln mit verwischten und unlesbaren Schriftzeichen sein Interesse erweckte. Er kann sich damit begnügen, zu beschauen, was frei zutage liegt, dann die in der Nähe hausenden, etwa halbbarbarischen Einwohner ausfragen, was ihnen die Tradition über die Geschichte und Bedeutung jener monumentalen Reste kundgegeben hat, ihre Auskünfte aufzeichnen und – weiterreisen. Er kann aber auch anders vorgehen; er kann Hacken, Schaufeln und Spaten mitgebracht haben, die Anwohner für die Arbeit mit diesen Werkzeugen bestimmen, mit ihnen das Trümmerfeld in Angriff nehmen, den Schutt wegschaffen und von den sichtbaren Resten aus das Vergrabene aufdecken. Lohnt der Erfolg seine Arbeit, so erläutern die Funde sich selbst; die Mauerreste gehören zur Umwallung eines Palastes oder Schatzhauses, aus den Säulentrümmern ergänzt sich ein Tempel, die zahlreich gefundenen, im glücklichen Falle bilinguen Inschriften enthüllen ein Alphabet und eine Sprache, und deren Entzifferung und Übersetzung ergibt ungeahnte Aufschlüsse über die Ereignisse der Vorzeit, zu deren Gedächtnis jene Monumente erbaut worden sind. *Saxa loquuntur!*«

So wie die Steine zum Archäologen sprechen, der die Überreste einer untergegangenen Kultur freilegt, aus stehengebliebenen Trümmern die Anzahl und Stellung von Säulen bestimmt und aus Schuttresten einstige Wandgemälde rekonstruiert, »genauso geht der Analytiker vor, wenn er seine Schlüsse aus Erinnerungsbrocken, Assoziationen und aktiven Äußerungen des Analysierten zieht«. Die Metapher von der »Archäologie der Seele« machte rasch Karriere, nicht nur in Freuds Schriften und Briefen. Sie fand eine direkte Entsprechung in seiner ausgeprägten Leidenschaft für seine Antikensammlung und den zahlreichen Italien-Reisen, bei denen die klassischen Ausgrabungsstätten nie fehlen durften.

»Es gibt wirklich keine bessere Analogie für die Verdrängung, die etwas Seelisches zugleich unzugänglich macht und konserviert, als die Verschüttung, wie sie Pompeji zum Schicksal geworden ist und aus der die Stadt durch die Arbeit des Spatens wieder entstehen konnte.« So formulierte es Freud in einer Studie, in der er sich mit einem Text des heute vergessenen Wilhelm Jensen beschäftigte, der sich als Schüler Theodor Storms verstand und mit Wilhelm Raabe in einer Lebensfreudschaft verbunden war. Jensen hatte 1903 eine schmale Novelle vorgelegt: »Gradiva. Ein pompejanisches Phantasiestück«, von der Freud später meinte, sie sei »an sich nicht besonders wertvoll«. Was ihn interessierte, war anderes.

Jensen erzählt die Geschichte von Norbert Hanold, einem jungen Archäologen, der in einer römischen Antikensammlung das Halbrelief eines Mädchens entdeckt und von der Darstellung so gefesselt ist, dass er einen Gipsabdruck in seiner Studierstube in einer beliebigen deutschen Universitätsstadt aufhängt. Hanold ist fasziniert von ihrem ungewöhnlichen und reizvollen Gang, überhaupt von ihrer schlanken barfüßigen Gestalt, die von Kopf bis Fuß in weite Tücher gehüllt ist. Er nennt sie »Gradiva«, die Voranschreitende, die er sich in seinen Träumen als Patriziertochter hellenischer Herkunft vorstellt, die einst in Pompeji lebte und während des legendären Vulkanausbruchs 79 n. Chr. am Fuße des Apollontempels verschüttet wurde. Dorthin zieht es den Archäologen immer wieder zu Grabungen, getrieben von der Hoffnung, die steinerne Geliebte wiederzufinden, bis ihm die Gestalt seiner Wunschphantasien eines Tages leibhaftig begegnet. Ist es Traum, ist es Wirklichkeit? Tagelang läuft Hanold ihr ungläubig nach, bis sie ihn anspricht. Sie sei die Tochter eines berühmten Professors der Zoologie, der leider verrückt geworden sei, weswegen sie ihn in den Süden begleiten müsse. Tatsächlich ist die anmutige Gestalt ganz und gar lebendig, eine Frau aus Fleisch und Blut. Besser noch: Die vermeintliche Fremde ist seine Jugendfreundin Zoë Bertgang, was der junge Mann nur verdrängt hatte. Gradiva ist natürlich die Leidenschaft seiner jungen Jahre. Seine Vision ist die Wirklichkeit selbst. Zoë erkennt die Wahnideen als das, was sie sind. Wie eine Therapeutin legt sie Stück für Stück seine verschütteten Erinnerungen frei und führt den neurotischen Altertumsforscher ins seelische Gleichgewicht zurück. Durchaus im eigenen Interesse, denn auch sie ist von Hanold angezogen. Zum sentimental geratenen Schluss werden die beiden ein Paar, und der »aus der Verschüttung wieder ausgegrabene Kindheitsfreund« plant seine Hochzeitsreise – nach Italien und Pompeji.

Wie sich leicht denken lässt, gefiel Freud diese Geschichte, auf die ihn C. G. Jung wenige Monate vor ihrer ersten persönlichen Begegnung aufmerksam gemacht hatte. Ihn reizte weniger die literarische Qualität als der Gedanke, sich nach der »Traumdeutung« einmal um jene Träume zu kümmern, die überhaupt niemals geträumt wurden, und zwar um »die von Dichtern geschaffenen und erfundenen Personen im Zusammenhang einer Erzählung«. Die Sommerferien 1906, die er ohne Unterbrechung und ohne Italien-Reise am Gardasee und im Grödnertal verbrachte, nutzte er zur Niederschrift eines längeren Aufsatzes: »Der Wahn und die Träume in W. Jensens Gradiva«. Dass die ein Jahr später publizierte Arbeit nicht nur bei Jung, sondern auch in der öffentlichen Meinung gut ankam und zu seinen Lebzeiten in sieben Sprachen übersetzt wurde, darunter ins Russische und Japanische, quittierte er dankbar. Als Jung ihm schrieb, wie begeistert er von der herrlichen Gradiva-Interpretation sei und dass die Studie in seinem Bekanntenkreis »mit Wonne gelesen« werde, antwortete Freud geschmeichelt: »Es ist eigentlich das erstemal, daß ich ein warmes Wort über sie höre. [...] Ich wußte diesmal, daß die kleine Arbeit Lob verdient; sie ist in sonnigen Tagen entstanden und hatte mir selbst so viel Freude gemacht.« Auch die Kritik war angetan. Der Rezensent der Münchner »Allgemeinen Zeitung« pries die Schrift als meisterhafte Prosa, »um die ihn viele Berufsschriftsteller beneiden« müssten. Und in der Wiener »Zeit« war zu lesen, dass Jensens Intuition den schlagenden Beweis für die Richtigkeit von Freuds Traumtheorie geliefert habe.

Freud hielt die Novelle für eine »völlig korrekte psychiatrische Studie«. Um Fragen von Fiktion und Wirklichkeit kümmerte er sich nicht weiter. Er las den literarischen Text als Kranken- und Heilungsgeschichte, »wie zur Einschärfung gewisser fundamentaler Lehren der ärztlichen Seelenkunde bestimmt«, womit seine »Traumdeutung« gemeint war. Das Verfahren, das der Autor der Novelle zur Heilung des vom Wahn befallenen Norbert Hanold angewendet habe, zeige »eine weitgehende Ähnlichkeit, nein, eine volle Übereinstimmung im Wesen, mit einer therapeutischen Methode«, die er gemeinsam mit Josef Breuer in die Medizin eingeführt habe und deren Vervollkommnung er sich seither widme. Die psychoanalytische Methode bestünde darin, »daß man bei Kranken, die an analogen Störungen wie der Wahn Hanolds leiden, das Unbewußte, unter dessen Verdrängung sie erkrankt sind, zum Bewußtsein bringt, ganz so wie es Gradiva mit den verdrängten Erinnerungen an ihre Kindheitserinnerungen tut«. Die Analyse bringe gleichzeitig auch die Heilung, in diesem Fall durch den Versuch, verdrängte Liebe zu befreien. Bei aller Übereinstimmung zog Freud in Betracht, dass Wilhelm Jensen

25 Gradiva, die Voranschreitende. Durch Freuds Studie »Der Wahn und die Träume in W. Jensens Gradiva« (1907) wurde sie zu einer modernen mythologischen Gestalt, als Gipsabdruck hing sie über dem Fußende von Freuds Behandlungscouch in Wien.

seine Deutung der Erzählung womöglich nicht teilen könne oder ihr sogar ablehnend gegenüberstünde. Zur Klärung dieser Frage schickte er ein Exemplar seiner Studie an den Autor, der in Priem am Chiemsee wohnte, und bat um gelegentliche Antwort. Jensen, der von Freud noch nie gehört hatte, bedankte sich freundlich und teilte mit, dass er sich nicht habe träumen lassen, seinen Text »vom psychiatrischen Standpunkt aus beurteilt und gewürdigt zu sehen«. Im Großen und Ganzen stimme er der Interpretation »rückhaltlos« zu. Dadurch ermutigt, erkundigte sich Freud in einem zweiten Brief nach dem Ursprung des literarischen Stoffes. Die Idee, so bekannte Jensen freimütig, stamme aus der Begegnung mit einem alten Reliefbild, von dem er eine Kopie in einem Münchner Museum gefunden hätte. Nach dem Original habe er jahrelang vergebens gesucht, auch im Nationalmuseum von Neapel, und schließlich erfahren, dass sich das Abbild einer vermuteten Pompejanerin in Rom befinde. Der weitere Fortgang der Korrespondenz ließ Freud vermuten, dass wie Hanold auch der Autor der »Gradiva« selbst in seiner Kindheit »an einem kleinen Mädchen gehangen haben« müsse, das er vielleicht durch den Tod verloren hätte. Jensen bestätigte die Annahme: Eine mit ihm aufgewachsene Kindheitsfreundin sei »achtzehnjährig an der Schwindsucht« gestorben. Kurze Zeit später habe der Tod ihm abermals eine geliebte Frau geraubt: »Beide Gestalten verschmolzen sich für mein Gefühl in der Dichtung gewissermaßen zu einer.«

So durfte sich Freud in seiner Gradiva-Analyse überwiegend bestätigt sehen, ohne ihren Stellenwert zu überschätzen, wie er an C. G. Jung schrieb: »Sie bringt ja nichts Neues für uns, aber ich glaube, sie gestattet uns, sich unseres Reichtums zu erfreuen.« Gleichwohl bestärkte ihn seine Beschäftigung mit Wilhelm Jensen in der Bewunderung von Schriftstellern, deren Schaffen nicht hoch genug veranschlagt werden könne, »denn sie pflegen eine Menge von Dingen zwischen Himmel und Erde zu wissen, von denen sich die Schulweisheit noch nichts träumen läßt«. Jedenfalls rechnete er die Dichter zu »wertvollen Bundesgenossen«, auch weil er manche ihrer Hervorbringungen, wie er in einer späteren Ausgabe der »Traumdeutung« schrieb, als »Beweis für die Richtigkeit« seiner Traumanalyse verwerten konnte. Unter diesem Aspekt hatte er sich bereits im Sommer 1898 mit Conrad Ferdinand Meyers Novelle »Die Hochzeit des Mönchs« beschäftigt, die am mittelalterlichen Fürstenhof in Verona angesiedelt ist und eine mörderische Geschichte um einen entlaufenen Klosterbruder erzählt. Shakespeare, Goethe, E. T. A. Hoffmann und Dostojewski widmete er weitere »Studien«, in denen er sich mit den Mitteln der Psychoanalyse der Welt der Literatur mit großem Vergnügen näherte. Noch unter dem Eindruck seiner Gradiva-Studie hielt Freud am 6. Dezember 1907 vor neunzig Zuhörern in den Räumen des Verlagsbuchhändlers Hugo Heller, der selbst Mitglied der Wiener Psychoanalytischen Vereinigung war, einen Vortrag: »Der Dichter und das Phantasieren«, in dem er an seine Hauptthese aus der Beschäftigung mit der Novelle seines Schweizer Lieblingsautors Conrad Ferdinand Meyer anknüpfte: »Ein starkes aktuelles Erlebnis weckt im Dichter die Erinnerung an ein früheres, meist der Kindheit angehöriges Erlebnis auf, von welchem nun der Wunsch ausgeht, der sich in der Dichtung seine Erfüllung schafft.« An C. G. Jung schrieb er: »Es lief ohne Unfall ab, was ja hinreicht; für die zahlreichen Dichter und ihre Damen wird es schwere Kost gewesen sein. [...] Immerhin war es ein Einbruch in ein von uns bisher kaum gestreiftes Gebiet.«

So ganz aus dem Sinn ging ihm das Thema jedoch nicht. Im September 1907, wenige Monate nachdem seine kleine psychoanalytische Arbeit über Jensens Gradiva-Novelle erschienen war, sehen wir ihn bei seinem dritten Rom-Aufenthalt wieder in den Vatikanischen Museen. Gut möglich, dass er dort gezielt nach der Relieffigur des schreitenden Mädchens mit dem eigentümlich schönen Gang Ausschau hielt, dem Jensen den Namen »Gradiva« gegeben hatte. Jedenfalls meldet er seiner Frau zwei Tage vor der Abreise: »Denk Dir nur meine Freude, als ich nach so langer Zeit heute im Vatikan ein bekanntes liebes Gesicht sah; das Erkennen war aber einseitig, denn es war die Gradiva, hoch oben an der Wand.« Doch dabei belässt er es nicht. Er stellt intensive Nachforschungen an, zieht Fachliteratur zurate und macht das Ergebnis seiner Recherchen in einem Nachwort zur zweiten Auflage seiner Gradiva-Studie öffentlich: »Das von Jensen für römisch ausgegebene Relief gehört in Wirklichkeit der Blüte der griechischen Kunst an.« Außerdem sei die »Schreitende« Teil eines größeren Ganzen, deren fehlende Bruchstücke sich in Florenz und München befänden. Zusammengesetzt ergäben sie »zwei Reliefplatten mit je drei Gestalten, in denen man die Horen, die Göttinnen der Vegetation und die ihnen verwandten Gottheiten des befruchtenden Taus erkennen durfte«. Selbst in spezielleren archäologischen Fragen ließ sich Freud so schnell nichts vormachen. Und so verwundert es nicht, dass er über dem Fußende seiner Wiener Behandlungscouch neben einer Reproduktion von Ingres' »Ödipus und die Sphinx« einen Gipsabdruck der Gradiva anbrachte, sie auf diese Weise stets im Blick behaltend. Geschenkt hatte ihm die Kopie des Reliefs vermutlich sein Berliner Kollege Karl Abraham zu Weihnachten 1908, zu besichtigen ist es heutzutage im Londoner Freud Museum, und zwar in dem Raum, in dem Sigmund Freud am 23. September 1939 starb.

Sizilien: Das schönste Stück Italiens

»Italien ohne Sizilien«, notierte Goethe am 13. April 1787 in der »Italienischen Reise«, »macht gar kein Bild in der Seele: hier erst ist der Schlüssel zu allem.« Nicht anders sah es Freud. Auch dem folgenden Goethe-Satz an den Herzog Carl August in Weimar hätte er vermutlich vorbehaltlos zugestimmt: »Dass ich Sizilien gesehen habe, ist mir ein unzerstörlicher Schatz auf mein ganzes Leben.« Jedenfalls kehrt Freud im September 1910 restlos begeistert von seiner ersten und zugleich einzigen Sizilien-Reise nach Wien zurück und verschickt umgehend Briefe, die von seinem Reiseglück künden. An Abraham Brill, der ein Jahr später die New York Psychoanalytic Society gründete,

26 »Palermo war eine unerhörte Schwelgerei.« Während der Sizilien-Reise im September 1910 logierten Freud und sein Begleiter Sándor Ferenczi in »Weinen's Hotel de France« an der Piazza Marina.

schreibt er: »Die erste Woche war die schönste, die ich je auf Reisen verbracht habe.« In einem Brief an C. G. Jung wird er da schon konkreter: »Sizilien ist das schönste Stück von Italien und hat ganz einzige Stücke des untergegangenen Griechentums erhalten, infantile Reminiszenzen, die Schlüsse auf den Kernkomplex gestatten.« Der Märchen- und Mythenwelt des Homer ganz nahe, die Wohnstätte der Kyklopen und die Königstochter Nausikaa im Land der Phäaken vor Augen, wohin Odysseus verschlagen wird, um dann doch nicht zu bleiben, die lebendige Anschauung der ältesten Hinterlassenschaften der Griechen, deren nach Maß und Proportionen unfassbare Bauwerke, die blühende Vielfalt der Vegetation und die bukolische Landschaft: all das hatte den Freund und Kenner der Antike geradezu in Verzückung versetzt.

Gemeinsam mit dem mittlerweile als Reisegefährten erprobten Sándor Ferenczi bricht Freud am 31. August 1910 nach Sizilien auf. Sie starten in Holland, wo die Familie in Noordwijk ihren Sommerurlaub verbringt, nur die vierzehnjährige Anna muss nach Wien zurückkehren, um den Schulbeginn nicht zu verpassen. Ursprünglich war eine Schiffspassage über Genua nach Palermo ins Auge gefasst worden, doch die hatte Freud aus Gründen der Bequemlichkeit wieder verworfen: »Es spricht allerlei gegen die Seereise. Die Reise von Antwerpen nach Genua entspricht einer zehntägigen Gefangenschaft in beengtem Raum.« Stattdessen nehmen sie die Route mit der Eisenbahn über Paris, Mailand, Florenz und Rom nach Neapel, um sich von dort nach Palermo übersetzen zu lassen. Diese Strecke bevorzugte Freud auch deswegen, weil er unbedingt noch einen Halt in Rom einlegen wollte, »wo wir einen Tag pausieren würden, um die neuen Ausgrabungen auf dem Palatin und das neue Denkmal auf dem Kapitol zu sehen«. Und außerdem, ließ er Ferenczi wissen, »hielte ich darauf, daß Sie einen Tag lang den Vesuv und vielleicht auch Pompeji sehen«. Dieser ist mit Freuds »Verfügungen« selbstverständlich einverstanden und erkundigt sich nur noch, ob der Herr Professor »für die italienische Reise Smoking oder Frack« im Gepäck habe, worauf Freud erwidert: »Smoking und Frack erachte ich für ausgeschlossen und halte sie für eine amerikanische Reminiszenz bei Ihnen« – in Anspielung auf die gemeinsame Amerikareise ein Jahr zuvor, bei der auch C. G. Jung mit von der Partie war.

Am 8. September 1910 gehen Freud und Ferenczi in Palermo an Bord der »Siracusa«, die kurz vor Mitternacht in See sticht, vorbei an Capri und dem Golf von Salerno. Für die Strecke von 169 Seemeilen benötigt der Dampfer etwas mehr elf Stunden: »Es wird auch nicht weiter sein als Amerika u viel schöner«, scherzt Freud in einem letzten Kartengruß aus Neapel an seine Frau. Seine Abneigung gegen die Stadt war seit seinem letzten Besuch unverändert geblieben: »Neapel war natürlich wieder ein Höllenspektakel.« Zu seinem großen Ärger verpasst er dort ganz knapp seinen psychoanalytischen Mitstreiter, Max Eitingon. Der wohlhabende russische Jude und zeitweise einer der Hauptgeldgeber der psychoanalytischen Bewegung war von Neapel aus auf dem Weg nach Palästina und hatte gehofft, Freud vorher in Rom zu treffen. Man habe ihm gesagt, schrieb er in einer Mischung aus Enttäuschung und Spitzzüngigkeit auf einem Briefbogen des »Hotel Milano«, in dem auch Freud anfänglich abgestiegen war, man könne den Herrn Professor »nicht immer in Rom antreffen«. Die Retourkutsche bleibt nicht aus: »Im Hotel Milano erzählte man mir, ein Herr mit einer Dame hätte nach mir gefragt. Waren Sie der Herr, so sind Sie also nicht allein, was Sie überhaupt selten sind. Oder ist es diesmal mehr und etwas Definitives?«

Anders als Goethe, der vier unruhige Nächte an Bord eines Paketbootes zubringen musste und dem es, obwohl seekrank und »in horizontaler Lage«, gelang, die ersten beiden Akte des »Tasso« niederzuschreiben, ehe er Sizilien erreichte, treffen Freud und Ferenczi nach einer nächtlichen Überfahrt am nächsten Morgen in der sizilianischen Metropole ein. Goethe war seinerzeit beim ersten Anblick der Insel überwältigt. Palermo und die Bucht von Neapel mit der Conca d'Doro und dem Monte Pellegrino erlebte er als ein einziges Zauberreich ewigen Frühlings: »Es ist der wunderbarste Ort der Welt.« Zwei seiner schönsten Verse kamen ihm wenige Tage später bei einem Strandspaziergang in den Sinn: »Ein weißer Glanz ruht über Land und Meer, / Und duftend schwebt der Äther ohne Wolken.« Auch Freud verfällt sogleich ins Schwärmen: »Palermo war eine unerhörte Schwelgerei, die man sich eigentlich allein nicht gönnen darf. Soviel an Farbenglanz, Wolgerüchen, Aussichten – u Wolbefinden habe ich noch nicht beisammen gehabt.« Gleich im ersten Reisebrief an die Daheimgebliebenen fällt auch das Schlüsselwort von der »Sehnsucht nach dem Süden, die hier befriedigt werden soll« und die ihm Motiv für ausnahmslos alle seine Italien-Reisen war.

Freud und Ferenczi beziehen Quartier in »Weinen's Hotel de France« in bester Lage an der Piazza Marina, mit Wintergarten und Pavillon direkt am Meer. Das Apartment mit drei Zimmern plus Bad bietet allen Komfort und dazu eine Panoramasicht auf die Silhouette der Stadt mit dem hoch aufragenden Monte Pellegrino, Orangenhainen und weiß leuchtenden Landhäusern, die sich bis zum bläulich schimmernden Meer erstrecken. Gleich nach ihrer Ankunft schlendern die beiden den Corso Vittorio Emanuele entlang »in die innere Stadt, die immer großartiger u herrlicher wird bis zum normannischen Dom«, in dem sie das Grab Friedrichs II. von Hohenstaufen, König von Sizilien und Kaiser des Römischen Reiches, besuchen. Um den mittelalterlichen Herrscher, Gründer der Universität Neapel und Verfasser eines bis heute gerühmten Falkenbuches, rankten sich seit Jahrhunderten Märchen und Mythen, darunter eine Episode, der zufolge der Enkel Barbarossas bei der Belagerung von Faenza im Jahr 1240 gestempelte Lederstücke als Geldersatz ausgeben ließ, um seine Truppen bezahlen zu können, wovon Freud bei seinem Besuch des Städtchens in der Nähe Ravennas im September 1896 gehört haben wird.

Palermo erinnert ihn bei seinen Streifzügen durch die Stadt in vielem an Florenz. Er könne gar nicht beschreiben, was er an Schönheit gesehen und gerochen habe: »Die Pracht u der Duft der Blumen in den Parks läßt vergessen, daß man im Herbst ist.« Er lobt die öffentlichen Gartenanlagen und den Reichtum der Bauten, die mit allem versehen seien, »was ein Mensch verlangen kann«. Selbstverständlich steht das archäologische Museum auf dem Programm, das damals Nationalmuseum hieß. Am Nachmittag unternehmen sie einen Ausflug nach Monreale am Hang des Monte Caputo, wo sie den mächtigen Normannendom mit seinem Stilmix aus byzantinischer, arabischer und lateinischer Baukunst besichtigen. Auch den Monte Pellegrino im Norden der Stadt steuern sie an, der bei Freud Erinnerungen an seine Beschäftigung mit Hannibal wachgerufen haben dürfte. Dort hatte Hannibals Vater Hamilkar Palermo belagert und bei dieser Gelegenheit seinen neunjährigen Sohn 237 v. Chr. schwören lassen, Rom auf ewig zu hassen und schließlich den Untergang der Stadt am Tiber herbeizuführen, was bekanntermaßen misslang.

Ohne das komfortable Quartier in Palermo aufzugeben, unternehmen die beiden Reisenden mit leichtem Gepäck mehrere Tagestouren zu den klassischen Tempelanlagen in Segesta, Selinunt und Girgenti, wie Agrigent damals noch hieß. Der Familie, die immer noch an der holländischen Küste ihre Sommerferien verbringt, meldet Freud, dass er im tiefsten Sizilien »für ein paar Tage verschollen sein« wird, und weil sich seine Frau um seine Sicherheit sorgt, widerspricht er ausdrücklich ihrem Eindruck, dass man »hier in Sizilien sozusagen ausgesetzt, unter Wilden u außerordentlichen Gefahren« sei. In kleineren Städten ginge es in der Tat »primitiver, aber nicht unheimlicher« zu.

Auf dem Weg nach Selinunt übernachten er und Ferenczi in Castelvetrano, einem kleinen Nest, zwölf Kilometer vor dem eigentlichen Ziel. Wie es am 21. April 1787 auch Goethe tat, der von diesem Nachtlager eine hübsche Anekdote überliefert hat. Er hatte sich müde aufs Bett geworfen, war um Mitternacht aufgewacht und glaubte den schönsten Stern des Firmaments gesehen zu haben, wie es nur unter dem Himmel des Homer vorstellbar sei. Bis er bei Tagesanbruch »die Veranlassung dieses Wunders« entdeckte: eine Lücke im Dach, das »die Reisenden mit Sicherheit zu ihren Gunsten« ausgelegt hätten.

An den Ort Castelvetrano knüpfte sich bei Freud anderes, nämlich eine »Erinnerungsstörung« ähnlich der, die ihm ein Jahr nach seinem Besuch im Dom von Orvieto widerfahren war, als ihm partout der Name eines Künstlers nicht einfallen wollte und er in der »Psychopathologie des Alltagslebens« darüber nachsann, was wohl der Grund dafür gewesen sein könne. Die vierte Auflage dieses höchst erfolgreichen Buches ergänzte er um eine Geschichte, die in besagtem Castelvetrano angesiedelt ist: »Zwei Männer, ein älterer und ein jüngerer, die vor sechs Monaten gemeinsam in Sizilien gereist sind, tauschen Erinnerungen an jene schönen und inhaltreichen Tage aus. ›Wie hat nur der Ort geheißen‹, fragt der Jüngere, ›an dem wir übernachtet haben, um die Partie nach Selinunt zu machen? *Calatafimi*, nicht wahr?‹ – Der Ältere weist dies zurück: ›Gewiß nicht, aber ich habe den Namen ebenfalls vergessen, obwohl ich mich an alle Einzelheiten des Aufenthaltes dort sehr gut erinnere. Es reicht bei mir hin, daß ich merke, ein anderer habe einen Namen vergessen; sogleich wird auch bei mir das Vergessen induziert. Wollen wir den Namen nicht suchen? Mir fällt aber kein anderer ein als *Caltanisetta*, der doch gewiß nicht der richtige ist.‹ – ›Nein‹, sagt der Jüngere, ›der Name fängt mit *w* an oder es kommt ein *w* darin vor.‹ – ›Ein *w* gibt es doch im Italienischen nicht‹, mahnt der Ältere. – ›Ich meinte ja auch nur ein *v* und habe nur *w* gesagt, weil ich's von meiner Muttersprache her so gewohnt bin.‹ – Der Ältere sträubt sich gegen das *v*. Er meint: ›Ich glaube, ich habe überhaupt schon viele sizilianische Namen vergessen; es wäre an der Zeit, Versuche zu machen.‹« Der ältere der beiden Reisenden ist niemand anders als der damals vierundfünfzigjährige Freud selbst, dem zu seinem großen Ärger der Name des Städtchens nicht einfallen will. Seine Fehlleistung nimmt er als Beispiel dafür, »wie ein zur Zeit die Person beherrschender Eigenkomplex ein Namenvergessen an weit abliegender Stelle hervorruft«. Das *»vetrano«* im zweiten Teil des Ortsnamens von Castelvetrano nämlich habe bei ihm die Assoziation *»Veteran«* ausgelöst: »Ich weiß schon, daß ich nicht gerne ans *Altern* denke und in sonderbarer Weise reagiere, wenn ich daran gemahnt werde.«

Dass Italien-Reisen »nicht ganz ohne Beschwerden sind«, hatte Freud bereits auf einer seiner Toskana-Touren festgestellt. Die Erfahrung bestätigt sich auf seinen Fahrten quer durch Sizilien, etwa auf dem Weg nach Segesta, den er auf einem unbequemen Karren zurücklegen muss. Den Tempel selbst erlebt er »in tiefster Verlassenheit und Einöde«. Goethe hatte es ähnlich geschildert: »Die Gegend ruht in trauriger Fruchtbarkeit.« Beiden kam das Säulengeviert, das von einer schroffen Anhöhe in die Landschaft hineinragt, einsam und düster vor, ein Ort der Verlassenheit und Trostlosigkeit. Lust, in den Trümmern der Anlage herumzuklettern, verspürten weder Goethe noch Freud: »Die anderen Tempel«, so hofft der Letztere, »werden nicht so mühselig sein.« In diesen Tagen ist er wohl angespannt oder auch nur abgelenkt, dass er sogar seinen Hochzeitstag am 14. September vergisst, was er auf etwas eigenwillige Art deutet: »Daraus könnt ihr ersehen, wie gut es uns geht.«

Nach Girgenti (Agrigent), wo die Sehenswürdigkeiten und Aussichtspunkte rasch abgehakt sind und Freud lediglich einige Ansichtskarten sowie einen großformatigen Fotodruck des Tempels erwirbt, geht die Reise weiter nach Syrakus, der »am meisten griechischen Stadt Italiens«, weshalb er schon früh die einst größte Niederlassung von Magna Graecia als Hauptziel der ganzen Sizilien-Reise ausgegeben hatte. Und seine hoch gespannten Erwartungen werden nicht enttäuscht, obwohl ihm die Hitze und der Scirocco, der aus Richtung Sahara herüberweht, schwer zusetzen. Mit Ferenczi bezieht er das komfortabel ausgestattete »Hotel des Etrangers«, errichtet an prominenter Stelle über der sagenhaften Arethusa-Quelle mit den weltbekannten Papyrusstauden an ihrem Grund, dort, wo heute die Strandpromenade Foro Vittorio Emanuele II. verläuft. »Diese Quelle ist bis heute«, hatte Johann Gottfried Seume im Bericht über seine Fußwanderung von Grimma nach Syrakus geschrieben, »eine der schönsten und sonderbarsten, die es vielleicht giebt.« Er hielt sie freilich bereits 1802, als er zu ihr hinabstieg und nur Brackwasser vorfand, für maßlos überschätzt: »Wo einmahl etwas da ist, kommt es den Dichtern auf einige Grade der Erhöhung nicht an.« An diesem mythischen Ort setzte er sich nieder, nahm »Aug' in Aug mit dem seltsamen Gewässer« den Ovid zur Hand und deklamierte aus den »Metamorphosen« die Geschichte der Nymphe Arethusa, der die Quelle ihren Namen verdankt. Anders als Seume beachtet Freud die antike Grotte nicht weiter, um die Goethe seinerzeit wie um ganz Syrakus einen Bogen gemacht hatte. Freud interessiert vielmehr das 1905 direkt unter seinem Hotelfenster aufgestellte Marmorstandbild des Archimedes, das an den Mathematiker und großen Sohn der Stadt erinnerte.

Am nächsten Tag pilgert er mit Ferenczi zum Archäologischen Museum, einem wahren Schatzhaus, angefüllt mit Preziosen aus über zweitausend Jahren; anschließend geht es zum griechischen Theater, einer gewaltigen Anlage aus antiken Zeiten, die seinerzeit fünfzehntausend Besuchern Platz bot, unter ihnen gelegentlich auch Platon, der in Syrakus Philosophie lehrte. Obwohl seine »Genußfähigkeit«, wie er das nannte, längst nicht befriedigt ist und außerdem neben Catania noch Taormina auf dem Programm steht, von Goethe als »das ungeheuerste Natur- und Kunstwerk« gepriesen, sieht sich Freud schweren Herzens zu einem abrupten Abbruch der Reise gezwungen. Die Meldungen über einen bevorstehenden Cholera- und Malaria-Ausbruch, vor allem in Neapel, wollen einfach nicht abreißen. Davon hatte auch der junge Franz Kafka gehört und daraufhin seine bereits geplante Sizilien-Reise mit Max Brod kurzerhand abgesagt. »Um der Cholera auszuweichen«, steigen Freud und Ferenczi geradezu überstürzt am 19. September in Syrakus in den Zug nach Palermo, von wo aus sie ein Schiff zum Festland bringt. In Rom werden die beiden »Ankömmlinge aus Neapel kontrollirt« und müssen sich einer ärztlichen Untersuchung unterziehen, die eine Ansteckung mit Cholera-Bakterien ausschließen soll. Freuds größte Furcht heißt: »Quarantanien«, das ihnen jedoch erspart bleibt. »Es scheint«, schreibt er an Max Eitingon, »daß meine Vorsicht nicht unberechtigt war.« Froh, noch zwei Fahrkarten für den Schlafwagen nach

Wien ergattert zu haben, treten die beiden am Samstag, dem 24. September, um Mitternacht erleichtert die Heimreise an. Am folgenden Montag, nach über viertausend Kilometern, endet eine der längsten Reisen, die Freud je unternommen hat – neben der amerikanischen Vortragsreise 1909 und seinem Aufenthalt in Athen mit dem Besuch der Akropolis. Trotz aller Widrigkeiten steht das Fazit der Sizilien-Reise fest: »Ich habe soviel Schönes, Großartiges, Einziges gesehen«, schreibt er noch von unterwegs an Martha. Und aus Rom an C. G. Jung: »Die erste Woche auf der Insel war ein hoher Genuß, die zweite infolge anhaltenden Sciroccos eine schwere Prüfung für den armen Konrad.« Da ist die gefürchtete Cholera-Epidemie bereits vergessen. In Rom ist es herbstlich kalt, es regnet. Was ihn in Wien erwartet, ist auch nach seinem Geschmack: »Es ist sehr schön, noch einige Tage zu Hause Ferien zu halten.«

Schlussbemerkung

Schöne Fremde

»Ist die Liebe selber eine Reise, in gänzlich neues Leben, so wird der Wert der Fremde, der gemeinsam erfahrenen, durch sie verdoppelt. Wie die Geliebte bereits die Straße verzaubert, in der sie wohnt, samt den geringsten Merkzeichen in ihrem Quartier, den Fenstern, den Laternen, Bäumen, so geht der Zauber erst recht auf das über, was die Liebesfahrt zu sehen bekommt.« Die Bemerkung des Philosophen Ernst Bloch über das Reisen mit einer Geliebten gilt im eigentlichen Sinn des Wortes auch für Sigmund Freud, den Erforscher der menschlichen Seele. Die über zwanzig sorgfältig orchestrierten Reisen in sein Arkadien, die er zwischen 1895 und 1923 unternahm, stets getragen von einer seit Kindheitstagen brennenden Sehnsucht, glichen jedes Mal und immer wieder aufs Neue einer »Liebesfahrt«, die der Denker des Utopischen im Blick hatte. Ob Freuds Ziel nun Pompeji oder Palermo, Florenz oder immer wieder Rom hieß, in Begleitung von Bruder Alexander, Schwägerin Minna, Schüler Sándor Ferenczi oder Tochter Anna: Beim Anblick des Südens stellte sich für den Italien-Enthusiasten ein nahezu vollkommenes Glück ein. Jeder Traum ist eine Wunscherfüllung, so hatte er einmal geschrieben. Und das galt nicht zuletzt für ihn selbst: Das Reisen zwischen Südtirol und Sizilien ist die Erfüllung seiner Träume.

Hermann Hesse unterschied drei Typen von Italien-Reisenden: die eiligen, die in einem Hieb von Lugano bis nach Neapel hetzen; die eingeschränkten, die nur ein lieb gewonnenes Ziel kennen, das sie immer wieder ansteuern; und jene, zu denen sich der Dichter selber zählte, die »sich im einzelnen so langsam durch den Kuchen fressen, dass sie niemals fertig werden«. Zur letzten Kategorie dürfen wir auch Sigmund Freud zählen. Wäre es nach ihm gegangen, hätte seine italienische Reise ewig dauern können.

Doch die erste Fahrt nach seiner Krebsdiagnose und -operation 1923 blieb zugleich die letzte. Während er bis zu seinem Tod am 23. September 1939 weitere dreiunddreißig Eingriffe über sich ergehen lassen musste, entwickelte er seine Theorie entscheidend weiter und ergänzte sie um die Unterteilung in das »Es«, das »Ich« und das »Über-Ich«. Im Jahr 1930 erhielt er noch – allerdings unter dem Protest antisemitischer Organisationen – den Goethepreis der Stadt Frankfurt am Main. Doch schließlich, nach dem »Anschluss« Österreichs an das Deutsche Reich, war der Verfasser von »Das Unbehagen in der Kultur« (1930) und »Warum Krieg?« (1933, gemeinsam mit Albert Einstein) gezwungen, Wien zu verlassen und ins Londoner Exil zu gehen.

Als Goethe im April 1788 in erhabener Stimmung seinen Abschied aus Rom vorbereitete, zum letzten Mal den Corso entlangwanderte und das Kapitol bestieg, überkam ihn ein Schaudern, und er sah sich in einen Zustand »von einer andern einfachern größern Welt« versetzt. Thomas Mann, ein weiterer Rom-Bewunderer, ängstigte sich seinerzeit vor der Rückkehr in Münchens Schwanthaler Öde wie vor einem bösen Schicksal. Sigmund Freuds Abschied fiel weniger elegisch aus. In römischer Legistenkürze meldet er bei der Abreise nach seiner dritten Rom-Reise: »Vorüber ist der Traum.«

Anhang

Anmerkungen

9 *Man mag so alt, so gelehrt* – Lichtenberg war ein Lieblingsautor Freuds. In Freuds Schrift »Der Witz und seine Beziehung zum Unbewussten« werden viele von dessen Aphorismen erörtert, SA IV, vor allem S. 73 ff. und S. 79–83.
als erste Assoziation »Italien« – Brief an Wilhelm Fließ vom 28. 5. 1899, F 1986, S. 387.
elastische Luft – Goethe 1981, Bd. 11, S. 18.
das schönste Stück von Italien – Brief an C. G. Jung vom 24. 9. 1910, J 1974, S. 390.
Charakter und Tatkraft – Brief an Martha Freud vom 6. 9. 1902, R 2002, S. 166.
Vom Land kann man nicht reden, ohne ein Dichter zu sein – Brief an Alexander Freud vom 17. 9. 1905, R 2002, S. 206.
Soviel an Farbenglanz, Wolgerüchen, Aussichten – Brief an Martha Freud vom 15. 9. 1910, R 2002, S. 352.
Ruinenausflüge – Brief an Martha Freud vom 11. 9. 1910, R 2002, S. 347.
10 *Die sind merkwürdiger Weise* – Brief an die Familie vom 22. 9. 1907, R 2002, S. 226.
zur Abschreckung auf Reisen geschickten Engländerinnen – Brief an die Familie vom 24. 9. 1907, R 2002, S. 230.
Endlich. Hier ist das Schlaraffen Land – Postkarte an Martha Freud vom 2. 9. 1902, R 2002, S. 158.
Ich fühle, wie mich das Behagen an der Faulheit umschließt – Brief an die Familie vom 16. 9. 1912, R 2002, S. 366.
Wenn des Abends linde Lüfte – Brief an Martha Freud vom 15. 9. 1910, R 2002, S. 352.
11 *Friseur u neue Crawate* – Brief an Martha Freud vom 6. 9. 1901, R 2002, S. 143.
macht bereits Aufsehen – Postkarte an Martha Freud vom 23. 9. 1907, R 2002, S. 228.
mit dem Schwur, daß ich wiederkomme – Brief an Wilhelm Fließ vom 19. 9. 1901, F 1986, S. 494.

11 *Eingeborener* – Postkarte an Martha Freud vom 24.9.1907, R 2002, S. 235.
mit der Sicherheit des Römers – Brief an die Familie vom 24.9.1907, R 2002, S. 233.
als hätte es Michelangelo persönlich gemacht – Postkarte an Martha Freud vom 5.9.1901, R 2002, S. 138.
die Erfüllung eines lange gehegten Wunsches – Brief an Wilhelm Fließ vom 19.9.1901, F 1986, S. 493.
In Rom eingetroffen und Römer geworden – Postkarte an Martha Freud vom 2.9.1901, R 2002, S. 135.
12 *Topographie von Rom zu studieren* – Brief an Wilhelm Fließ vom 23.10.1898, F 1986, S. 363.
in das ersehnte Italien – Brief an Wilhelm Fließ vom 8.5.1901, F 1986, S. 484.
Schade, dass man hier nicht dauernd leben kann – Brief an die Familie vom 24.9.1907, B 1960, S. 266.
Hundenest und Affenkäfig – Brief an die Familie vom 3.9.1902, R 2002, S. 160.
Erste Enttäuschung. Vesuv raucht nicht – Postkarte an Martha Freud vom 31.8.1902, R 2002, S. 155.
13 *Todte wüste Stadt* – Postkarte an Martha Freud vom 4.9.1897, R 2002, S. 78.
übermangansaures Kali – Postkarte an Martha Freud vom 8.9.1901, R 2002, S. 145.
Seine zahlreichen Briefe – Vgl. R 2002; wie ein Reisetagebuch sind auch seine »Notizbüchlein« verloren gegangen. Zwischen 1901 und 1910 notierte Freud darin Reisepläne, -aufzeichnungen, Fahrzeiten und Geldausgaben, vgl. Fichtner/Hirschmüller 2011, S. 140. Die überlieferten Hefte, die Freud in Italien beschrieb, sind Thema einer noch nicht abgeschlossenen Dissertation von Marina D'Angelo.
15 *Dieselben Dinge täglich* – Bloch 1970, Bd. 1, S. 429.
zeitweiligen Entrinnen ohne Nachforderung – Ebd., S. 430.
Die Sehnsucht zu reisen – Brief an Romain Rolland, SA IV, S. 292.
also in der Unzufriedenheit mit Haus und Familie – Ebd.
fühlt man sich wie ein Held – Ebd.
16 *Heute in drei Wochen* – Brief an Wilhelm Fließ vom 23.3.1900, F 1986, S. 446.
Kinderstube und Ordination – Brief an Wilhelm Fließ vom 2.3.1899, F 1986, S. 380.
Hausvater – Brief an Wilhelm Fließ vom 4.6.1896, F 1986, S. 201.
In unserer Gesellschaft – Aus: Totem und Tabu; GW IX, S. 164.
Punkt ein Uhr – Martin Freud 1999, S. 39.
17 *Herrschaftsköchin* – Ebd., S. 31; gemeint ist wahrscheinlich Anna Poldinger, vgl. Lily Freud-Marlé 2008, S. 65.

17 *Deinem Rauchverbot folge ich nicht* – Brief an Wilhelm Fließ vom 27.11.1893, F 1986, S. 54, vgl. auch Schur 1982, S. 58.
nichts Warmes mehr zwischen den Lippen zu haben – Brief an Wilhelm Fließ vom 19.4.1894, F 1986, S. 61. Zu Freuds Nikotinsucht vgl. auch Schmidbauer 2005, S. 153ff.
Das Leben, wie es uns auferlegt ist – SA IX, S. 207.
18 *dass darin Menschen stundenlang* – Martin Freud 1999, S. 110.
Man darf sich jedoch – Ebd., S. 31.
äußerst dekorativen Soldaten – Ebd.
Quälgeist – Brief an Wilhelm Fließ vom 11.3.1900, F 1986, S. 442.
Goldfisch – Brief an Wilhelm Fließ vom 21.9.1899, F 1986, S. 411; zu Freuds Einkünfte vgl. Tögel 2006c.
analytische Couch – Vgl. Tögel 2017, S. 171ff.
für einen schlecht verhüllten Selbstmord – Brief an Lou Andreas-Salomé vom 5.8.1923, AS 1966, S. 137.
Nachmittagsanalyse – Brief an Wilhelm Fließ vom 8.2.1897, F 1986, S. 331.
19 *Es war nicht ungewöhnlich* – Martin Freud 1999, S. 31.
wie ein Comfortableroß – Brief an Wilhelm Fließ vom 15.3.1898, F 1986, S. 331; Wiener Dialekt für Droschkengaul.
Ich glaube wirklich – Ebd.
wie vom Holzhacken – Brief an Wilhelm Fließ vom 8.2.1897, F 1986, S. 242.
großen Tarockexzeß – Brief an Wilhelm Fließ vom 11.3.1900, F 1986, S. 443.
jüdischen Brüdern – Ebd.
20 *Kreis von auserlesenen hochgestimmten Männern* – Rede vor der B'nai B'rith am 6.5.1926, zit. nach Wistrich 1999, S. 438.
Über Traumdeutung – Diese Vorträge hielt Freud am 7. und 14.12.1897.
Mein zweiter und letzter Traumvortrag – Brief an Wilhelm Fließ vom 29.12.1897, F 1986, S. 317.
Das Seelenleben des Kindes – Vortrag vom 9.2.1900, Freud hielt insgesamt noch mindestens zwanzig weitere Vorträge vor den Bundesbrüdern des Israelitischen Humanitätsvereins B'nai B'rith, vgl. Tögel 2015, S. 54, Anm. 32.
Psychologische Mittwochs-Gesellschaft – Aus dieser ersten psychoanalytischen Gesellschaft überhaupt ging 1908 die »Wiener Psychoanalytische Vereinigung« hervor.
eigentlich erst in der Stunde – Brief an Wilhelm Fließ vom 25.4.1900, F 1986, S. 450.
In den Stunden, die ich – Ebd., S. 443.
100 Reisen durch Europa – Brief an Wilhelm Fließ vom 3.4.1898, F 1986, S. 336.
21 *Die ärgste Verschwendung* – Sachs 1982, S. 75f.

21 *der arme Konrad* – Vgl. Brief an Sándor Ferenczi vom 2. 10. 1912, Fe I/2 1993, S. 128.
toxischen Zustand – Brief an Sándor Ferenczi vom 5. 8. 1913, Fe I/2 1993, S. 242.
höchst ekelhaften – Brief an Wilhelm Fließ vom 16. 4. 1900, F 1986, S. 449. Ebenfalls an Fließ schrieb Freud kurz vorher: »Ich hasse Wien geradezu persönlich« (ebd., S. 442).
Man trocknet so leicht – Brief an Wilhelm Fließ vom 18. 6. 1900, F 1986, S. 460.
Ich folge – Brief an Sándor Ferenczi vom 2. 8. 1910, Fe I/1 1993, S. 280 f.
22 *Kegelschieben und Schwämmesuchen* – Brief an Wilhelm Fließ vom 16. 8. 1895, F 1986, S. 139.
volle Elasticität – Postkarte an Martha Freud vom 15. 9. 1907, R 2002, S. 212.
Meine Schreibunlust ist – Brief an Wilhelm Fließ vom 18. 6. 1897, F 1986, S. 270.
Zur Einführung in den Narzißmus – SA III, S. 41–68.
Grund- und bodenlose Faulheit – Brief an Wilhelm Fließ vom 18. 6. 1897, F 1986, S. 270.
23 *Ihr Vater ist einer jener Männer* – Wistrich 1999, S. 468.
24 *Lovrana* – Heute: Lovran.
schwamm ein Kellner hinaus – Martin Freud 1999, S. 53.
von den Herrlichkeiten der Erde – Brief an Wilhelm Fließ vom 11. 3. 1900, F 1986, S. 442.
glühende Sehnsucht, zu reisen – Brief an Romain Rolland, SA IV, S. 288.
25 *Erinnerungen* – Paneth 2007, S. 44.
Von dem Erwerb – Brief an Wilhelm Fließ vom 21. 9. 1899, F 1986, S. 411.
Jagen nach Geld – Brief an Martha Freud vom 7. 1. 1885, MB IV, S. 192.
daß Geld ein Werkzeug ist – Brief an Wilhelm Fließ vom 30. 7. 1898, F 1986, S. 350.
26 *Reichwerden muß sehr schwer sein* – Brief an Wilhelm Fließ vom 8. 2. 1897, F 1986, S. 244.
Ich weiß nicht, ob ich das Geld – Brief an Wilhelm Fließ vom 11. 3. 1900, F 1986, S. 442.
Budget auf eine harte Belastungsprobe – Brief an Wilhelm Fließ vom 14. 8. 1897, F 1986, S. 280.
viel Talent zum Lebensgenuß – Brief an die Familie vom 25. 9. 1908, R 2002, S. 271.
mit dem gewöhnlichen Effekt – Ebd.
27 *gesättigten Reisewünschen* – Brief an Sándor Ferenczi vom 12. 10. 1928, Fe III/2 1993, S. 192.
Die Frühlingsschilderung machte mich traurig – Brief an Arnold Zweig vom 13. 2. 1935, Freud/Zweig 1968, S. 112.

27 *Eine Erinnerungsstörung auf der Akropolis* – SA IV, S. 285–293.
28 *Das Unbehagen in der Kultur* – SA IX, S. 198, Anm. 1.
Drei Abhandlungen zur Sexualtheorie – SA V, S. 37–145.
an der Adria herumreisen – Brief an Anna von Vest, Sigmund Freud 1985, S. 281, sowie R 2002, S. 176.
In Corfu soll nicht viel los sein – Postkarte an Martha Freud vom 29. 8. 1904, R 2002, S. 179.
Gehen Sie doch lieber – SA IV, S. 286.
Urano – Ein Dampfer des österreichischen Lloyd, der die Mittelmeerroute bis ins damalige Konstantinopel befuhr. Zu den genauen Reisezeiten vgl. R 2002, S. 180, Anm. 17.
österreichische Schlampigkeit – Brief an Martha Freud vom 1. 9. 1904, R 2002, S. 184.
Löwinnen aus Vanilleeis – Ebd., S. 185.
sich sehr fröhlich u ungenirt – Ebd.
29 *echte Türken, Albanesen* – Brief an Martha Freud vom 2. 9. 1904, R 2002, S. 187.
30 *Prof. Dörpfeld, der Gehilfe Schliemann's* – Ebd., S. 185; vgl. auch Schliemanns »Bericht über die Ausgrabungen in Troja in den Jahren 1871 bis 1873«.
31 *ein unübertroffener Trost in den Kämpfen* – GW X, S. 205.
mehr Archäologie als Psychologie gelesen – Brief an Stefan Zweig vom 19. 7. 1931, B 1960, S. 399.
der mich jährlich einmal zu besuchen – Brief an Wilhelm Fließ vom 5. 11. 1897, F 1986, S. 300.
Der Mann war glücklich – Brief an Wilhelm Fließ vom 28. 5. 1899, F 1986, S. 387. Die »Ilios« war 1881 erschienen.
im schönsten Hemd – Postkarte an Martha Freud vom 4. 9. 1904, R 2002, S. 190.
32 *Also existiert das alles wirklich* – SA IV, S. 286.
too good to be true – Ebd., S. 287.
Was würde Monsieur notre Père – Ebd., S. 292
Es sieht aus, als wäre es das Wesentliche – Ebd., S. 292
33 *Die Unterwelt* – Die Zeilen bei Heine lauten: »Süße Ruh'! Ich kann verschnaufen / Hier im Orkus unterdessen! / Punsch mit Lethe will ich saufen.« Lethe ist der Fluss des Vergessens im Hades.
Ich suche, wie Du weißt – Brief an Wilhelm Fließ vom 6. 9. 1897, F 1986, S. 282.
in scheinbar unerklärlicher Weise – Zit. nach Tögel in: R 2002, S. 16.
Die Erschütterungen der Wagenfahrt – GW V, S. 102 f.
34 *werden dieselben Personen* – Ebd.; zur zeitgenössischen »Eisenbahnangst« vgl. auch Schivelbusch 1989, S. 73 ff.
der Lust des Fahrens – Abraham 1961, S. 48.
Das Unheimliche – SA IV, S. 259 f.

34 *Es waren nur geschminkte Frauen* – Ebd., S. 260.

35 *Das von Freud geschilderte Erlebnis* – Tögel 1989, S. 23.

Im Alter von drei Jahren – Brief an Wilhelm Fließ vom 3. 12. 1897, F 1986, S. 310.

nudam – Schur 1982, S. 149.

36 *Geschichte der Eisenbahnreise* – Schivelbusch 1989, S. 121 ff.

die täglich berichteten Eisenbahnunfälle – Brief an Wilhelm Fließ vom 18. 8. 1897, F 1986, S. 282.

Das bleibt aber strenge unter uns – Ebd.

Aus der Furcht vor dem nächsten Eisenbahnunfall – Ebd.

Narrentanz – Ebd., S. 280.

37 *schönsten Anfälle von Reiseangst* – Brief an Wilhelm Fließ vom 3. 7. 1899, F 1986, S. 393.

sehr mangelhaftem und nicht unbedenklichem Bahnverkehr – Brief an Wilhelm Fließ vom 16. 9. 1899, F 1986, S. 408.

Es ist, als hätte Schliemann – Brief an Wilhelm Fließ vom 21. 12. 1899, F 1986, S. 430.

Meine Phobie war eine Verarmungsphantasie – Brief an Wilhelm Fließ vom 21. 12. 1899, F 1986, S. 430.

39 *Alleinsein ist sehr komisch* – Postkarte an Martha Freud vom 13. 9. 1898, R 2002, S. 118.

teures Liebchen – Brief an Martha Bernays vom 28. 4. 1885: »Allein, ohne Dich kann's ja nicht so schön sein.«

Ich gehe gar nicht bereitwillig – Brief an Wilhelm Fließ vom 29. 8. 1894, F 1986, S. 90.

von den Anstrengungen – Vgl. Tögel in: R 2002, S. 111.

40 *Eine Frau fügt sich so schwer* – Brief an Wilhelm Fließ vom 5. 8. 1897, F 1986, S. 277.

jede Nacht in einem anderen Bett – Zusatz von Minna Bernays zu Freuds Brief an Martha Freud vom 6. 8. 1898, R 2002, S. 101.

jener Zeit ausweichen – Brief an Wilhelm Fließ vom 1. 7. 1900, F 1986, S. 461 f.

der nächste und billigste Reisegefährte – Brief an Wilhelm Fließ vom 11. 3. 1900, F 1986, S. 442.

Der mazedonische Alexander war – GW IV, S. 120.

kleinen Erzschelm – Brief (auf Spanisch verfasst) an Eduard Silberstein vom 11. 7. 1873, Sigmund Freud 1989, S. 28.

42 *Kein Bruderpaar konnte* – Martin Freud 1999, S. 20.

dessen Stellung als Fachmann – Brief an Wilhelm Fließ vom 12. 2. 1900, F 1986, S. 439.

43 *Er wird nicht einmal den Titel* – Ebd.

anstößigen und der Verdrängung bedürftigen Gedanken – GW IV, S. 120.

Unsere Mutter äußerte damals ihr Befremden – Ebd.

45 *geistreichen Mann* – Sachs 1982, S. 68.

46 *nächste Vertraute* – Brief an Wilhelm Fließ vom 21. 5. 1894, F 1986, S. 66. Gay nennt Minna Bernays in seiner Freud-Biographie einen »unentbehrlichen Bestandteil in Freuds häuslichen Arrangements« (2016, S. 92).
eines depossedierten (besitzlosen) großen Herrn – Brief an Minna Bernays vom 23. 8. 1884, Mi 2005, S. 84.
kleine Reise – Brief an Wilhelm Fließ vom 30. 7. 1898, F 1986, S. 351.
Liebstes Herz! – Zusatz von Minna zu Freuds Brief an Martha Freud vom 6. 8. 1898, R 2002, S. 101.
47 *furchtbarem Staubwind* – Brief an Martha Freud vom 10. 8. 1898, R 2002, S. 104.
glänzend gelegen zwischen dem Engadin – Ebd.
Gespräche auf französisch u italienisch – Ebd.
Dein Mann hat an der Table d'hôte – Ebd., S. 105.
48 *in Freud verliebt sei* – Billinsky 1969, S. 42: »From her [= Minna Bernays] I learned that Freud was in love with her and that their relationship was indeed very intimate.« Vgl. auch Hirschmüller in: Mi 2005, S. 11, und C. G. Jung 1971, S. 151–173.
Die sexuelle Moralität – Brief an James J. Putnam vom 19. 8. 1915, B 1960, S. 305.
49 *Ferenczi [...] ist ein anregender verständnisvoller Gesellschafter* – Brief an Martha Freud vom 20. 9. 1912, R 2002, S. 368.
50 *eine innige Lebens-, Gefühls- und Interessengemeinschaft* – Brief an Sándor Ferenczi vom 11. 1. 1933, Fe III/2 1993, S. 300.
magyarisieren – Zur Familiengeschichte und Biographie Ferenczis vgl. André Haynals »Einleitende Bemerkungen« in: Fe I/1 1993, S. 17–38.
52 *viel Nützliches und Lehrreiches* – Brief an Freud vom 18. 1. 1908, Fe I/1 1993, S. 49.
dessen Lehren mich nun seit einem Jahre – Ebd.
Paranoia mit Bevorzugung des Eifersuchtswahns – Ebd.
53 *ein prunkvoll schönes Geschenk* – Brief an Sándor Ferenczi vom 7. 2. 1909, Fe I/1 1993, S. 100.
Jetzt kann ich es ja gestehen – Ebd.
siegreich – Brief an Groddeck vom 27. 2. 1912, zit. nach Fe I/1 1993, S. 31.
54 *im Stadium der Übertragung* – Brief an Freud vom 18. 5. 1910, Fe I/1 1993, S. 255.
ein so großartiger Umsturz – Ebd.
Auch hier ist die Welt – Brief an Sándor Ferenczi vom 20. 5. 1910, Fe I/1 1993, S. 257.
selbstständiger Freund – Ebd.
als Sohn annehmen – Brief an Sándor Ferenczi vom 17. 11. 1909, Fe I/1 1993, S. 423.
zwischen Pflicht und Lust – Brief an Freud vom 28. 6. 1909, Fe I/1 1993, S. 130.
sehr fidel, genußfähig – Ebd.

54 *Mein Reisebegleiter ist ein sehr lieber Mensch* – Brief an C.G. Jung vom 24.9.1910, J 1974, S. 390.

55 *Besorgung der Fahrt nach Amerika* – Brief an Sándor Ferenczi vom 27.4.1909, Fe I/1 1993, S 116.

Ich mache mir gar nichts aus Amerika – Brief an Sándor Ferenczi vom 9.8.1909, Fe I/1 1993, S. 131.

Zylinder soll man – Brief an Sándor Ferenczi vom 4.7.1909, Fe I/1 1993, S. 131.

Zur Liebe kann ich dich nicht zwingen – Ebd., S. 136.

als liebenswerte, menschenfreundliche – Nachruf auf Sándor Ferenczi in: GW XVI, S. 267.

56 *im Gefühl der sicheren Zusammengehörigkeit* – Ebd., S. 268.

In den Herbstferien mehrerer aufeinanderfolgender Jahre – Ebd.

57 *Vergnügungsreisenden* – Brief an Eduard Silberstein vom 9.9.1875, Sigmund Freud 1989, S. 144.

wo er mit Leichtigkeit volle Belehrung – Neumayer 1888, S. 4.

Bekanntschaft mit Werken – Ebd.

58 *Reisedümmgen* – Zit. nach Jörg-Dieter Kogel: Das Reisen ist des Bürgers Lust, in: FAZ-Magazin, 23.9.1988, Heft 447, S. 30.

ohne Lehrer – Brief an die »Mitglieder des Vereins B'nai B'rith« vom 22.4.1928 in: GW XVII, S. 51 ff. Ausführlich dazu: Walter Boehlich in: Sigmund Freud 1989, S. 231.

59 *Brief an seinen Übersetzer* – Der Brief vom 7.5.1923 ist abgedruckt in: GW XIII, S. 442. Es könnte sich dabei auch um die Übersetzung eines auf Deutsch geschriebenen Briefes handeln.

Die tschechische Sprache muß ich – GW II, S. 201.

Elemente des Culturlebens – Neumayer 1888, S. 1.

dem flüchtig Reisenden – Burckhardt 1986, S. IX.

die ersten Einblicke in eine untergegangene Kulturwelt – GW X, S. 205.

60 *wirklich eins der besitzwürdigsten Bücher* – Brief an Elisabeth Nietzsche vom 6.7.1883, Nietzsche 1986, Bd. 6, S. 391.

mit den Augen zu denken verstand – Bernd Roeck, in: Die Zeit, 24.5.2018, Nr. 22, S. 39.

Liste – Vgl. Tögel 1989, S. 47; darunter befinden sich: Johannes Overbeck: Pompeji in seinen Gebäuden, Alterthümern und Kunstwerken, Leipzig 1884; Carl Weichardt: Pompeji vor der Zerstörung, Reconstructionen der Tempel und ihrer Umgebung, Leipzig 1897; August Mau: Pompeji in Leben und Kunst, Leipzig 1900.

als Bücher aufgeschnitten – Brief an Wilhelm Fließ vom 12.4.1887, F 1986, S. 250.

Via – Ebd., S. 251.

62 *Pracht und Sonnenglut* – Brief an Wilhelm Fließ vom 8.5.1901, F 1986, S. 484.

die Fernhaltung von jeder Spur – Brief an Wilhelm Fließ vom 23.10.1898, F 1986, S. 363.

62 *Monographien* – U.a. Eugen Petersen: Vom alten Rom, Leipzig 1898; Christian Huelsen: Die neuesten Ausgrabungen auf dem Forum Romanum, Rom 1905.
Ich bin überhaupt nicht – GW XIV, S. 123.
63 *Ich merke, was uns sonst* – Brief an Alexander Freud vom 17.9.1905, R 2002, S. 205.
64 *In Riva saßen wir endlich fünf Tage* – Brief an Wilhelm Fließ vom 14.9.1900, F 1986, S. 465.
eine mitreißende Lebenslust – Jones 1984, Bd. 1, S. 392.
65 *Er begnügte sich* – Ebd.
Ancora Verde – In einem Brief an Wilhelm Fließ vom 21.6.1898 berichtet er von einem Nachtmahl, »das sehr gelungen war«, F 1986, S. 372.
Quelle der Arethusa – Vgl. Tögel in: R 2002, S. 357, Anm. 38.
Großartig schön – Postkarte an Martha Freud vom 19.9.1910, R 2002, S. 360.
66 *tröstenden Trunk* – Brief an Wilhelm Fließ vom 16.6.1899, F 1986, S. 389f.
kleine Holzpfeife – Postkarte an Martha Freud vom 1.9.1902, R 2002, S. 157.
67 *an der Energie, den Baedeker* – Ebd.
Tiroleranzug mit sichtbaren Hosenträgern – Jones 1984, Bd. 2, S. 460.
acquiriere ich eine auffällige Ähnlichkeit – Brief an Oskar Pfister vom 13.6.1909, P 1980, S. 22.
Wir blieben dreizehn Stunden – Martin Freud 1999, S. 122.
68 *ein ganz ordentlicher* – Ebd., S. 142.
Als Grund führte er die vielen Fahrradfahrer – Ebd., S. 115.
Die Zeit der Einkäufe naht – Postkarte an Martha Freud vom 29.8.1895, R 2002, S. 47.
Einkäufe sind schwerer als man meint – Brief an Martha Freud vom 7.9.1896, R 2002, S. 70.
Einkäufe = null – Postkarte an Minna Bernays vom 7.9.1898, R 2002, S. 113.
69 *zu denen die Anlässe verwirrend groß sind* – Postkarte an Martha Freud vom 16.9.1907, R 2002, S. 213.
Fayencen – Postkarte an Martha Freud vom 4.9.1896, R 2002, S. 61.
wo die Glasfabriken sind – Postkarte an Martha Freud vom 28.8.1895, R 2002, S. 45.
Dank es Alex, wenn ich – Ebd.
Venedig im kleinen – Goethe 1981, Bd. 11, S. 70.
Schwefel, Papyrus und Antiquitäten – Brief an Anna Freud vom 18.9.1910, R 2002, S. 358.
Es wird in Wien eine Entschädigung geben – Ebd.
gläserne Kleinigkeit – Brief an Wilhelm Fließ vom 28.8.1895, F 1986, S. 140.

69 *einen Marmor* – Postkarte an Martha Freud vom 15. 9. 1897, R 2002, S. 92. Gemeinsam mit Oscar Rie (1863–1931) veröffentlichte Freud eine »Klinische Studie über die halbseitige Cerebrallähmung der Kinder«.
69 *etwas ganz anderes* – Postkarte an Martha Freud vom 25. 9. 1907, R 2002, S. 236.
70 *Das Schwerste in Rom* – Brief an die Familie vom 21. 9. 1907, R 2002, S. 222.
Geschenkemachen – Jones 1984, Bd. 2, S. 457.
ganz dünnen Reisemantel – Brief an Martha Freud vom 4. 9. 1910, R 2002, S. 338.
bereits auf der Straße – Brief an Sophie Freud vom 12. 9. 1913, R 2002, S. 374.
Glückselig, Fröhlich und Lustig – Vgl. Tögel in: R 2002, S. 374, Anm. 7.
71 *Es gibt noch alte Götter* – Brief an Wilhelm Fließ vom 17. 7. 1899, F 1986, S. 246.
ganze Sammlung von billigen Thongefäßen – Postkarte an Martha Freud vom 7. 9. 1901, R 2002, S. 143 f.
Fortsetzung des Handels mit Antiquitäten – Postkarte an Martha Freud vom 6. 9. 1904, R 2002, S. 193.
großartigen Antiquitäteneinkäufe – Postkarte an Martha Freud vom 25. 9. 1907, R 2002, S. 236.
Vorliebe für das Prähistorische – Brief an Wilhelm Fließ vom 17. 7. 1899, F 1986, S. 374.
an Stärke nur von seiner Nikotinsucht – Vgl. Schur 1982, S. 296.
Ärgerlich und lächerlich ist mir – GW IV, S. 122.
72 *Schock der Sterblichkeit* – Molnar 2000, S. 37.
ägyptische Statuette – Sachs 1982, S. 93.
Nationalgeschenk – Brief an Sándor Ferenczi vom 6. 10. 1910, Fe I/1 1993, S. 313; vgl. auch Jones 1984, Bd. 2, S. 457.
viel Opfer gebracht – Brief an Stefan Zweig vom 7. 2. 1931, B 1960, S. 398 f.
73 *Ich war durch die Enge* – GW IV, S.184 f.
einem plötzlichen Impuls folgend – Ebd., S. 187.
hübsche kleine Venus von Marmor – Ebd.
Ach! die Venus ist perdü – Ebd.
Jetzt ist unser gefallener Engel – Berthelsen 1987, S. 56.
Geister der Entfernten – »Ich mag die Geister der Entfernten und Abgeschiednen gern auf jede Weise hervorrufen und um mich versammeln«; Brief an Sulpiz Boisserée vom 17. 12. 1811, Goethe 1987b, S. 221.
Liebkosung mit den Augen – Gay 2016, S. 197.
74 *aufgereiht wie die Soldaten* – Berthelsen 1987, S. 31.
Haltepunkte des Ichs – Benthies/Böhme/Stephan 1981, S. 10.
Antennen, die – Molnar 2000, S. 44.
Quelle außerordentlicher Erquickung – Brief an Wilhelm Fließ vom 6. 12. 1896, F 1986, S. 226.

74 *Die Dinge geben mir Stimmung* – Brief an Wilhelm Fließ vom 6. 8. 1899, F 1986, S. 402.
Es thut mir schrecklich leid – Brief an Martha Freud vom 15. 9. 1910, R 2002, S. 352.
Clark University in Worcester – Der Präsident der Universität, G. Stanley Hall, hatte Freud anlässlich des 20-jährigen Bestehens der Universität eingeladen. Nach einem einwöchigen Zwischenaufenthalt in New York hielt Freud fünf Vorträge »Über Psychoanalyse«. Er führte neben der üblichen Korrespondenz ein Reisejournal (vgl. R 2002, S. 283–318; zu der Reise vgl. auch J 1974, S. 270 f.).
75 *Ich finde die Zumutung* – Brief an Sándor Ferenczi vom 10. 1. 1909, Fe I/1 1993, S. 88.
Ich habe immer gesagt – Brief an Ernest Jones vom 21. 12. 1925, Jo II 1993, S. 40.
Ich mache mir gar nichts aus Amerika – Brief an Sándor Ferenczi vom 9. 8. 1909, Fe I/1 1993, S. 136.
Stachelschwein zu sehen – Brief an die Familie vom 16. 9. 1909, R 2002, S. 309.
Die Praxis ist auf der Höhe – Brief an Sándor Ferenczi vom 25. 4. 1909, Fe I/1 1993, S. 114.
hoch und außen – Ebd.
600 – 700 Mk spendieren – Ebd.
76 *der Hausvater* – Brief an Wilhelm Fließ vom 4. 6. 1896, F 1986, S. 201.
Löwenhunger – Brief an Wilhelm Fließ vom 27. 8. 1899, F 1986, S. 404; vgl. auch Jones 1984, Bd. 1, S. 392 ff.
mühselig erworbenen 16–17 Mille – Brief an Wilhelm Fließ vom 4. 6. 1896, F 1986, S. 201.
Es ist überhaupt ein greulich schlechtes Jahr – Brief an Wilhelm Fließ vom 22. 1. 1898, F 1986, S. 322.
Das ›Schweigen im Walde‹ – Brief an Wilhelm Fließ vom 9. 6. 1899, F 1986, S. 387.
Finanzlage – Tögel 2006c, S. 860–880.
Kassa-Protokoll – Vom Januar 1896 bis zum Dezember 1899, vgl. Tögel 2006c, S. 861.
Honorarliste – Ebd., Freud führte die Liste von Oktober 1906 bis Oktober 1921.
77 *Ich habe [...] eine Woche* – Brief an Wilhelm Fließ vom 8. 2. 1897, F 1986, S. 244.
Gelderwerbsmaschine – Brief an Lilly Freud-Marlé vom 14. 3. 1911, zit. bei: Gay 2016, S. 184 und S. 755, Anm. 24.
ein Tagesverdienst von ca. hundert Gulden – Tögel 2006c, S. 867, und Tögel 1989, S. 49 f.
die Schönheit wohnt: in Italien und am Mittelmeer – Brief an Georg Hermann, GW, Nachtragsband, S. 677 f.
78 *Irmas Injektion* – SA II, S. 126 ff.

78 *Glaubst Du eigentlich* – Brief an Wilhelm Fließ vom 12. 6. 1900, F 1986, S. 458.

80 *Komisches Märchen* – Postkarte an Martha Freud vom 25. 8. 1895, R 2002, S. 41.

80 *entzückendster Morgenaussicht* – Postkarte an Martha Freud vom 28. 8. 1985, R 2002, S. 45.

den köstlichsten Sand zu Füßen – Ebd., S. 43.

einen mich aufklärenden Schädel – Brief an Wilhelm Fließ vom 3. 10. 1897, F 1986, S. 290.

glücklich geborstenen Schafsschädel – Goethe 1981, Bd. 10, S. 435.

Zwischenkieferknochen – Am 27. März 1784 entdeckte Goethe den »Zwischenknochen«, den Mensch und Affe gemeinsam haben, vgl. Goethe 1981, Bd. 13, S. 181 und S. 593 ff.

81 *bis zur Übersättigung* – Postkarte an Martha Freud vom 27. 8. 1895, R 2002, S. 44.

Du würdest uns beide kaum erkennen – Postkarte an Martha Freud vom 29. 8. 1995, R 2002, S. 46.

unglaublichsten Dinge – Postkarte an Martha Freud vom 26. 8. 1895, R 2002, S. 43.

Wir sind aber enorm fesch – Postkarte an Martha Freud vom 30. 8. 1895, R 2002, S. 48.

82 *Italien – Ansichten und Streiflichter* – Das Buch war 1879 in Berlin erschienen. Einen Nachdruck der zweiten, stark vermehrten Auflage besorgte die Wissenschaftliche Buchgesellschaft, Darmstadt 1992.

Wenn der Nordeuropäer – Hehn 1992a, S. 1 ff.

in ein neues Reich von Formen – Ebd., S. 44.

83 *hinter Mauern sich geborgen* – Ebd., S. 329.

Frauen des Volkes – Ebd., S. 331.

sind von schönem Schlage – Ebd., S. 333.

ist wirklich wahr – Brief an Wilhelm Fließ vom 29. 8. 1896, F 1986, S. 208.

Gedanken über Goethe – Freud hatte die 3., verm. Auflage von 1895 erworben. Sie findet sich in seiner Bibliothek im Freud Museum London.

vorzüglichen Betten – Postkarte an Martha Freud vom 26. 8. 1895, R 2002, S. 43.

Wassernest – Brief an Herder vom 3. 4. 1790, Goethe 1987a, S. 199. Freud besaß sowohl die Cotta'sche Ausgabe von »Goethes sämtlichen Werken« aus dem Jahr 1860 als auch die große 1887 begonnene Sophien-Ausgabe.

tödlichen Stoß – Brief vom 3. 4. 1790, Goethe 1988, Bd. 2, S. 123 f.

Herrlicher Tag – Postkarte an Martha Freud vom 30. 8. 1896, R 2002, S. 54.

84 *Mein erster Besuch* – SA II, S. 42.

wie sehr man mit der Aufdeckung – Ebd., S. 41.

85 *Es ist erfreuend und belehrend* – Goethe 1981, Bd. 11, S. 60.

Zwergpalme – Chamaerops humilis; war dort 1585 angepflanzt worden.

daß man sich alle Pflanzen – Goethe 1981, Bd. 11, S. 60.

85 *Versuch die Metamorphose der Pflanzen* – Goethe 1981, Bd. 13, S. 64–101. Seine gleichnamige Elegie, die im Juni 1798 entstand, erschien erstmals in Schillers Musenalmanach für das Jahr 1799.
Die Natur – Vgl. Goethe 1981, Bd. 13, S. 48 und S. 576. In einem Brief an den Kanzler Friedrich von Müller vom 24. 5. 1828 dementierte Goethe seine Autorschaft: »Daß ich diese Betrachtungen verfaßt, kann ich mich faktisch zwar nicht erinnern, allein sie stimmen mit den Vorstellungen überein, zu denen sich mein Geist damals ausgebildet hatte.»
Ich weiß, daß der Vortrag – Freud, Nachwort zur Frage der Laienanalyse, GW XIV, S. 290.
86 *eine außerordentliche Förderung* – Ebd., S. 34.
Doktor gespielt – GW XIV, S. 290.
Sarg eines Trojaners – Postkarte an Martha Freud vom 31. 8. 1896, R 2002, S. 56.
87 *Essen köstlich* – Postkarte an Martha Freud vom 1. 9. 1896, R 2002, S. 57.
herrlich, reinlich – Ebd.
exemplarische Unreinlichkeit – Seume 1985, S. 105.
Alex totd – Postkarte an Martha Freud vom 1. 9. 1896, R 2002, S. 57.
beinahe zu gut – Ebd.
Heilige Cäcilia – Das Bild war für die Kirche San Giovanni in Monte beauftragt worden, wurde von Napoleon Bonaparte 1798 konfisziert und 1815 wieder nach Bologna zurückgeführt, wo es heute in der Pinacoteca Nazionale di Bologna aufbewahrt wird.
Hotel Byron – Das Hotel im historischen Zentrum existiert heute noch.
ein elendes Nest – Postkarte an Martha Freud vom 3. 9. 1896, R 2002, S. 59.
88 *Ravenna ist noch sehr genußreich* – Ebd., S. 61. Der »von Dante besungene Pinienwald« befindet sich einige Kilometer außerhalb von Ravenna, südlich zwischen den Dörfern Classe und Lido di Classe; vgl. Dantes »Göttliche Komödie« (28. Gesang, Verse 19–21).
Es geht uns großartig – Ebd.
Riesendom aus schwarzem u weißem Marmor – Ebd.
Herrlich, Mordsspektakel – Postkarte an Martha Freud vom 6. 9. 1896, R 2002, S. 62.
89 *Eine herrliche Hetze* – Ebd., S. 64, und Brief an Martha Freud vom 7. 9. 1896, R 2002, 67.
eine Art Schönbrunn der Medicäer – Ebd.
in der heißen Stille einer Mittagsstunde – Hesse 1983, S. 45.
Gefangenen-Statuen – Damals standen im Boboli-Garten noch die Originale, später wurden sie durch Kopien ersetzt, während die Originale seither in der Galleria dell'Accademia untergebracht sind.
Oil und Wein – Postkarte an Martha Freud vom 6. 9. 1896, R 2002, S. 65.
Villa Gioiello – Anders als Freud in seinem Brief an Martha Freud vom 7. 9. 1896 schreibt, wohnte Galilei nicht im Torre del Gallo, sondern in der Villa Gioiello, die nicht weit entfernt vom Torre del Gallo liegt.

90 *Quacksalber* – Vgl. Han Israëls: Der Wiener Quacksalber, Jena und Quedlingburg 2006.
Tiefenschwindel – Vgl. Dieter E. Zimmer: Tiefenschwindel, Die endlose und die beendbare Psychoanalyse, Reinbek b. Hamburg 1986.
die man nicht behandeln wollte – Freud 1971, S. 85.
daß Zimmer zu haben sind – Postkarte an Martha Freud vom 6.9.1896, R 2002, S. 65.
was hier sehr in Betracht kommt – Brief an Martha Freud vom 7.9.1896, R 2002, S. 70; »luogo commodo« steht für ein Klosett.
die Weihe des Ortes – Ebd., S. 67.
Wir kommen im Dunkeln hin – Ebd., S. 68.
91 *Knabenjahren, besonders* – SA II, S. 432, vgl. auch Tögel 1994, S. 25ff., und Jones 1984, Bd. 1, S. 215.
eigentlichen Lehrer – Brief an Martha Freud vom 16.8.1882, MB I, S. 290.
unterdrückte Größensucht des Vaters – SA II, S. 432.
in guter Gesellschaft – Brief an Martha Freud vom 16.8.1882, MB I, S. 290.
92 *Istituto e Museo di Storia della Scienza* – Das Museum, auch als Museo Galileo bekannt, liegt im Zentrum von Florenz an der Piazza dei Giudici 1.
Trost und Erhebung – Brief an Martha Freud vom 16.8.1882, MB I, S. 291. Freud besaß eine zweibändige Milton-Ausgabe, die er 1879 erworben hatte.
in gehobener Stimmung – Postkarte an Martha Freud vom 9.9.1896, R 2002, S. 71.
reich zu werden – Brief an Wilhelm Fließ vom 6.12.1896, F 1986, S. 226.
notwendiges Zwischenstück – Brief an Wilhelm Fließ vom 14.8.1897, F 1986, S. 281.
Ich bin sehr denkfaul – Ebd., S. 280. In früheren Brief an Wilhelm Fließ vom 18.6.1897 heißt es: »Grund- und bodenlose Faulheit, intellektueller Stillstand«, F 1986, S. 270.
93 *Auf dem nächsten Kongreß* – Ebd., S. 271.
Notwendigkeit einer psychoanalytischen – Zit. nach Tögel 2005, S. 143.
Ich hoffe für mich – Brief an Wilhelm Fließ vom 18.8.1897, F 1986, S. 282.
94 *Alles gesehen* – Postkarte an Martha Freud vom 4.9.1897, R 2002, S. 78. Neben dem schiefen Turm von Pisa besuchte er den Dom, das Baptisterium und den Camposanto Monumentale.
auffallend stillen – Hesse 1983, S. 111.
Hier keine Kunst, keine Geschichte – Ebd., S. 79.
Göttlich gegessen – Postkarte an Martha Freud vom 6.9.1896, R 2002, S. 80.
recht italienische Kleinstadt – Ebd.
nichts von erster Schönheit – Ebd.
meschuggene auf Berg gelegene Stadt – Ebd., S. 83.
95 *Menge entzückender Eindrücke* – Ebd., S. 84.

95 *schönste, charaktervollste Strich* – Hesse 1983, S. 337.
Funiculare di Orvieto – Freud hielt sie irrtümlich für eine Zahnradbahn.
97 *Es war ein ausgeräumtes Etruskergrab* – SA II, S. 438 f.
größte und reichste polychromatische Denkmal – Burckhardt 1986, S. 262.
Cattedrale di Santa Maria Assunta – Ab 1288 errichteter und 1309 geweihter Dom, ein Meisterwerk der Gotik in Mittelitalien. Die Cappella della Madonna war von Luca Signorelli (ca. 1450–1523) ausgemalt worden.
98 *einmal nach Orvieto zu gehen* – GW I, S. 521.
Ich strengte mein Gedächtnis an – Ebd.
99 *Er las immer Agamemnon* – Lichtenberg 1991, S. 166.
durch und durch persönliche Fehllesung – Gernhardt in: Kogel/Schütte/Zimmermann 1992, S. 48 f.
Das ist wirklich die Theorie – GW IV, S. 32.
Wo ein Irrtum vorliegt – Ebd., S. 243.
mehr sehen als sich sagen lassen! – Ebd., S. 9.
100 *das Studium der Träume* – Gay 2016, S. 149.
Man labt sich an fremdartiger Schönheit – Brief an Wilhelm Fließ vom 6. 9. 1897, F 1986, S. 282 f.
Italien wird immer italienischer – Postkarte an Martha Freud vom 11. 9. 1897, R 2002, S. 88.
Soeben bin ich zur Erkenntnis – Postkarte an Martha Freud vom 13. 9. 1897, R 2002, S. 91.
Drei Knaben waren in Perugia – Ebd.
101 *Rabennest* – Busch 1983, S. 89–94: »Zwei Knaben jung und heiter / Die tragen eine Leiter. / Im Nest die jungen Raben, / Die werden wir gleich haben. / Da fällt die Leiter um im Nu, / Die Raben sehen munter zu.«
sehr gutem Fleisch – Postkarte an Martha Freud vom 13. 9. 1897, R 2002, S. 90 f.
Wohlbefinden ungestört – Ebd.
War auf der Wasserleitung – Goethe 1981, Bd. 11, S. 121.
Berge, Brücken, Wasserfälle – Hesse 1983, S. 331.
Wasser, an dem man sich einmal wie ein Kamel ansaufen kann – Postkarte an Martha Freud vom 10. 9. 1897, R 2002, S. 86.
Cyclamen – Ebd.
Traum von der Botanischen Monographie – Vgl. SA IV, S. 183; die Monographie trug den Titel »Die Gattung der Cyclamen«.
104 *unglaubliche Aussicht* – Postkarte an Martha Freud vom 11. 9. 1897, R 2002, S. 88.
traumhaft unwirklichen Blick – Böll 1991, S. 108.
Fleiß und Würde – Ebd.
Der Heilige drückt auf alles – Postkarte an Martha Freud vom 12. 9. 1897, R 2002, S. 89.
die leibhaftige Duse – Postkarte an Martha Freud vom 11. 9. 1897, S. 88.
105 *der auf Zeichen achten gelernt hat* – GW IV, S. 227.

105 *Nora* – Theaterstück von Henrik Ibsen (1828–1906); Freud war mit dem Werk des Norwegers bestens vertraut: In der Studie »Einige Charaktertypen aus der psychoanalytischen Arbeit« analysierte er die Gestalt der Rebekka West aus Ibsens Drama »Rosmersholm« (1886). Auch kannte er die 1892 veröffentlichte Studie seiner späteren psychoanalytischen Kollegin Lou Andreas-Salomé über Ibsens Frauengestalten.

Kasuistik zum Studium der Fehlleistungen – GW IV, S. 49.

106 *ganz im Wolleben* – Brief an Alexander Freud vom 17. 9. 1905, R 2002, S. 205.

Die himmlische Sonne – Ebd.

daß man nicht wie jener Mr. Brown – Ebd.; Spinola ist der Name einer vornehmen und reichen Genueser Familie.

Wahlverwandtschaften – Goethe 1981, Bd. 6, S. 416; Freud hatte auf diesen Satz bereits in einer Postkarte an Martha Freud vom 1. 9. 1897 angespielt, vgl. R 2002, S. 157.

auf die ›gnädige‹ Strafe neugierig – Brief an Alexander Freud vom 17. 9. 1905, R 2002, S. 206.

Schädelweh – Brief an Martha Freud vom 15. 9. 1898, R 2002, S. 120.

107 *Die vielen schönen Sachen* – Ebd.

Santa Maria delle Grazia – Freud spricht sogar von einer »Zerstörung«. Erst 1999 konnten nach zwanzig Jahren die umfangreichen Restaurierungsarbeiten abgeschlossen werden.

Eine Kindheitserinnerung des Leonardo da Vinci – SA X, S. 91–159, vgl. auch Reinhardt 2018a, S. 22 ff.

gänzlich verdorbene, übermalte Original – Goethe 1981, Bd. 12, S. 164 ff.

Anfall von Schreibwut – Brief an Sándor Ferenczi vom 3. 3. 1910, Fe I/1 1993, S. 224.

als einer der größten Männer – SA X, S. 91.

Charakterstudie – Brief an C. G. Jung vom 17. 10. 1909, J 1974, S. 280.

Er war groß und ebenmäßig – SA X, S. 92.

108 *Leonardos Kindheit* – Freud lag das 1900 in Neapel erschienene Buch im italienischen Original vor: Nino Scognamiglio: Ricerche e documenti sulla giovinezza di Leonardo da Vinci (1452–1482). An C. G. Jung schrieb er am 17. 10. 1909, J 1974, S. 280 f.: »Ich warte mit Spannung auf ein italienisches Werk über seine Jugend, das ich bestellt habe.«

einen Roman über Leonardo – Dmitry Sergejewitsch Mereschkowski: Leonardo da Vinci, Ein biographischer Roman aus der Wende des 15. Jahrhunderts, Leipzig 1903. Thomas Mann erwähnt Mereschkowski in seinem Tagebucheintrag vom 20. 1. 1919.

allseitigen Genies – In: Eine Kindheitserinnerung des Leonardo da Vinci, GW VIII, S. 128.

109 *Dieser Leonardo* – Brief an Lou Andreas-Salomé vom 9. 2. 1919, AS 1966, S. 100.

erlauchten Objekt – Brief an Sándor Ferenczi vom 10. 11. 1909, Fe I/1 1993, S. 166.

109 *kiefle* – Brief an Sándor Ferenczi vom 1.1.1910, Fe I/1 1993, S. 191.
nichts an die Seite zu stellen – Brief an Freud vom 6.6.1910, A I 2009, S. 96.
Leonardo ist wunderbar – Brief an Freud vom 17.6.1910, J 1974, S. 364.
Den Genossen scheint – Brief an Sándor Ferenczi vom 7.6.1910, Fe I/1 1993, S. 263.
Kindheitserinnerung – Diese Kindheitserinnerung zitiert Freud ausführlich: »Als ich noch in der Wiege lag, ist ein Geier zu mir herabgekommen, hat mir den Mund mit seinem Schwanz geöffnet und viele Male mit diesem seinen Schwanz gegen meine Lippen gestoßen.« Der Geier wird von Freud als Muttersymbol gedeutet und die Phantasie von ihm so übersetzt: »Durch diese erotische Beziehung zur Mutter bin ich ein Homosexueller geworden.« Freuds Deutung beruhte auf einem Übersetzungsfehler, der aus »nibio«, dem Rotmilan, einen Geier machte. In einem Brief an C.G. Jung vom 17.10.1909, J 1974, S. 280f., beschreibt Freud das »Geheimnis«, das er gelüftet habe, so: »Einer, der so früh seine Sexualität in Wißtrieb umgesetzt hat und an der Vorbildlichkeit des nicht Fertigwerdens hängengeblieben ist, ist auch der Leonardo, der sexuell inaktiv oder homosexuell war.«
110 *Die Richterin* – GW III, S. 78–169.
Der brave Kerl – Brief an Wilhelm Fließ vom 2.9.1898, F 1986, S. 326. Am 24.4.1900 hielt Freud im Verein B'nai B'rith einen Vortrag über Zolas »Fécondité« (1899), den ersten Teil der Romantrilogie »Les Quatre Évangiles«. Der Roman gehörte zu den Büchern, die Freud 1907 auf eine Zeitungsumfrage hin zu den zehn empfehlenswerten zählte.
unseren alten Freund Mark Twain – Brief an Wilhelm Fließ vom 9.2.1898, F 1986, S. 327.
111 *Unbehagen in der Kultur* – SA IX, S. 253, Anm. 1.
Grantig – Brief an Wilhelm Fließ vom 14.4.1898, F 1986, S. 336.
italienischen Landen – Ebd., S. 337; alle folgenden Briefzitate ebenso.
113 *Eine kurze, aber genußreiche Osterfahrt* – SA II, S. 448.
So hat der schöne Sommer – Brief an Wilhelm Fließ vom 16.9.1899, F 1986, S. 409.
Aber das wird wohl nicht werden – Brief an Wilhelm Fließ vom 27.8.1899, F 1986, S. 404.
große Quälerei – Brief an Wilhelm Fließ vom 6.9.1899, F 1986, S. 405.
Gespräch zwischen – Brief an Wilhelm Fließ vom 11.9.1899, F 1986, S. 407.
114 *oberen Instanzen* – Brief an Werner Achelis vom 30.1.1927, B 1960, S. 389. Der deutsche Sozialdemokrat Ferdinand Lassalle hatte dieses Motto seiner Studie »Der italienische Krieg und die Aufgabe Preußens« (1859) vorangestellt. Freud hatte das Motto im Dezember 1896 als programmatische Formel für seine Theorie der Symptombildung in Erwägung gezogen.
resignierter Spannung – Brief an Wilhelm Fließ vom 27.10.1899, F 1986, S. 418.

114 *Stuß* – Brief an Wilhelm Fließ vom 6. 9. 1899, F 1986, S. 405.
Die Traumdeutung aber ist die Via regia – SA II, S. 577. Dieser Satz wurde erst in der 2. Auflage (1909) hinzugefügt. Eine knappe wie ergiebige Zusammenfassung der Grundgedanken findet sich bei Tögel 2005, S. 31–52.
daß uns das geläufige Vergessene – SA IX, S. 201.
115 *bei aller Bewunderung* – Brief an Heinrich Meng vom 15. 2. 1928 in: Tögel 2009, S. 83.
Einstein war sehr interessant – Brief an Anna vom 29. 12. 1926, AF 2006, S. 455; ab 1928 korrespondierten die beiden Männer bis kurz vor Freuds Tod miteinander.
Er ist heiter – Brief an Sándor Ferenczi vom 2. 1. 1927, Fe III/2 1993, S. 126.
Das Wohlgefallen der Menschen – Brief an Wilhelm Fließ vom 10. 7. 1900, F 1986, S. 463.
116 *auf dem Gipfel der Erschöpfung* – Ebd.
Die Sonne war im Trentino – Brief an Wilhelm Fließ vom 14. 9. 1900, F 1986, S. 465.
unverschämt fidel – Ebd., S. 466.
nach Feigen, Kastanien, Lorbeer – Brief an Martha Freud vom 1. 9. 1900, R 2002, S. 128.
Ich bin sehr frisch u fesch – Ebd., S. 129.
die Sehnsucht, nach Rom zu kommen – SA II, S. 205.
118 *gelobte Land* – Ebd.
Kalbsschlegelbraten mit Kartoffeln – Postkarte an Minna Bernays vom 26. 8. 1900, R 2002, S. 151.
elegant gemacht – Ebd., S. 152.
Trümmerhaufen des Campanile – Postkarte an Minna Bernays vom 28. 8. 1902, R 2002, S. 153.
119 *Die Kirche ist schöner denn je* – Ebd., S. 154.
Venedig war unglaublich schön – Ebd.
120 *Nun sollte ich Dir über Rom schreiben* – Brief an Wilhelm Fließ vom 19. 9. 1901, F 1986, S. 493.
Die Begierde, nach Rom zu kommen – Goethe 1981, Bd. 11, S. 125 f.
um Rom zu haben – Ebd., S. 126.
121 *Die Sehnsucht, nach Rom zu kommen* – SA II, S. 205.
unsterblich … glorreich – GW II, S. 442 und 478.
Eine Kindheitserinnerung aus ›Dichtung und Wahrheit‹ – SA X, S. 256–266.
zehn guten Büchern – Brief an das Antiquariat Hinterberger, B 1960, S. 267 f.
eine bis in die Einzelheiten – Brief an Freud vom 4. 4. 1915, Fe II/1 1993, S. 115.
122 *Phylogenese* – Umfasst die Stammesgeschichte aller Lebewesen.
Ich kenne keine Ähnlichkeit – Brief an Sándor Ferenczi vom 8. 4. 1915, Fe II/1 1993, S. 116.
allen großen Männern – Ebd., S. 115.

122 *Ich denke, Goethe hätte nicht* – Ansprache im Frankfurter Goethe-Haus, in: SA X, S. 292.
zweyten Geburtstag – Brief an Johann Gottfried und Caroline Herder vom 2. 12. 1786, in: Goethe 1987a, S. 77.
nun lebendig – Goethe 1981, Bd. 11., S. 126.
In Rom eingetroffen – Postkarte an Martha Freud vom 2. 9. 1901, R 2002, S. 135.
123 *Nebel des Entzückens* – Gay 2016, S. 157.
schönste u ewigste Stadt – Brief an Sophie Freud und Max Halberstadt vom 12. 9. 1913, R 2002, S. 373.
Meine Rom-Sehnsucht – Brief an Wilhelm Fließ vom 3. 12. 1897, F 1986, S. 309; vgl. auch Walter Schönau 2006, S. 184–207, und Marina D'Angelo 2012.
schmerzlich bewegt – SA II, S. 207 f.
124 *Ich war ja auf den Spuren Hannibals* – Ebd.
Hannibal und Rom – Ebd.
Ich mochte zehn oder zwölf Jahre – Ebd., S. 208.
125 *Ich stellte dieser Situation* – Ebd.
Während ich aber – Brief an Wilhelm Fließ vom 19. 9. 1901, F 1986, S. 493 f.
heiligen Wahnwitz– Brief an Arnold Zweig vom 8. 5. 1932, Freud/Zweig 1968, S. 51; s auch Tögel 2006a.
unleugbaren Konflikt – Brief an Theodor Reik, zit. nach Tögel 2006a, S. 3.
Angesichts der neuen Verfolgungen – Brief an Arnold Zweig vom 8. 5. 1932, Freud/Zweig 1968, S. 115.
126 *Vier Rom-Träume* – Vgl. Kapitel 5, Das Infantile als Traumquelle, in: SA II, S. 201–228.
ohne es wie ein jüdischer Feldherr – Alt 2016, S. 400.
noch rauchenden und glühenden Brandherd – C. G. Jung 1971, S. 292.
Dort war noch lebende Antike – Ebd.
127 *Plan einer Romfahrt* – Ebd.
Lust am Leben und Wirken etwas gesteigert – Brief an Wilhelm Fließ vom 11. 3. 1902, F 1986, S. 501.
eifriger Rompilger – SA II, S. 205, Anm. 1 (Zusatz von 1909). Freud besucht die Stadt 1901, 1902, 1907, 1910, 1912, 1913 und 1923.
Weltwunder – Postkarte an Martha Freud vom 2. 9. 1901, R 2002, S. 136.
Schönes Zimmer – Ebd., S. 135.
Obelisken – Es handelte sich um den Obelisken Psammetichs II. aus Heliopolis. Er war auf dem Marsfeld aufgestellt worden, wo er bis ins 9. Jahrhundert stand. 1748 wurde er wiederentdeckt und 1789 von Papst Pius an seinem heutigen Ort, dem Palazzo di Montecitorio, aufgerichtet.
Diese Tage war ich einigemal – Goethe 1981, Bd. 11, S. 393.
128 *als hätte es Michelangelo* – Postkarte an Martha Freud vom 5. 9. 1901, R 2002, S. 138.

128 *Es krachte, als sollten wir versinken* – Ebd.
130 *dem Praterberg von Rom* – Ebd.
Unglaublich packend, schön – Ebd., S. 140.
Es ist ein großartiges Leben mit Arbeit u Genuß – Ebd. 138.
Keine Zeit zu schreiben – Ebd., S. 137.
Hin zur Unsterblichkeit – Zit. nach Buddensieg 2002, S. 115.
man sein Hemd verkaufen müsse – Ebd., S. 106.
Düsterlinge und Blindschleichen – Nietzsche 1982, S. 472.
131 *wie der liebe Gott macht* – Brief an Wilhelm Fließ vom 15. 10. 1897, F 1986, S. 291; vgl. auch Tögel 2006a, S. 2, und Gay 2016, S. 15.
süssduftende Höhle – Zit. nach Buddensieg 2002, S. 114.
Heute wieder die herrlichsten Sachen – Postkarte an Martha Freud vom 6. 9. 1901, R 2002, S. 146.
Jahre lang gefürchtet – Postkarte an Martha Freud vom 3. 9. 1901, R 2002, S. 136.
das Herrlichste, was Kunst – Goethe, 1981, Bd. 12, S. 108.
unentgeltlich, wie zu den Sternen des Firmaments – Ebd.
134 *Garibaldi-Denkmal* – In der »Traumdeutung«, SA II, S. 415, schildert Freud einen »absurden« Traum: »Ich erinnere mich daran, daß er [Freuds Vater] auf dem Totenbette Garibaldi so ähnlich gesehen hat, und freue mich, daß diese Verheißung doch wahr geworden ist.«
Es wäre ein köstlicher Anblick – Postkarte an Martha Freud vom 12. 9. 1901, R 2002, S. 147.
Scirocco, erdrückende Luft – Ebd., S. 148.
die ja auch sein muß – Postkarte an Martha Freud vom 9. 9. 1901, R 2002, S. 146.
Ich war noch nie so wol – Postkarte an Martha Freud vom 6. 9. 1901, R 2002, S. 142.
Es wird jetzt bald alles vorbei sein – Postkarte an Martha Freud vom 12. 9. 1901, R 2002, S. 148.
Aus Italien dem formreichen – Goethe 1981, Bd. 13, S. 102.
138 *Viktor E. Frankl* – Professor für Neurologie und Psychiatrie an der Universität Wien, begründete die Logotherapie.
zehnbändige Freud'sche »Studienausgabe« – Band 11, ein »Ergänzungsband«, erschien erst 1975, zwei Jahre nach Bachmanns Tod.
139 *In Italien habe ich gelernt* – Bachmann 2000, S. 83.
Göttermalzeit – Postkarte an Martha Freud vom 15. 9. 1907, R 2002, S. 212.
volle Elasticität u Reisefreudigkeit – Ebd.
Eingeborener – Postkarte an Martha Freud vom 24. 9. 1907, R 2002, S. 235.
Viel sehen – Postkarte an Martha Freud vom 17. 9. 1907, R 2002, S. 214.
Ich [...] möchte jetzt wieder – Brief an C. G. Jung vom 19. 9. 1907, J 1974, S. 98.

139 *Man muss es den Päpsten lassen* – Postkarte an Martha Freud vom 24.9.1907, R 2002, S. 235.

142 *Heute war ein schwerer Tag* – Postkarte an Martha Freud vom 20.9.1907, R 2002, S. 219; der Tag erinnerte an die Einnahme Roms durch italienische Truppen im Jahre 1870, als die Stadt an das Königreich angegliedert und zur Hauptstadt erklärt worden war. Seit 1946 fällt der Nationalfeiertag auf den 2. Juni, auf den Tag, an dem die Italiener gegen die Monarchie und für die Einführung der Republik votierten.

Volksgewühl – Ebd.

Was macht man aber mit einem Feiertag – Postkarte an die Familie vom 19.9.1907, R 2002, S. 218.

143 *Habe herrliche Beleuchtungen* – Ebd.

Mondscheinbilder – Goethe 1981, Bd. 11, S. 408.

ein Mißvergnügen – Ebd., S. 548.

quindi uscimmo a riveder le stelle – Dante 1982, S. 155: XXXIV. Gesang, Hölle, Vers 138; vgl. auch die Postkarte an Martha Freud vom 21.9.1907, R 2002, S. 223.

Menora, glaube ich – Ebd.

weil man in Rom – Brief an die Familie vom 21.9.1907, R 2002, S. 220.

146 *Heute war es wieder herrlich* – Ebd.

Schöner als dieser Park – Ebd.

148 *im Dienste der Verbrüderung der Nationen* – Ebd., S. 221.

Er sieht aus wie Verdi – Ebd.

Concurrenzneid – Ebd.; 1902 war in Berlin die sogenannte »Trippelallianz« zwischen Deutschland, Italien und Österreich-Ungarn erneuert worden. Doch ein unmittelbar danach unterzeichnetes Geheimabkommen zwischen Frankreich und Italien sprengte diesen Dreierbund und bewirkte eine Kehrtwende in der italienischen Außenpolitik.

Sie ist ganz geschickt – Brief an die Familie vom 21.9.1907, R 2002, S. 221 f.

»Faust«-Szene – Zapperi 2013, S. 212.

Wind ist in Rom – Brief an die Familie vom 22.9.1907, R 2002, S. 224.

aber anstatt des Doms – Brief an die Familie vom 17.9.1907, R 2002, S. 215.

151 *wenigstens ein Wiener geworden* – Ebd.

um das Publikum – Brief an die Familie vom 22.9.1907, R 2002, S. 224.

daß sie nach rückwärts hören – Ebd.

Wenn die Musik eine Pause macht – Ebd.

152 *dass Carmen eine der Patientinnen sei* – Brief an Martha Freud vom 1.8.1883, MB II, S. 88.

also furchtbar nobel – Brief an die Familie vom 24.9.1907, R 2002, S. 229.

wie ein etwas versoffener – Ebd., S. 230.

153 *sehr lang u dünn, ihre Nase desgleichen* – Ebd.

wie die zur Abschreckung – Ebd.

153 *Für die Zärtlichkeit schien der Koloß* – Ebd.
mit der Sicherheit des Römers – Ebd., S. 233.
Schade, daß man hier nicht dauernd leben kann – Ebd.
155 *Das Ziel, in Rom als großer Herr* – Brief an die Familie vom 16. 9. 1912, R 2002, S. 365.
I am glad to be here – Postkarte an Ernest Jones vom 16. 9. 1912, Jo I 1993, S. 160.
Es ist fürchterlich behaglich – Brief an die Familie vom 16. 9. 1912, R 2002, S. 365.
Wunsch und Behagen – Ebd., S. 368.
Nicht Cottage, sondern Rom – Ebd.
melancholischer Einsamkeit – Ebd.
Ich trage täglich eine Gardenia – Ebd., S. 370.
157 *der Göttliche* – Reinhardt 2010, S. 22.
Durch drei einsame September-Wochen – Brief an Edoardo Weiss vom 12. 4. 1933, EW 1973, S. 84.
Heute Nachmittag einige Eindrücke – Postkarte an Martha Freud vom 6. 9. 1901, R 2002, S. 142.
158 *Moses-Figur zum Pflichtprogramm* – Burckhardt 1986, S. 634.
Wie oft bin ich die steile Treppe – SA X, S. 199.
vielleicht einige Worte schreiben zu wollen – Postkarte an die Familie vom 25. 9. 1912, R 2002, S. 370
Der Moses des Michelangelo – SA X, S. 197–222.
160 *Imago* – Zeitschrift für Anwendung der Psychoanalyse auf die Geisteswissenschaften, hg. v. Sigmund Freud, Bd. 3 (1), S. 15–36.
Der Mann Moses und die monotheistische Religion – SA IX, S. 454–581.
dass ihn der Mann unablässig verfolge – Vgl. Brief an Arnold Zweig vom 16. 12. 1934, Freud/Zweig 1968, S. 108.
Der Moses ist für mich eine Fixierung – Brief an Max Eitingon vom 12. 5. 1935, E II 2004, S. 30; vgl. auch Gay 2016, S. 683.
dem jüdischen Volke Befreier – Ebd., S. 459.
kleinen Scherz – Brief an Ernest Jones vom 16. 1. 1914, Freud / Jones 1993, S. 256: »It is a fun and perhaps not a bad one.«
Kind der Liebe – Brief an Edoardo Weiss vom 12. 4. 1933, EW 1973, S. 84.
Ich beneide Sie darum – Brief an Ernest Jones vom 15. 11. 1912, Jo I 1993, S. 177; übersetzt aus dem englischen Original: »I envy you for se[e]ing Rome so soon and so early in life. Bring my deepest devotion to Moses and write me about him.«
Rätsel, warum sie ihn so tief beeindruckte – Jones 1984, Bd. 2, S. 428.
Der Moses des Michelangelo ist – SA X, S. 199.
161 *da er die Verehrung des goldenen Kalbes* – Burckhardt 1986, S. 634.
Was wir an ihm sehen – SA X, S. 214.
die höchste psychische Leistung – Ebd., S. 217.
nicht weit vom Frevel am Heiligen – Ebd. S. 215.

162 *Mensch, der angesichts der Undankbarkeit* – Alt 2016, S. 568.
Wahrheit und Schönheit – Hans-Martin Lohmann: Beim Horne des Propheten, in: Die Zeit, 26.8.2004, Nr. 36; vgl. auch Ilse Grubrich-Simitis 2004.
164 *meschugge* – Brief an Sándor Ferenczi vom 9.12.1912, Fe I/2 1993, S. 165.
wie ein floridor Narr – Brief an Sándor Ferenczi vom 23.12.1912, Fe I/2 1993, S. 172.
nicht schön und sehr anstrengend – Brief an Sophie und Max Halberstadt vom 12.9.1913, Ki 2010, S. 483.
haarsträubend – Brief an Lou Andreas-Salomé vom 20.1.1912, Rilke/ Andreas-Salomé 1989, S. 250.
Rainer Maria Rilke unterschrieben – Brief an Sophie und Max Halberstadt vom 12.9.1913, Ki 2010, S. 483.
verstimmt, reizbar, müde – Brief an Sándor Ferenczi vom 5.8.1913, Fe I/2 1993, S. 242.
die schönste u ewigste Stadt – Brief an Karl Abraham vom 21.9.1913, A I 2009, S. 147.
Ich habe in dem unvergleichlich schönen Rom – Brief an Karl Abraham vom 21.9.1913, A I 2009, S. 146. Freuds Aufsatz »Zur Einführung in den Narzißmus« erschien 1914, SA III, S. 41–68; mit dem »Reklameartikel für die Scientia« ist der Aufsatz »Das Interesse an der Psychoanalyse« gemeint, GW VIII, S. 389–420.
165 *Der Jude übersteht's!* – Ansichtskarte an Karl Abraham vom 13.9.1913, A I 2009, S. 145.
166 *Vergessen Sie nicht* – Brief an Karl Abraham vom 3.5.1908, A I 2009, S. 47; vgl. auch Gay 2016, S. 234.
Wir sind und bleiben Juden – Brief an Sabine Spielrein vom 28.8.1913, Carotenuto 1986, S. 124.
ganzen römischen Dekoration – Brief an Karl Abraham vom 21.9.1913, A I 2009, S. 147.
Er kennt mich – Brief an Sándor Ferenczi vom 11.9.1913, Fe I /2 1993, S. 243.
Patient bei Bircher – Ebd.
167 *Papa seiner zukünftigen Reisebegleiterin* – Ansichtskarte an Anna Freud vom 13.9.1913, R 2002, S. 375.
ihm zu helfen – Schur 1982, S. 430.
Die Schuld an dieser Rebellion der Gewebe – Jones 1984, Bd. 3, S. 113.
168 *Papas Operation war nicht so harmlos* – Brief an Lou Andreas-Salomé vom 9.5.1923, Andreas-Salomé / Freud, Anna 2001, S. 182.
demnächst zum Styx herabzusteigen – Schur 1982, S. 415.
Daß man Freud erlaubte, noch einmal Rom – Ebd., S. 430.
So kann ich Ihnen aber mitteilen – Brief an Lou Andreas-Salomé vom 10.5.1923, AS 1966, S. 136.
Ein sinnloser, brutaler Akt des Schicksals – Brief an Max Halberstadt vom 25.1.1920, Ki 2010, S. 554.

169 *Mein kleiner Enkel* – Brief an Sándor Ferenczi vom 17.4.1923, FE III/1 1993, S. 161.
genial – Brief an Max Halberstadt vom 7.7.1923, Ki 2010, S. 599.
Diesen Verlust vertrage ich so schlecht – Brief an Kata und Lajos Lévy vom 11.6.1923, B 1960, S. 344.
aber das muß jetzt eine sein – Brief an Sándor Ferenczi vom 18.7.1923, Fe III/1 1993, S. 169.
Noch immer im Maul gequält – Brief an Max Eitingon vom 13.8.1923, E I 2004, S. 329.
von seiner Schwiegertochter Lucie – Vgl. Brief an Anna Freud vom 13.7.1923, AF 2006, S. 283.
der neunzehn Jahre alte Kaufmannslehrling – Zit. nach Weissweiler 2006, S. 298.
Ich bin immer noch abgestumpft – Brief an Anna vom 13.7.1923, AF 2006, S. 433.
170 *Es ist etwas viel für eine Saison* – Ebd.
Grand Hotel – Das 1884 errichtete Haus wurde 1971 gesprengt. Nur das Bootshaus hat sich erhalten. Für das Hotel war eine eigene Haltestelle der »Kronprinz Rudolf-Bahn« eingerichtet worden, der heutige Bahnhof Annenheim. Von dort wurden die Gäste mit einem Dampfschiff zum Hotel gebracht.
Hotel du Lac – Freud hatte sich schon mehrfach in den Sommerferien für kürzere (1900) oder längere Zeit (1906, 1907) dort aufgehalten.
lauten und unangenehmen Amerikaner – Anna Freud, in: AF 2006, S. 570.
171 *Um 12 Uhr Mittag* – Ebd., S. 571.
Papa zeigt mir – Ebd.
eine Toilette mit Marmorplatte – Ebd.
Vor Papas Fenster stehen zwei – Ebd.
Alles unverändert schön – Brief an die Familie vom 11.9.1923, R 2002, S. 383.
So bin ich wieder in Rom – Brief an Lou Andreas-Salomé vom 4.9.1923, AS 1966, S. 139.
172 *und gerade darum will ich* – Brief an Alexander Freud vom 11.8.1913, Fe III/I 1993, S. 172, Anm. 1.
für alle Seiten der römischen Polydimensionalität – Brief an Max Eitingon vom 11.9.1923, E I 2004, S. 331.
Papa [...] hat mich so gut in alles – Brief an Lou Andreas-Salomé vom 16.9.1923, AF 2006, S. 445.
Anna war prächtig – Brief an Max Eitingon vom 26.9.1923, E I 2004, S. 333.
Stunden von vollem Behagen – Brief an Max Eitingon vom 11.9.1923, E I 2004, S. 331.
theuer und geräuschvoller – Postkarte an Ernst Freud vom 10.9.1923, R 2002, S. 382.

173 *Zeiteinteilung* – Baedeker 1908b, S. 167
Anna geht heute mit ihr aus – Brief an die Familie vom 11.9.1923, R 2002, S. 383.
176 *feiste Mönche und fanatische Blutrichter* – Reinhard 2018b, S. 803.
Jeden Sonnabend, wenn um ihn herum – Bachmann 1955, S. 30 f.
177 *Dulde mich, Jupiter* – Goethe 1981, Bd. 1, S. 162.
178 *fast einzige, wirkliche großstädtische* – Hans Barth, zit. nach Kaube 2014, S. 137.
protestantische Leistungsvirtuose – Kaube 2014, S. 144.
ein Werk – »Die protestantische Ethik und der Geist des Kapitalismus« erschien 1905.
179 *Erste Enttäuschung. Vesuv raucht nicht* – Postkarte an Martha Freud vom 31.8.1902, R 2002, S. 155.
Für bescheidene Bedürfnisse – Ebd., S. 156.
schauenswerth – Postkarte an Martha Freud vom 1.9.1902, R 2002, S. 156.
Die edelste Art der Schönheit – Nietzsche 1982, S. 124.
180 *Lusträume* – Goethe 1981, Bd. 11, S. 186.
Jedermann lebt in einer Art – Ebd., S. 207 f.
Die Menschen aber sind häßlich – Postkarte an Martha Freud vom 1.9.1902, R 2002, S. 156 f.
geradezu etwas Abstoßendes – Gregorovius 1865, S. 20.
Phantastische Reiseberichte – Benjamin 1972, Bd. IV/1, S. 309 f.
182 *tiefgekerbten Gassen* – Rilke 1996, Bd. 1, S. 546 f.
sonst aber nichts – Ebd., S. 157.
Cloaken der Pöbelquartiere – Nietzsche 1980, Bd. 5, S. 159.
Ein Künstler, der sich Zeit gelassen hat – Ebd.
Endlich. Hier ist das Schlaraffenland – Postkarte an Martha Freud vom 2.9.1902, R 2002, S. 158.
183 *auf dessen Spitze* – Brief an die Familie vom 3.9.1902, R 2002, S. 160.
Dort liegt das Hundenest – Ebd.
man von der Wirkung des Südens – Brief an Martha Freud vom 6.9.1902, R 2002, S. 166.
bis zu einem Loch in einer Wand – Ebd.
höchst verrückten Doppelfelsen – Ebd.
Drin war es wirklich merkwürdig blau – Ebd., S. 167.
184 *Es war sehr heiß, und wir waren* – Brief an Martin Freud vom 17.10.1937, B 1960, S. 429 f.
Hoffentlich versäumt Ihr nicht – Brief an Ernst und Lucie Freud vom 17.10.1920, Ki 2010, S. 309.
Ich weiß nicht leicht etwas Interessanteres – Goethe 1981, Bd. 11., S. 204.
Titan – In einem Brief an Wilhelm Fließ erwähnte Freud, dass er Jean Paul gelesen habe, vgl. Jones 1984, Bd. 1, S. 402.
186 *Feuerschlucht und Rauchpforte* – Jean Paul 1986, S. 526.

186 *Werkstätte des Jüngsten Tages* – Ebd.
187 *aufgegrabenen Gassen* – Seume 1985, S. 285.
Nehmen Sie an, ein reisender Forscher – SA VI., S. 54.
188 *genauso geht der Analytiker vor* – SA, Ergänzungsband, S. 397.
Es gibt wirklich keine bessere Analogie – SA X, S. 39 f.
an sich nicht besonders wertvoll – GW VII, S. 91.
189 *aus der Verschüttung wieder ausgegrabene Kindheitsfreund* – SA X, S. 39.
die von Dichtern geschaffenen – Ebd., S. 13.
190 *mit Wonne gelesen* – Brief an Freud vom 30. 5. 1907, J 1974, S. 61.
Es ist eigentlich das erstemal – Brief an C. G. Jung vom 26. 5. 1907, J 1974, S. 56 f.
Wiener »Zeit« – Zeitung vom 19. 7. 1907, zit. nach Jones 1984, Bd. 2, S. 405.
um die ihn viele Berufsschriftsteller – Zit. nach Jones 1984, Bd. 2, S. 402.
völlig korrekte psychiatrische Studie – SA X, S. 42.
wie zur Einschärfung gewisser fundamentaler Lehren – Ebd., S. 43.
eine weitgehende Ähnlichkeit – Ebd., S. 79.
daß man bei Kranken – Ebd., S.79 f.
192 *vom psychiatrischen Standpunkt aus* – Brief an Freud vom 13. 5. 1907, in: Urban/Cremerius 1973, S. 12.
an einem kleinen Mädchen gehangen – Zit. nach Jones 1984, Bd. 2, S. 404.
achtzehnjährig an der Schwindsucht – Brief an Freud vom 14. 12. 1907, in: Urban / Cremerius 1973, S. 15.
Beide Gestalten verschmolzen sich – Ebd.
Sie bringt ja nichts Neues – Brief an C. G. Jung vom 26. 5. 1907, J 1974, S. 57.
denn sie pflegen eine Menge von Dingen – SA X, S. 14.
wertvollen Bundesgenossen – Ebd.
193 *Studien* – »Das Motiv der Kästchenwahl« (1913), »Eine Kindheitserinnerung aus Dichtung und Wahrheit« (1917), »E. T. A. Hoffmann über die Bewußtseinsfunktion« (1919) und »Dostojewski und die Vatertötung« (1928); alle in: SA X.
Beweis für die Richtigkeit – SA II, S. 118, Zusatz von 1909, Anm. 1.
Der Dichter und das Phantasieren – SA X, S. 171–179.
Ein starkes aktuelles Erlebnis – Ebd., S. 178.
Es lief ohne Unfall ab – Brief an C. G. Jung vom 8. 12. 1907, J 1974, S. 114.
Denk Dir nur meine Freude – Briefkarte an Martha vom 24. 9. 1907, R 2002, S. 235.
194 *Das von Jensen für römisch ausgegebene Relief* – SA X., S. 85, Nachtrag zur zweiten Auflage (1912). Das Relief befindet sich heute in der Sektion VII/2 des Museo Chiaramonti und trägt die Katalognummer 1284.
zwei Reliefplatten mit je drei Gestalten – Ebd.
Italien ohne Sizilien – Goethe 1981, Bd. 11, S. 252.
Dass ich Sizilien gesehen habe – Brief an Herzog Carl August vom 27. 5. 1787, Goethe 1988, Bd. 2, S. 54.

196 *Die erste Woche war die schönste* – Brief an Abraham Brill vom 17.10.1910 (unpubl.), Library of Congress, Washington, C18F23, zit. nach Alt 2016, S. 460.
Sizilien ist das schönste Stück von Italien – Brief an C.G. Jung vom 24.9.1910, J 1974, S. 390.
Es spricht allerlei gegen die Seereise – Brief an Sándor Ferenczi vom 16.8.1910, Fe I/1 1993, S. 290.
wo wir einen Tag pausieren würden – Ebd., S. 291.
hielte ich darauf, daß Sie einen Tag – Ebd.
Verfügungen – Brief an Freud vom 19.8.1910, Fe I/1 1993, S. 298.
197 *Smoking und Frack erachte ich* – Brief an Sándor Ferenczi vom 22.8.1910, Fe I/1 1993, S. 302.
Es wird auch nicht weiter sein als Amerika – Postkarte an Martha Freud vom 7.9.1910, R 2002, S. 341.
Neapel war natürlich wieder ein Höllenspektakel – Postkarte an die Familie vom 8.9.1910, R 2002, S. 342.
nicht immer in Rom antreffen – Brief an Freud vom 17.9.1901, E I 2004, S. 61.
Im Hotel Milano – Brief an Max Eitingon vom 27.9.1910, E I 2004, S. 63.
in horizontaler Lage – Goethe 1981, Bd. 11, S. 226.
Es ist der wunderbarste Ort der Welt – Ebd., S. 240.
198 *Ein weißer Glanz ruht über Land und Meer* – Goethe 1981, Bd. 5, S. 72.
Palermo war eine unerhörte Schwelgerei – Brief an Martha Freud vom 15.9.1910, R 2002, S. 352.
Sehnsucht nach dem Süden – Brief an Martha Freud vom 9.9.1910, R 2002, S. 344.
in die innere Stadt – Ebd., S. 343.
Die Pracht u der Duft der Blumen – Brief an Martha Freud vom 11.9.1910, R 2002, S. 347.
199 *was ein Mensch verlangen kann* – Brief an Martha Freud vom 9.9.1910, R 2002, S. 344.
für ein paar Tage verschollen – Brief an Martha Freud vom 11.9.1910, R 2002, S. 347.
hier in Sizilien sozusagen ausgesetzt – Ebd., S. 348.
primitiver, aber nicht unheimlicher – Ebd.
die Veranlassung dieses Wunders – Goethe 1981, Bd. 11, S. 272.
200 *Zwei Männer, ein älterer und ein jüngerer* – GW IV, S. 34.
wie ein zur Zeit die Person beherrschender Eigenkomplex – Ebd., S. 35.
Ich weiß schon, daß ich – Ebd., S. 36.
201 *nicht ganz ohne Beschwerden* – Brief an Wilhelm Fließ vom 7.9.1896, F 1986, S. 67.
in tiefster Verlassenheit und Einöde – Postkarte an Martha Freud vom 13.9.1901, R 2002, S. 349.
Die Gegend ruht in trauriger Fruchtbarkeit – Goethe 1981, Bd. 11, S. 270.

201 *Die anderen Tempel werden* – Postkarte an Martha Freud vom 13.9.1901, R 2002, S. 349.
Daraus könnt ihr ersehen – Postkarte an Martha Freud vom 15.9.1901, R 2002, S. 351.
am meisten griechischen Stadt Italiens – Brief an die Familie vom 18.9.1910, R 2002, S. 356.
Diese Quelle ist bis heute – Seume 1985, S. 212. Der Sage nach wird die Nymphe Arethusa vom Flussgott Alpheios verfolgt und auf ihre Bitte hin von Artemis, der Göttin der Jagd und des Waldes, in eine Quelle verwandelt.
Wo einmahl etwas da ist – Ebd.

202 *das ungeheuerste Natur- und Kunstwerk* – Goethe 1981, Bd. 11, S. 296.
um der Cholera auszuweichen – Brief an Oskar Pfister vom 27.9.1910, P 1980, S. 43.
Quarantanien – Brief an Max Eitingon vom 27.9.1910, E I 2004, S. 63.
daß meine Vorsicht – Ebd.

203 *Die erste Woche auf der Insel* – Brief an C. G. Jung vom 24.9.1910, J 1974, S. 390. Als »Konrad« bezeichnete der Schweizer Schriftsteller Carl Spitteler in seinem Roman »Imago« (1904) den Körper. »Imago« wurde der Name der Zeitschrift, die sich mit angewandter Psychoanalyse beschäftigte.
Es ist sehr schön, noch einige Tage – Postkarte an Martha Freud vom 23.9.1910, R 2002, S. 362.

204 *Ist die Liebe selber eine Reise* – Bloch 1970, Bd. 1, S. 431.

205 *von einer andern einfachern* – Goethe 1981, Bd. 11, S. 555.
Vorüber ist der Traum – Postkarte an Mathilde Freud vom 24.9.1907, R 2002, S. 235.

Literatur

Siglen

A I, II 2009	Sigmund Freud / Karl Abraham: Briefwechsel 1907–1925
AF 2006	Sigmund Freud / Anna Freud: Briefwechsel 1904–1938
AS 1966	Sigmund Freud / Lou Andreas-Salomé: Briefwechsel
B 1960	Sigmund Freud: Briefe 1873–1939
E I, II 2004	Sigmund Freud / Max Eitingon: Briefwechsel 1906–1939
EW 1973	Sigmund Freud / Edoardo Weiss: Briefe zur psychoanalytischen Praxis
F 1986	Sigmund Freud: Briefe an Wilhelm Fließ 1887–1904
Fe I/1–III/2 1993	Sigmund Freud / Sándor Ferenczi: Briefwechsel
GW I–XVI	Sigmund Freud: Gesammelte Werke
J 1974	Sigmund Freud / C. G. Jung: Briefwechsel
Jo I, II 1993	Sigmund Freud / Ernest Jones: Briefwechsel 1908–1939
Ki 2010	Sigmund Freud / Unterdeß halten wir zusammen, Briefe an die Kinder
MB I–IV	Sigmund Freud / Martha Bernays: Die Brautbriefe
Mi 2005	Sigmund Freud / Minna Bernays: Briefwechsel 1882–1938
P 1980	Sigmund Freud / Oskar Pfister: Briefe 1909–1939
R 2002	Sigmund Freud: Unser Herz zeigt nach dem Süden, Reisebriefe 1895–1923
SA I–X	Sigmund Freud: Studienausgabe

I Werke und Briefe

Freud, Sigmund: Antwort auf eine Rundfrage »Vom Lesen und von guten Büchern«, in: GW, Nachtragsband, S. 662 ff.

Freud, Sigmund: Briefe 1873–1939, ausgew. und hg. v. Ernst L. Freud, Frankfurt am Main 1960 (= B 1960).

Freud, Sigmund: Briefe an Anna von Vest, in: Stefan Goldmann, Sigmund Freuds Briefe an seine Patientin Anna v. Vest, Jahrbuch der Psychoanalyse, 17 (1985), S. 269–295.
Freud, Sigmund: Briefe an Wilhelm Fließ 1887–1904, hg. v. Jeffrey Moussaieff Masson, Frankfurt am Main 1986 (= F 1986).
Freud, Sigmund: Der Wahn und die Träume in W. Jensens »Gradiva«, Mit dem Text der Erzählung von Wilhelm Jensen, hg. v. Bernd Urban und Johannes Cremerius, Frankfurt am Main 1973.
Freud, Sigmund: Gesammelte Werke, hg. v. Anna Freud, Frankfurt am Main 1999 (= GW 1–16).
Freud, Sigmund: Gesamtausgabe in 23 Bänden, hg. v. Christfried Tögel, Gießen 2015 ff.
Freud, Sigmund: Jugendbriefe an Eduard Silberstein 1871–1881, hg. v. Walter Boehlich, Frankfurt am Main 1989.
Freud, Sigmund: Selbstdarstellung, Schriften zur Geschichte der Psychoanalyse, hg. v. Ilse Grubich-Simitis, Frankfurt am Main 1971.
Freud, Sigmund: Studienausgabe, Band I–X, hg. v. Alexander Mitscherlich, Angela Richards und James Strachey, Frankfurt am Main 1989 (= SA I–X).
Freud, Sigmund: Tagebuch 1929–1939, Kürzeste Chronik, hg. und eingeleitet v. Michael Molnar, Frankfurt am Main 1996.
Freud, Sigmund: Unser Herz zeigt nach dem Süden, Reisebriefe 1895–1923, hg. v. Christfried Tögel unter Mitarbeit v. Michael Molnar, Berlin 2002 (= R 2002).
Freud, Sigmund: Unterdeß halten wir zusammen, Briefe an die Kinder, hg. v. Michael Schröter unter Mitwirkung v. Ingeborg Meyer-Palmedo und Ernst Falzeder, Berlin 2010 (= Ki 2010).

Freud, Sigmund/Abraham, Karl: Briefwechsel 1907–1925, Vollständige Ausgabe, 2 Bände., hg. v. Ernst Falzeder und Ludger Hermanns, Wien 2009 (= A I, II 2009).
Freud, Sigmund/Andreas-Salomé, Lou: Briefwechsel, hg. v. Ernst Pfeifer, Frankfurt am Main 1966 (= AS 1966).
Freud, Sigmund/Bernays, Martha: Die Brautbriefe, 4 Bände, hg. v. Gerhard Fichtner, Ilse Grubrich-Simitis und Albrecht Hirschmüller, Frankfurt am Main 2011–2019 (MB I–III).
Freud, Sigmund/Bernays, Minna: Briefwechsel 1882–1938, hg. von Albrecht Hirschmüller, Tübingen 2005 (= Mi 2005).
Freud, Sigmund/Bleuler, Eugen: Ich bin zuversichtlich, wir erobern bald die Psychiatrie, Briefwechsel 1904–1937, hg. v. Michael Schröter, Basel 2012 (= Bl 2012).
Freud, Sigmund/Eitingon, Max: Briefwechsel 1906–1939, 2 Bände, hg. v. Michael Schröter, Tübingen 2004 (= E I, II 2004).
Freud, Sigmund/Ferenczi, Sándor: Briefwechsel, 6 Bände, hg. v. Ernst Falzeder, Eva Brabant und Patrizia Giampieri-Deutsch, Wien, Köln, Weimar 1993 bis 2005 (= Fe 1993).

Freud, Sigmund/Freud, Anna: Briefwechsel 1904–1938, hg. v. Ingeborg Meyer-Palmedo, Frankfurt am Main 2006 (= AF 2006).
Freud, Sigmund/Jones, Ernest: Briefwechsel 1908–1939, 2 Bände, Originalwortlaut der in Deutsch verfassten Briefe Freuds, Transkription und editorische Bearbeitung v. Ingeborg Meyer Palmedo, Frankfurt am Main 1993 (= Jo I, II 1993).
Freud, Sigmund/Jung, C. G.: Briefwechsel, hg. v. William McGuire und Wolfgang Sauerländer, Frankfurt am Main 1974 (= J 1974).
Freud, Sigmund/Pfister, Oskar: Briefe 1909–1939, hg. v. Ernst L. Freud und Heinrich Meng, Frankfurt am Main 1980 (= P 1980).
Freud, Sigmund/Weiss, Edoardo: Briefe zur psychoanalytischen Praxis, Mit den Erinnerungen eines Pioniers der Psychoanalyse, Vorbemerkung und Einleitung von Martin Grotjahn, Frankfurt am Main 1973 (EW 1973).
Freud, Sigmund/Zweig, Arnold: Briefwechsel, hg. von Ernst L. Freud, Frankfurt am Main 1968.

II Ausgewählte Literatur zu Freud und seiner Zeit

Abraham, Karl: Psychoanalytische Studien, hg. v. Johannes Cremerius, Band 2, Frankfurt am Main 1961.
Alt, Peter-André: Sigmund Freud, Der Arzt der Moderne, Eine Biographie, München 2016.
Andreas-Salomé, Lou: Henrik Ibsens Frauen-Gestalten, Psychologische Bilder nach seinen sechs Familiendramen, hg. v. Cornelia Pechota, Taching am See 2012.
Andreas-Salomé, Lou/Freud, Anna: »... als käm ich heim zu Vater und Schwester«, Briefwechsel 1919–1937, hrsg. von Daria A. Rothe und Inge Weber, Göttingen 2001.
Appignanesi, Lisa/Forrester, John: Die Frauen Sigmund Freuds, München 2000.

Bachmann, Ingeborg: Was ich in Rom sah und hörte, in: Akzente, Jg. 2, Heft 1, München, Februar 1955.
Baedeker, Karl: Italien von den Alpen bis Neapel, Kurzes Reisehandbuch, Leipzig 1908a.
Baedeker, Karl: Mittelitalien und Rom, Handbuch für Reisende, Leipzig 1908b.
Baedeker, Karl: Unteritalien, Sizilien, Sardinien, Malta, Tunis, Corfu, Handbuch für Reisende, Leipzig 1906.
Benjamin, Walter: Gesammelte Schriften, unter Mitwirkung von Theodor W. Adorno und Gershom Scholem hg. v. Rolf Tiedemann und Hermann Schweppenhäuser, Band IV, 1, hg. v. Tilman Rexroth, Frankfurt am Main 1972.

Benthien, Claudia/Böhme, Hartmut/Stephan, Inge (Hrsg.), Freud und die Antike, Göttingen 2011.
Bernfeld, Siegfried/Cassirer-Bernfeld, Suzanne: Bausteine der Freud-Biographik, Frankfurt am Main 1981 (besonders: Freud und die Archäologie, S. 237–259).
Berthelsen, Detlev: Alltag bei der Familie Freud, Die Erinnerungen der Paula Fichtl, Hamburg 1987.
Billinsky, John: Jung and Freud (the End of a Romance), Andover Newton Quaterly (10) 1969, S. 39–43.
Bloch, Ernst: Das Prinzip Hoffnung, 3 Bände, Frankfurt am Main 1970.
Böll, Heinrich: Rom auf den ersten Blick, Landschaften, Städte, Reisen, München 1991.
Bremer, Thomas: Rom 1901 – Capri 1924, Italienerfahrung als biografische Wendepunkte bei Sigmund Freud und Walter Benjamin, in: Reiseziel Italien, Moderne Konstruktionen kulturellen Wissens in Literatur, Sprache, Film, hg. von Alessandra Lombardi, Lucia Mor und Nikola Roßbach, Frankfurt am Main 2014.
Buddensieg, Tilmann: Nietzsches Italien, Städte, Gärten und Paläste, Berlin 2002 (besonders: Rom, Der profane Blick – Das Sehen, das Nicht-Sehen, das Weg-Sehen, S. 105–134).
Burckhardt, Jacob: Der Cicerone, Eine Anleitung zum Genuss der Kunstwerke Italiens, Stuttgart 1986.
Burckhardt, Jacob: Griechische Kulturgeschichte, Band 1–4, München 1977.
Busch, Wilhelm: Sämtliche Bilderbogen, Frankfurt am Main 1983.

Carotenuto, Aldo: Tagebuch einer heimlichen Symmetrie, Sabina Spielrein zwischen Jung und Freud, Freiburg 1986.
Clark, Ronald W.: Sigmund Freud, Frankfurt am Main 1981.

D'Angelo, Marina: Punsch mit Lethe, Sigmund Freuds Italienreisen 1895 bis 1923, Dissertation. i. V.
D'Angelo, Marina: »... doch: ein Höhepunkt des Lebens«, Freud auf dem Weg nach Rom (1897–1901), in: Luzifer-Amor, Zeitschrift zur Geschichte der Psychoanalyse, hg. v. Michael Schröter, 25. Jg., H. 50, 2012.
Dante Aligheri, Die Göttliche Komödie, München 1982.
Davies, J. Keith: Die archäologische Bibliothek Freuds, in: Lydia Marinelli (Hg.): »Meine ... alten und dreckigen Götter«, Wien 1998, S. 137–165.
Davies, J. Keith / Fichtner, Gerhard (Hg.): Freuds Bibliothek, Vollständiger Katalog, London und Tübingen 2006.

Eissler, Kurt R.: Goethe, Rom, Sizilien und die Vateridentifikation, in: Eine psychoanalytische Studie, 2 Bände, München 1987, Band 2, S. 1130–1145.
Engelman, Edmund: Berggasse 19, Sigmund Freuds Wiener Domizil, Stuttgart und Zürich 1977.

Fichtner, Gerhard/Hirschmüller, Albrecht: Gedankensplitter – Gedankenkeime, Freuds Notizbüchlein aus den Jahren 1901 bis 1910, in: Luzifer-Amor, Zeitschrift zur Geschichte der Psychoanalyse, hg. v. Michael Schröter, 24. Jg., H. 48 (2011).
Finzi, Daniela: Ferne Zeit-Räume, Sigmund Freud auf Reisen, in: Freuds Reisen. hg. v. Monika Pressler, Wien 2014.
Freud, Alexander: Eisenbahn-Stations'verzeichnis zu Artaria's Eisenbahn-und Post-Communications-Karte von Oesterreich-Ungarn, Wien 1897.
Freud, Ernst/Freud, Lucie/Grubrich-Simitis, Ilse: Sigmund Freud, Sein Leben in Bildern und Texten, Frankfurt am Main 1976.
Freud, Martin: Mein Vater Sigmund Freud, Heidelberg 1999.
Freud-Marlé, Lilly: Mein Onkel Sigmund Freud, Erinnerungen an eine große Familie, Berlin 2008 (besonders: Freud hatte eine große Liebe, S. 225–231).
Fromm, Erich: Sigmund Freud, Seine Persönlichkeit und seine Wirkung, München 1995.
Fromm, Erich: Sigmund Freuds Sendung, Persönlichkeit, geschichtlicher Standort und Wirkung, Frankfurt am Main und Berlin 1967 (besonders: Der Weltverbesserer S. 101–121).

Galvagno, Rosalba: I viaggi di Freud in Sicilia e in Magna Grecia, Catania 2010.
Gay, Peter: Freud, Eine Biographie für unsere Zeit, Frankfurt am Main 2016.
Goethe, Johann Wolfgang: Goethes Briefe und Briefe an Goethe, Hamburger Ausgabe in 6 Bänden, hg. v. Karl Robert Mandelkow, München 1988.
Goethe, Johann Wolfgang: Werke, Hamburger Ausgabe in 14 Bänden, hg. v. Erich Trunz, München 1981.
Goethe, Johann Wolfgang: Werke, 4. Abtheilung, Goethes Briefe, 9. Band, hg. im Auftrag der Großherzogin Sophie von Sachsen, Fotomechanischer Nachdruck der Sophien-Ausgabe, Band 101, München 1987a.
Goethe, Johann Wolfgang: Werke, 4. Abtheilung, Goethes Briefe, 22. Band, hg. im Auftrag der Großherzogin Sophie von Sachsen, Fotomechanischer Nachdruck der Sophien-Ausgabe, Band 115, München 1987b.
Gregorovius, Ferdinand: Römische Tagebücher 1852–1889, hg. und kommentiert von Hanno-Walter Kruft und Markus Völkel, München 1991.
Gregorovius, Ferdinand: Wanderjahre in Italien, Band 3, Leipzig 1865.
Grubrich-Simitis, Ilse: Michelangelos Moses und Freuds »Wagstück«, Eine Collage, Frankfurt am Main 2004.
Gsell, Theodor: Fels, Rom und die Campagne, Leipzig und Wien 1912.

Hehn, Victor: Italien, Ansichten und Streiflichter, Mit Lebensnachrichten über Victor Hehn von Georg Dehio und mit einem Nachwort zum Neudruck von Ralph-Rainer Wuthenow, Darmstadt 1992a.
Hehn, Victor: Olive, Wein und Feige, Kulturhistorische Skizzen, hg. v. Klaus von See, Frankfurt am Main und Leipzig 1992b.

Heine, Heinrich: Werke und Briefe in 10 Bänden, hg. v. Hans Kaufmann, Berlin und Weimar 1972.
Hesse, Hermann: Italien, hg. v. Volker Michels, Frankfurt am Main 1983.
Hülsen, Christian Carl Friedrich: Das Forum romanum, Seine Geschichte und seine Denkmäler, Rome 1905.

Jean Paul: Titan, in: Werke in drei Bänden, Bd. 2, München 1986.
Jensen, Wilhelm: Gradiva, Ein pompejanisches Phantasiestück, Berlin 2016.
Jones, Ernest: Das Leben und Werk Sigmund Freuds, 3 Bände, Bern und Stuttgart 1984.
Jones, Ernest: Freud's Early Travels, in: The Internationale Journal of Psychoanalysis, 35, 81–84, London 1954.
Jung, Carl Gustav: Erinnerungen, Träume, Gedanken, aufgezeichnet und hg. v. Aniela Jaffé, Olten und Freiburg im Breisgau 1971.

Kaube, Jürgen: Max Weber. Ein Leben zwischen den Epochen, Berlin 2014.
Kogel, Jörg-Dieter/Schütte, Wolfram/Zimmermann, Harro (Hg.): Lichtenbergs Funkenflug der Vernunft, Frankfurt am Main und Leipzig 1992 (besonders: Robert Gernhardt, Er las immer Agammenon, S. 48 f.).

Lichtenberg, Georg Christoph: Sudelbücher II, hg. v. Wolfgang Promies, München 1991.
Lohmann, Hans-Martin/Pfeiffer, Joachim (Hg.): Freud-Handbuch, Leben, Werk, Wirkung, Stuttgart 2006.

Maciejewski, Franz: Der Moses des Sigmund Freud, Ein unheimlicher Bruder, Göttingen 2006.
Mann, Thomas: Das Gesetz, Frankfurt am Main 1981.
Mann, Thomas: Der Zauberberg, Gesammelte Werke in Einzelbänden, Frankfurter Ausgabe, hg. v. Peter de Mendelssohn, Frankfurt am Main 1981.
Mau, August: Pompeji in Leben und Kunst, Leipzig 1908.
Meyer, Conrad Ferdinand: Die Hochzeit des Mönchs, in: Gesammelte Werke, hg. v. Wolfgang Ignée, Novellen, München 1985.
Meyer, Conrad Ferdinand: Die Richterin, in: Gesammelte Werke, hg. v. Wolfgang Ignée, Novellen, München 1985, S. 79–169.
Meyhöfer, Annette: Eine Wissenschaft des Träumens, Sigmund Freud und seine Zeit, München 2006.
Molnar, Michael: Die Abenteuerlust des Sammlers, in: »Meine … alten und dreckigen Götter«, Aus Sigmund Freuds Sammlung, hg. v. Lydia Marinelli, Frankfurt am Main 2000, S. 37–45.
Müller, Lothar: Freuds Dinge, Der Diwan, die Apollokerzen und die Seele im technischen Zeitalter, Berlin 2019.

Neumayer, Georg von (Hg.): Anleitung zu wissenschaftlichen Beobachtungen auf Reisen, Berlin 1888.
Nietzsche, Friedrich: Menschliches, Allzumenschliches, Frankfurt 1982.
Nietzsche, Friedrich: Sämtliche Briefe, Kritische Studienausgabe in 8 Bänden, hg. v. Giorgio Colli und Mazzino Montinari, München 1986.
Nietzsche, Friedrich: Sämtliche Werke, Kritische Studienausgabe in 15 Bänden, hg. v. Giorgio Colli und Mazzino Montinari, München, Berlin, New York 1980.

Overbeck, Johannes: Pompeji in seinen Gebäuden, Alterthümern und Kunstwerken für Kunst- und Alterthumsfreunde, Leipzig 1844.

Paneth, Josef: Vita Nuova, Ein Gelehrtenleben zwischen Nietzsche und Freud, hg. v. Wilhelm W. Hemecker, Graz 2007.

Reinhardt, Volker: Der Göttliche, Das Leben des Michelangelo, Biographie, München 2010.
Reinhardt, Volker: Leonardo da Vinci, Das Auge der Welt, Biographie, München 2018a.
Reinhardt, Volker: Pontifex, Die Geschichte der Päpste, München 2018b.
Richter, Dieter: Jean Paul und Italien, Mit einem imaginären Reiseführer von Jean Paul Friedrich Richter, Joditz 2002.
Rilke, Rainer Maria: Gedichte 1895–1910, hg. v. Manfred Engel und Ulrich Fülleborn, Band 1, Frankfurt am Main und Leipzig 1996.
Rilke, Rainer Maria/Andreas-Salomé, Lou: Briefwechsel, hg. v. Ernst Pfeiffer, Frankfurt am Main und Leipzig 1989.
Robert, Marthe: Die Revolution der Psychoanalyse, Leben und Werk von Sigmund Freud, Frankfurt am Main 1967.
Robert, Marthe: Sigmund Freud – zwischen Moses und Ödipus, Die jüdischen Wurzeln der Psychoanalyse, München 1975.
Roudinesco, Elisabeth: Reisen mit Freud, in: Merkur, Zeitschrift für europäisches Denken, (683) 2006, S. 223–233.

Sachs, Hanns: Freud, Meister und Freund, Frankfurt am Main und Wien 1982.
Schivelbusch, Wolfgang: Geschichte der Eisenbahnreise, Zur Industrialisierung von Raum und Zeit im 19. Jahrhundert, Frankfurt am Main 1989.
Schliemann, Heinrich: Ilios, Stadt und Land der Trojaner, Saarbrücken 2011 (Unveränderter Faksimile-Reprint des Originals von 1881).
Schmidbauer, Wolfgang: Der Mensch Sigmund Freud, Ein seelisch verwundeter Arzt? Stuttgart 2005 (besonders: Freuds Nikotinsucht, S. 153–165).
Schönau, Walter: Sigmund Freuds Prosa, Literarische Elemente seines Stils, Gießen 2006.

Schur, Max: Sigmund Freud, Leben und Sterben, Frankfurt am Main 1982.
Seume, Johann Gottfried: Spaziergang nach Syrakus im Jahre 1802, hg. v. Hans Magnus Enzensberger, Nördlingen 1985.
Stendhal: Römische Spaziergänge, Jena 1910.

Tafani, Tiziana/Ricetti, Lucio: Freud e Orvieto, Alle origini della psicoanalisi, Orvieto 2017.
Tögel, Christfried: Berggasse – Pompeji und zurück, Sigmund Freuds Reisen in die Vergangenheit, Tübingen 1989.
Tögel, Christfried: Die Bedeutung der Religion im Leben von Sigmund Freud, Unveröffentlichter Vortrag, gehalten am 29. 4. 2006a auf der Tagung der Katholischen Akademie in Bayern zum Thema Psychoanalyse und Religion, Zum 150. Geburtstag von Sigmund Freud.
Tögel, Christfried: Die Rätsel Sigmund Freuds, Von den Geschlechtsorgangen des Aals zur Traumdeutung, Gießen 2013.
Tögel, Christfried: Freud für Eilige, Berlin 2005; eine Neuauflage erscheint 2019 unter dem Titel »Alles über Freud«.
Tögel, Christfried: Freud und Berlin, Berlin 2006b.
Tögel, Christfried: Freud, die Couch und Familie Benvenisti, in: Luzifer-Amor, Zeitschrift zur Geschichte der Psychoanalyse, hg. v. Ludger M. Hermanns und Michael Schröter, 30. Jg., H. 59 (2017).
Tögel, Christfried: Freud, Einstein und das Institut für geistige Zusammenarbeit in Paris, Kommentierte Briefe zur Vorgeschichte des Briefwechsels »Warum Krieg?«, in: Jahrbuch für Psychoanalyse, 58 (2009), S. 81–110.
Tögel, Christfried: Freuds Leonardo-Studie, Eine Auseinandersetzung, in: Luzifer-Amor, Zeitschrift zur Geschichte der Psychoanalyse, Heft 10 (1992), S. 42–47.
Tögel, Christfried: Freuds Wien, Eine biographische Skizze nach Schauplätzen, Gießen 2015.
Tögel, Christfried: Sigmund Freuds Praxis, Visiten und Ordination – Psychoanalyse – Einnahmen, in: Psyche, Zeitschrift für Psychoanalyse und ihre Anwendungen, hg. v. Werner Bohleber, H. 9/10 (2006c), S. 860–880.
Tögel, Christfried (Hg.): Sigmund Freud, Stationen eines Lebens, Uchtspringe 2001.
Tögel, Christfried: »... und gedenke die Wissenschaft auszubeuten«, Sigmund Freuds Weg zur Psychoanalyse, Tübingen 1994.

Urban, Bernd/Cremerius, Johannes (Hg.): Sigmund Freud, Der Wahn und die Träume in W. Jensens Gradiva, Mit dem Text der Erzählung von Wilhelm Jensen, Frankfurt am Main 1973.

Weichardt, Carl: Pompeji vor der Zerstörung, Reconstructionen der Tempel und ihrer Umgebung, München 1909.
Weissweiler, Eva: Die Freuds, Biographie einer Familie, Köln 2006.

Wistrich, Robert S.: Die Juden Wiens im Zeitalter Kaiser Franz Josephs, Wien, Köln, Weimar 1999 (besonders: Die jüdische Identität Sigmund Freuds).
Zapperi, Roberto: Alle Wege führen nach Rom, Die ewige Stadt und ihre Besucher, München 2013 (besonders: Sigmund Freud oder Hannibal in Rom, S. 205–220).
Zweig, Stefan: Briefe 1920–1931, hg. v. Knut Beck und Jeffrey B. Berlin, Frankfurt am Main 2000.
Zweig, Stefan: Briefwechsel mit Hermann Bahr, Sigmund Freud, Rainer Maria Rilke und Arthur Schnitzler, hg. v. Jeffrey B. Berlin, Hans-Ulrich Lindken und Donald A. Prater, Frankfurt am Main, 1987.

Chronik

1856 *6. Mai:* Sigmund Freud (SF) wird um 18.30 Uhr in Freiberg in Mähren (heute Příbor) als Sohn von Jacob und Amalia Freud, geb. Nathansohn, geboren.

1859 *Mitte August:* Amalia Freud übersiedelt mit ihren beiden ältesten Kindern, Sigmund und Anna, zu ihrem Mann nach Leipzig.
Oktober: Die Familie wird aus Leipzig ausgewiesen und zieht nach Wien.

1865 *September:* SF tritt ins Leopoldstädter Realgymnasium in der Taborstraße 24 ein.

1873 *Mitte März:* SF besucht eine Vorlesung Carl Brühls, in der dieser über das Goethe zugeschriebene Gedicht »Die Natur« spricht. Dieses Erlebnis gibt den entscheidenden Anstoß für sein Medizinstudium.
Oktober: Immatrikulation an der Medizinischen Fakultät der Universität Wien.

1875 SF erwirbt eine »Anleitung zu wissenschaftlichen Beobachtungen auf Reisen«.

1876 *Frühjahr und Herbst:* SF betreibt im Laboratorium für Meerestier-Zoologie in Triest Forschungen zu den Geschlechtsorganen des Aals. Nach dem zweiten Aufenthalt im September erscheint seine erste Publikation unter dem Titel »Beobachtungen über Gestaltung und feineren Bau der als Hoden beschriebenen Lappenorgane des Aals«.

1881 *30. März:* SF wird in der Aula der Alten Universität (Wien) zum Doktor der gesamten Heilkunde promoviert.

1882 *17. Juni:* Verlobung mit Martha Bernays.

1885 *13. Oktober – 26. Februar:* Studienaufenthalt bei Jean-Martin Charcot in Paris.

1886 *25. April:* SF eröffnet seine nervenärztliche Praxis in der Rathausstraße 7.
13. September: Eheschließung mit Martha Bernays im Rathaus von Wandsbek, der tags darauf die Trauung nach jüdischem Ritus folgt.

1887 *16. Oktober:* Geburt der Tochter Mathilde (gest. 1978 in London).

1889 *7. Dezember:* Geburt des Sohns Jean-Martin (gest. 1967 in London).

1891 *19. Februar:* Geburt des Sohns Oliver (gest. 1969 in North Adams, Mass., USA).
6. April: Geburt des Sohns Ernst (gest. 1970 in London).
Herbst: SF entwickelt die Technik der »freien Assoziation«.
September: SF mietet drei Zimmer im Erdgeschoss der Berggasse 19 als Warte-, Sprech- und Studierzimmer. Josephine Benveniste, eine dankbare Patientin, schenkt ihm die berühmt gewordene Behandlungscouch.

1893 *12. April:* Geburt der Tochter Sophie (gest. 1920 in Hamburg).

1895 *Mai:* Die »Studien über Hysterie« (gemeinsam mit Josef Breuer) erscheinen.
23./24. Juli: SF hat den Traum von »Irmas Injektion«, den »Initialtraum« der Psychoanalyse.
22. August – 1. September: Reise mit Bruder Alexander nach Venedig.
3. Dezember: Geburt der Tochter Anna (gest. 1982 in London).

1896 *15. Mai:* Erstmalige Verwendung des Begriffs »Psychoanalyse« in dem Aufsatz »Weitere Bemerkungen über die Abwehr-Neuropsychosen«.
30. August – 11. September: Reise mit Bruder Alexander nach Oberitalien.
23. Oktober: Tod des Vaters.

1897 *25. August – 20. September:* Reise nach Oberitalien, zuerst mit Frau Martha, dann mit Bruder Alexander.
Mitte Oktober: Entdeckung des Ödipuskomplexes.

1898 *13. – 20. September:* Reise nach Oberitalien.

1899 *4. November:* SFs Hauptwerk »Die Traumdeutung« erscheint (mit der Datierung 1900).

1900 *Mitte August:* Reise nach Venedig.

1901 *Juli/August:* »Zur Psychopathologie des Alltagslebens« erscheint – darin entwickelt SF seine Theorie der Fehlleistungen.
1.–14. September: 1. Rom-Reise (mit Bruder Alexander).
5. September: Besuch der Kirche San Pietro in Vincoli mit der Moses-Statue des Michelangelo.

1902 *5. März:* Ernennung zum außerordentlichen Professor durch Kaiser Franz Joseph I.
26. August – 15. September: 2. Rom-Reise (mit Bruder Alexander).

1904 *29. August – Mitte September:* Reise mit Alexander nach Athen.

1905 SFs Bücher »Drei Abhandlungen zur Sexualtheroie« und »Der Witz und seine Beziehung zum Unbewußten« erscheinen.
3.–23. September: SF fährt mit Schwägerin Minna nach Oberitalien und in die Schweiz.

1907 *Mai:* »Der Wahn und die Träume in W. Jensens ›Gradiva‹« erscheint.
14. Juli – Mitte August: Urlaub in Lavarone, von dort aus macht SF einen Tagesausflug mit dem Auto nach Padua – seine erste Erfahrung mit einem PKW.
12.–29. September: Reise durch die Toskana und 3. Rom-Reise (zum Teil mit Schwägerin Minna).

1908 *21.–26. September:* Reise nach Oberitalien mit Schwägerin Minna.
1909 *9.–12. April:* Osterausflug nach Venedig.
19. August – 30. September: SF fährt über Bremen und Bremerhaven zu Vorträgen an der Clark University in Worcester, seine Begleiter sind Sándor Ferenczi und Carl Gustav Jung.
1910 *31. August – 27. September:* SF fährt mit Sándor Ferenczi nach Sizilien und Rom (4. Rom-Reise).
1912 *15.–28. September:* 5. Rom-Reise. SF besucht täglich die Moses-Statue des Michelangelo in San Pietro in Vincoli und kauft sich einen Gipsabguss.
1913 *20.–26. März:* SF reist mit Tochter Anna durch Oberitalien und nach Venedig.
9.–29. September: 6. Rom-Reise (mit Schwägerin Minna).
1914 »Der Moses des Michelangelo« erscheint.
1915 Während des Ersten Weltkriegs sind alle drei Söhne an der Front. Veröffentlichung von »Zeitgemäßes über Krieg und Tod« und »Wir und der Tod«.
1916 SFs »Vorlesungen zur Einführung in die Psychoanalyse« erscheinen; er wird zum ersten Mal für den Nobelpreis nominiert. Es folgen weitere 11 Nominierungen, ohne dass ihm der Preis je zuerkannt wird.
1920 »Jenseits des Lustprinzips« erscheint.
25. Januar: Tochter Sophie stirbt im Alter von 27 Jahren.
1923 *Februar:* Diagnose eines Krebsgeschwürs in der Mundhöhle. Bis zu seinem Tod unterzieht er sich mehr als 30 Operationen.
Anfang – Mitte September: 7. Rom-Reise (mit Tochter Anna).
1925 SF veröffentlicht seine »Selbstdarstellung«.
1926 »Hemmung, Symptom und Angst« erscheint.
1927 SFs religionskritisches Hauptwerk »Die Zukunft einer Illusion« erscheint.
1930 »Das Unbehagen in der Kultur« erscheint.
12. September: Tod der Mutter.
1933 Briefwechsel mit Albert Einstein zur Frage »Warum Krieg?« erscheint in fünf Sprachen.
1935 *21. Mai:* Ernennung zum Ehrenmitglied der Royal Society of Medicine.
1938 *13. März:* »Anschluss« Österreichs an Deutschland.
4. Juni: Emigration nach London.
1939 SF letztes Buch »Der Mann Moses und die monotheistische Religion« erscheint.
23. September: SF stirbt in seinem Haus in London.
26. September: Einäscherung im Krematorium Golders Green.

Personenregister

Bildnachweis

Das Frontispiz zeigt Sigmund Freud mit Tochter Anna, während sie 1920 in Den Haag den VI. Internationalen Psychoanalytischen Kongress besuchten (Foto: Freud Museum London).

Die farbigen Rom-Fotos stammen von Hannelore Zöllner; sie hat sie im September 2018 aufgenommen, in dem Monat, in dem auch Sigmund Freud immer die Ewige Stadt bereiste – wegen des schönen Septemberlichts (7, 9, 10, 11, 12, 13, 14, 15, 16, 19, 20).

Archiv Christfried Tögel 2, 8, 24, 25
Freud Museum London 1, 4, 5, 6
Hesse-Wartegg, Ernst von: Die Wunder der Welt, Band 2, Stuttgart, Berlin o. J. 23
Hotel Eden, Rom 18
Kaemmel, Otto: Rom und die Campagna, Bielefeld und Leipzig 1902 3
Library of Congress, Washington D. C., Manuscript Division, Sigmund Freud Collection 17, 21, 22, 26

Dank

Mein Dank gilt vor allem Christfried Tögel. Ohne seine großzügige Hilfe wäre aus der Idee niemals ein Buch geworden. Seine Anregungen, die zahlreichen Gespräche mit ihm, seine Ermutigungen und Hinweise waren mir unentbehrlich. Die von ihm edierten Reisebriefe Sigmund Freuds bilden die wichtigste Grundlage des Vorhabens. Nele Holdack danke ich für ihr umsichtiges Lektorat sowie die angenehme Betreuung des Projekts, für das ich im Aufbau Verlag von Beginn an außerordentlich große Unterstützung erfuhr. Hannelore Zöllner folgte mit ihrer Kamera den Spuren Freuds in der Ewigen Stadt und steuerte die farbigen Ansichten seiner römischen Lieblingsorte bei. Dafür meinen herzlichen Dank! Meine Frau hat das Manuskript in jeder Phase kritisch begleitet und korrigiert, wo sie es für nötig hielt. Mit ihrer Geduld stand sie mir immer zur Seite.